KB199183

만 90세 이형문 옹이 되돌아보는 인생 발자취

혼자 왔다
혼자 가는
홀로 人生길

이형문 지음

유나미디어

차 례

- 처음 말 009

제1부 | 삶이란 무엇일까

- 1. 복(福)이란 014
- 2. 잊혀지지 않는 어린 시절 옥수수빵과 보리개떡 017
- 3. 어린 시절과 지금 시대를 비교해 본다 022
- 4. 첫 만남의 인사가 중요하다 028
- 5. 삶의 길목에서 가슴 찡한 이야기들 033
- 6. 190만 원의 인생 경험 038
- 7. 운명은 개척해 나가는 자의 것 043
- 8. 고난의 행군 인생길 여행 046
- 9. 고목에도 꽃은 피려나 050
- 10. 살아 있을 때 잘해 054
- 11. 마음이 산란할 때 병이 생긴다 058
- 12. 교만(驕慢)과 겸손(謙遜)과 배려(配慮) 062
- 13. 바보처럼 살다간 한 어른 065
- 14. 어느 의사의 위대함과 명 판사이야기 069
- 15. 이 세상에 내 것은 하나도 없다 073
- 16. 뛰지 말어! 다쳐 076
- 17. 무인도의 한 부자 노인 079

• 18. 눈물의 부탁 ·· 084

• 19. 도둑질에 몰두한 어린 딸 ······················· 087

• 20. 어진 아내가 한 가정을 평안(平安)하게 만든다 ·············· 091

• 21. 아내의 고귀한 선물 ······························ 095

• 22. 평범한 일상의 삶이 소중한 이유 ················ 098

• 23. 어느 요양원 풍경을 경험했어요 ················ 102

• 24. 보은(報恩) ······································· 105

• 25. 구름은 제 고향이 어디 있나요 ················· 107

• 26. 참으로 소중한 것이 무엇일까 ················· 112

• 27. 한 번만 더 사랑해 주는 사랑 ················· 115

• 28. 어느 국밥집 할아버지와 어머니의 김밥 ·········· 118

• 29. 세월이 덧없는 거라 여기지 마소 ·············· 122

• 30. 80줄 인생이면 덤으로 사는 행운이다 ········· 126

• 31. 말투가 바뀌면 운명도 바뀐다 ················· 129

• 32. 최선을 다하는 오늘의 삶 ···················· 133

• 33. 이 세상에 머물 시간은 너무 짧다 ············· 137

• 34. 인생길엔 정답이 없다 ························· 142

제2부 | 인생이란 시련(試鍊)의 연속이다

- 1. 그치지 않는 비는 없다 ⋯⋯⋯⋯⋯⋯⋯⋯⋯⋯⋯⋯ 148
- 2. 초심을 잃지 않는 정신 ⋯⋯⋯⋯⋯⋯⋯⋯⋯⋯⋯⋯ 152
- 3. 내 몸은 내가 만드는 것이다 ⋯⋯⋯⋯⋯⋯⋯⋯⋯ 155
- 4. 내 몸을 위한 나에게의 충고 12가지 ⋯⋯⋯⋯ 160
- 5. 바다같이 깊고 넓은 어머니의 마음 ⋯⋯⋯⋯⋯ 165
- 6. 남루한 한 할머니의 보따리 두 개 ⋯⋯⋯⋯⋯⋯ 170
- 7. 황혼이어라 ⋯⋯⋯⋯⋯⋯⋯⋯⋯⋯⋯⋯⋯⋯⋯⋯⋯⋯ 172
- 8. 대속죄(代贖罪) ⋯⋯⋯⋯⋯⋯⋯⋯⋯⋯⋯⋯⋯⋯⋯⋯ 176
- 9. 인간은 삶의 끝마무리가 중요하다 ⋯⋯⋯⋯⋯ 180
- 10. 사랑의 어진 마음으로 세상을 바라보라 ⋯⋯ 183
- 11. 나의 몸값은 얼마나 될까 ⋯⋯⋯⋯⋯⋯⋯⋯⋯⋯ 186
- 12. 빌려 썼다 돌려 드려야 할 내 몸뚱이 ⋯⋯⋯ 189
- 13. 삶의 종착역(終着驛) 물음표 앞에서 ⋯⋯⋯⋯ 192
- 14. 빈손 ⋯⋯⋯⋯⋯⋯⋯⋯⋯⋯⋯⋯⋯⋯⋯⋯⋯⋯⋯⋯⋯ 197
- 15. 내 인생 마지막 날이 언제일까 ⋯⋯⋯⋯⋯⋯⋯ 202
- 16. 죽기 전 가장 많이 후회하는 다섯 ⋯⋯⋯⋯⋯ 205
- 17. 천국을 소유하는 조건 ⋯⋯⋯⋯⋯⋯⋯⋯⋯⋯⋯ 209
- 18. 느린 달팽이에게 충고하지 마소 ⋯⋯⋯⋯⋯⋯ 211
- 19. 알뜰한 사랑과 용서(容恕) ⋯⋯⋯⋯⋯⋯⋯⋯⋯ 215
- 20. 100세 인생의 마지막 깃발 ⋯⋯⋯⋯⋯⋯⋯⋯⋯ 219

● 21. 먼 길을 돌아서 온 노을 진 황혼 ⋯⋯⋯⋯⋯⋯⋯⋯⋯ 222

● 22. 노년 처량한 아버지의 눈물 ⋯⋯⋯⋯⋯⋯⋯⋯⋯⋯ 226

● 23. 사람이 머물다 간 자리 ⋯⋯⋯⋯⋯⋯⋯⋯⋯⋯⋯⋯ 229

● 24. 돈 많이 번다 해도 죽을 때 못 가져간다 ⋯⋯⋯⋯⋯ 235

● 25. 생각이 바뀌면 人生이 달라진다 ⋯⋯⋯⋯⋯⋯⋯⋯ 238

● 26. 어차피 빈손으로 돌아갈 우리네 인생인데 ⋯⋯⋯⋯⋯ 242

● 27. 행복한 세상 이별은 참 아픔이다 ⋯⋯⋯⋯⋯⋯⋯ 245

● 28. 꿈꾸다 가는 우리네 人生 ⋯⋯⋯⋯⋯⋯⋯⋯⋯⋯ 248

제3부 | 나라가 있어야 내가 있다

- 1. 미국 트루먼과 이승만 대통령 ·· 256
- 2. 이승만이 깐 레일 위를 달리는 한국경제 ···························· 260
- 3. 역사상 가장 위대한 박정희의 공(功)과 과(過) ················· 263
- 4. 왜 우리는 지난날의 어려움을 잊고 사는가 ······················· 269
- 5. 박정희 대통령 서거와 아버지의 눈물 ································· 274
- 6. 박정희 대통령에 대해 세계인이 평하는 말들 ··················· 278
- 7. 김대중을 이승만 박정희보다 더 떠받드는 이상한 나라 ······ 281
- 8. 6·25전쟁 후의 참혹한 폐허를 딛고 일어선 대한민국 ········ 284
- 9. 대한민국 역사상 가장 슬펐던 연설 ··································· 287
- 10. 역사를 잊은 민족에겐 미래가 없다 ································· 291
- 11. 북에서 온 한 분의 글 ··· 294
- 12. 나라가 있어야 내가 있다 ·· 298
- 13. 마지막 가는 우리네 인생길 ·· 301

- 맺는 말 ··· 304

처음 말

  우리네 인생은 빈손으로 왔다 빈손으로 돌아간다. 잘나고 돈 많다고 껍적거리는 인간이나, 절절 기며 살아가는 사람이나 다 제멋에 겨워 한세상을 살다가 결국엔 다 두고 간다.

  살아가는 동안 '기적'이란 아무 탈 없이 잘 보낼 수 있다면 그게 기적이고, '행복' 또한 그저 평범하게 살아가도 아픈 데 없이 잘 살아가면 그게 행복이다. 그리고 좋아하는 사람과 웃고 지내면 그게 '사는 재미'다. 예수님도 부활하셨듯이 우리 인간도 매일 잠자고 깨어나는 날이 바로 부활하는 날이 아닐까? 그건 밤에 잘 자다 갑자기 죽어버리는 사람이 너무 많아서다.

  병이 나서 못 일어나면 그게 죽음의 길이니 정말 오늘 하루가 소중하고 귀한 날이니 탈탈 털고 일어나 아침 공기 마시며 두 발로 잘 걸을 수만 있다면 당신이야말로 만점의 인생을 사는 거다.

  이 세상에 사는 나와 당신의 존재란 참으로 대단하고 위대하다. 내가 이 얼마나 값진 몸인가를 한번 생각해 보라. 독벌레나 짐승으로 태어나지 않고 만물의 영장인 인간으로 태어나 한세상을 산다는 그 사실을 생각해 보라.

밤이면 하늘에 총총히 빛나는 별빛과 대자연 속에서 나와 당신이 이 세상 한 곳에 깊숙이 파묻혀 이 하루를 만끽하며 살아가고 있다는 사실을 왜 모르고, 걸핏하면 서로 못 잡아먹어 싸우고 심하면 살인까지 하면서 살아가야 하는지? 오순도순 정(情) 나눠 살아가도 너무 아쉬운 세상이 아니던가!!

　하늘이 내게 주신 내 인생! 오늘이 첫날이고 마지막 날처럼 사랑하고 감사하며 살아가자. 이 세상을 창조하신 섭리 주께서는 나나 당신이 하는 행위 자체를 다 알고 계신다(성경말씀 욥기 23장 10절). 남에게 피눈물 나는 짓만은 절대 말아야 한다.

　필자가 90평생을 되돌아보니 하나님께 많은 은혜를 받지 않았나 생각이 든다. 처음에는 그 사실을 전혀 모르다가 신앙생활에 심취하다 보니 지난날 고난과 좌절환란의 순간마다 하나님이 곁에 와 내손을 꼭 잡아주셨다는 사실에 다다르니 마치 꿈꾸다 걸어온 인생길 같다(성경 시편 124장 1~8절).

　그 이유 중 하나는 FIJI라는 곳에 이민 가 이민 알선업자에게 전액 사기를 당했을 때 일이다. 마음을 달랠 길 없어 매일 남태평양 한바다에 밤낚시 나갔다가 어느 날 배가 기관고장으로 표류 도중 풍랑에 뒤집혀 4명 중 두 명은 수장되고, 나를 포함해 두 명이 사투하던 때 곁을 지나던 큰 상선에 의해 동틀 무렵 구조되었던 일과 여수 시가지가 불타던 여순반란사건 당시 (시가행진에 가담했다는 이유로) 한 사람씩 순서대로 총살시키던

(서초등학교 운동장에서) 내 차례가 되었을 때 "너 몇 학년이야?" (중학 6년제 당시) "예, 1학년입니다." "나가." 해서 살아났던 일과, 그때 여수 시가지(교동 중앙동) 전역이 불타버린 그 자리에 퍼질어 앉아 통곡하고 계셨던 어머님을 보며 "엄니." 하니 "어매 내 새끼 살아왔나."하며 함께 울었던 일이다. 그 외로도 교통사고로 두 번, 대장암 악성 3기, 췌장암 등 배를 다섯 번이나 쨌고, 무릎인대가 네 개나 끊어져 못 걸을 줄 알았는데 지금은 멀쩡하다.

이젠 내 인생의 시계가 언제 어느 시점에 멈출지 알 수야 없지만, 주께서 친히 고난의 길에서 날 구원해 주사 (고린도후서 4장 7절) 지금은 건강을 되찾았다. 남은 인생 정류장에 나를 데려가려고 대기하니 결국 "꿈꾸다 가는 우리네 人生"이 아니던가? 천신만고의 드라마 같았던 날들을 저 높은 곳에서 내려다보고 계시는 믿음의 확신이 섰기에 이젠 무거운 짐 다 내려놓은 평안한 마음가짐이다.

우리가 인생을 살아갈 때 자신이 얼마나 소중한 존재인지를 모르다가 막상 종착지 앞에 서서야 비로소 깨닫게 된다. 마치 아침 이슬같이 한 찰나에 머물다 갈 우리네 인생, 남은 시간 가까운 이들과 잘 지내야 한다.

카톡 방에 들어가니 작가 미상의 분이 쓴 글이 좋아 함께 공유해 본다. "행복한 인생길"이다. 인생길 외롭지 말라고 사랑하는 사람을 보내 주셨다. 인생길 쓸쓸하지 말라고 소중한 친구도 맺어주셨다. 인생길 춥지 말라고 가족이란 이불을 덮어주셨다. 사람은 다른 사람으로 인해서 따뜻해지는 심장을 지니고 있다. 참 좋은 인연 나에게 고마운 사람, 그 사람은 바로 당신이다. 좋은 일들이 늘 당신 곁에 구름처럼 머물며 좋은 일만 있길 축복한다.

나의 사랑하는 애독자님들!! 제게 많은 용기로 응원해 주셨으나 일일이 답례치 못해 죄송한 문안인사 드립니다. 아직은 열심히 숨 잘 쉬고, 잘 걷고 있으나 혹 탈이 나면 쬐끔만 걱정해 주면 고맙겠네요. 그래서 늘 눈을 감는 날까지 책상에 앉아 컴퓨터와 씨름해 보렵니다. 감사합니다.

제 1 부
삶이란 무엇일까

1. 복(福)이란
하늘이 내려주신 자신의 분복(分福)을 아는 것이다

　가난한 사람에게 물으면 돈 많은 것이라 하고, 돈 많은 사람에게 물으면 건강한 것이라 하고, 건강한 사람에게 물으면 병치레 않고 사는 것이라 하고, 가정이 화목한 사람에게 물으면 자식 많은 것이 복이라 하고, 자식 많은 사람에게 물으면 무자식 상팔자(good fortune)라고 말한다. 결국 복이란? 남에게는 있는데 나에게 없는 것, 그 반대면 남에게 없는데 나에게는 있는 것, 그것이 복이 아닐까? 태어날 때 받아 나오는 자신만의 복, 즉 분복(分福)으로 분에 넘치지 않게 살라는 한계다. 그게 불공평한 세상이라도 그걸 따지지 말고 만족하며 살라는 의미다.

　설 명절을 맞이하여 "복 많이 받으세요."라고 한다. 그러나 인간이란 모자람 속에 무언가를 채우려는 과욕으로 안 되는 줄 알면서도 욕심을 부릴 때 탈이 난다.
　살아가다 보니 잘살고 싶고, 잘되고 싶고 하는 데서 탈이라는 이기심이 생겨난다. 이기주의자란 제 이익만을 챙기려는 사람이다. 정수유심(靜水流深)심수무성(深水無聲)이란 고요한 물은 깊이 흐르고, 깊은 물은 소리가 나지 않는다고 했듯 언제나 내 안에 고요히 흐르는 물줄기처럼 늘 평안함과 안정감 같은 거다. 그게 멀리 있는 게 아니라 내 마음가짐의 한계를 알아 자중

하며 살라는 의미다. 인간만사 새옹지마라, 한때의 봄날이 영원할 것 같아도 권불십년이듯 달도 차면 기운다는 사실이다. 잘나갈 때 수신제가(修身齊家)하며 뒤를 돌아보는 삶이어야 한다. 이재명이 사는 걸 비유하길 정치인은 교도소의 담장 위를 아슬아슬 걸어가는 모습 같다는 말이 생각난다.

우리 인간은 행복해지기 위해서 살아간다. 그러나 행복해지기보다 불행하다고 여기는 때가 더 많다. 그 이유는 저마다 잘난 사람이나, 못난 사람이나 하나같이 생각 차이지만, 마음속에 숨겨놓은 욕심이란 암(癌)덩어리 때문이기에 이제부터라도 마음을 바꿔버리면 만사형통(all going well)해져 행복이 내 곁에 다가와 있다.

인생사 모두가 마음먹기에 달렸다. 필자도 오랜 세월 사업한답시고 그런 과욕에서 헤어나지 못하다가 몇 번 쫄딱 망해 본 후에야 정신이 번쩍 들었다. 선친께서 해산물 위탁상, 유류업(油類業) 염업(鹽業)과 미곡상을 크게 하실 때 제게 해주신 말씀 중, 잊지 않는 다섯 가지가 있다.

첫째 정직하라. 둘째 저울을 속이지 마라. 셋째 남의 보증 서지 마라. 넷째 조강지처 버리면 벌 받는다. 다섯째 욕심을 버려라. 이 중 단하나만 지켰다. 그 내용은 첫째 사업상 이권에 휘말려 수양이 덜된 탓에 정직치 못했던 일이 많았고, 둘째는 남에게 보증을 많이 서 거리에 앉은 적도, 그걸 해결키 위해 심지어는 아내를 법원까지 데려가 이혼까지 해야 했던 적도 있다. 판사가 "그 나이에 꼭 갈라서야 합니까?"라고 물어 기어 들어 가듯 작은 소리로 "예예" 했더니 "그럼 알았으니 나가세요." 했던 말을 기억한다. 반년 정도 지나서야 정상으로 되돌려놓았으나 그놈의 호적서류엔 이혼 경력이 아직도 따라다닌다. 그런 일을 다 겪고 살아왔지만, 이혼하면 천벌 받는다는 약속 하나만을 기어코 지켜 이해로 결혼한 지 63년차다.

남에게 보증 섰던 일 한 가지를 말씀드리면, 도검회사 전무로 재직 당시 공장시설자금 서류보증 (당시 1천만 원) 선 일이 있는데, 회사가 부도나자 사장이 형사고발당해 1년형을 살고 나온 이후, 신용보증기금에서 금전변제가 어려워지자 서류보증을 선 필자에게 갚으라고 해 당국에 억울한 사정을 탄원해 구제는 받았으나 신용불량자 9등급이란 딱지가 붙어 있어 대출도 불가능한 상태임을 알게 됐다. 또 하나는 아들 하나의 원대한 염소농장의 꿈을 위해 좀 있던 가산을 정리하고 FIJI라는 곳에 이민을 갔으나 IMF 전 1억 원 상당을 사기당해 오갈 데 없이 된 일도 있다. 다행히 목에 거미줄 치라는 법이 없는지 몇 곳에서 도움의 손길을 내밀어준 분들이 있었다.

과거 선친께서 필자의 부탁으로 친구에게 인보증을 서주셨는데 그 기름회사 경리부장직 때 회사 돈을 갖고 야반도주로 선친께서 상당한 거액을 부동산까지 정리해서 청산해줬던 일을 기억해 본다. 10여 년 후 그 친구를 우연히 서울 동대문 서울운동장 옆 청계천 다리위에서 만났으나 초라한 몰골이라 아직 젊으니 바르게 살라고 타이른 뒤 헤어진 일도 있다. 지난날 많은 일들이 영화 스크린처럼 흘러갔지만, 오늘에 감사하며 살아갈 때 살아계신 하나님은 반드시 길을 열어주신다는 사실을 깨닫게 되었다. 집 한 채 갖지 못하고 사는 삶이지만, 매달 나라님이 주는 월급에 이젠 마음이 넉넉한 부자라서 건강하게 사니 그게 나의 분복이라 여긴다.

　어떤 화가 분이 "세상에서 가장 아름다운 것이 뭘까?"라며 길가는 세 분에게 물었다. 한 목사 분은 '믿음'이라 했고, 한 군인 분은 '평화'라 했고, 마지막 한 분은 '행복'이라 했다. 이 세 가지를 아우르는 그림 하나는 뭘까? 생각하다가 집 앞에 다다르니 집 애들이 아빠라고 소리치며 순박하게 안기는 '눈망울'을 보았다. 아! 바로 이거로구나 "활짝 웃는 자식들의 눈망울 속에 행복한 가정"이라는 사실을 알게 됐다.

2. 잊혀지지 않는 어린 시절 옥수수빵과 보리개떡

　필자가 어린 옛날 초등학교 다닐 땐 한 반 아이들이 70명 내외였고, 1, 2반은 남자들이고, 3반은 여자들 반이었다. 여천소학교가 해방이 되면서 일본인들만 다니던 공화동으로 옮기면서 명칭만 바꿔 "여수 동초등학교"로 변경되면서 4학년일 때

남녀가 합해지면서 반반의 수로 한 반이 되었다. 쉬는 시간에는 운동장이 너무 넓고 좋아 뛰노는 어린이가 거짓말 좀 보태 새카맣게 보였다.

당시는 해방 직후로 선친께서는 여수 신월리에 있는 일본 해군기지 비행장건설현장 노무자로 끌려가 3년여를 고생하시다가 해방이 되면서 집에 돌아오셔서 중앙동 중심가 로터리 쪽으로 옮기며 그곳에서 미곡상과 소금, 기름점포를 차려서 생활이 비교적 부유했다. 나는 쌀이 귀하던 그때 쌀밥으로 도시락(벤또)을 싸가지고 학교를 다녔다. 그 시절은 부잣집이 아니고서야 쌀밥 구경은 꿈도 꾸지 못할 때라 주로 보리밥이었다.

그런데 내 짝이 도시락 대신 노란 옥수수빵이나 보리개떡을 갖고 와 먹는 게 맛있게 보여 바꿔 먹자고 했더니 망설이다 그러자고 했는데 그러던 짝이 도시락은 한 번도 가지고 오지 않고 보리개떡이나 옥수수빵만을 갖고 다니다가 그것마저도 다 먹지 않고 남겨서 집으로 갖고 가는 것을 종종 보게 됐다. 하지만 차마 물어보진 않았다. 연필이나 종이 공책이 귀하던 때라 연필을 대꼬챙이에 꽂아 쓰기도 하던 때라서 짝은 집이 몹시 어려운지 그림도구도 없는 것 같아 내 것을 일부러 나눠 쓰자며 주기도 했고, 위쪽에 고무가 달린 연필을 주기도 하거나 반쯤 쓴 크레용파스와 도화지도 나눠 쓰기도 하며, 자연스럽게 거절하지 않아서 참 좋았다.

어느 날인가는 아예 내 도시락과 빵을 바꿔먹자고 해봤는데 은근히 마다했으나 억지로 바꿔 먹었더니 짝이 너무나 맛있게 먹는 모습을 보며 점심시간이면 예사롭게 그러자고 해 아주 친숙한 사이가 되어 이름까지 부르게 됐다.

그땐 사랑이란 애정의 표현도 전혀 모르던 천진난만(naive)하던 때라서 그저 사심 없이 친숙해질 뿐이었다. 그러다가 5학년이 되면서 반마다 담임선생님과 남자 반, 여자 반으로 갈리면서 자연스럽게 멀어졌지만, 4학년 시절의 우리 둘 짝은 잊혀지지 않는, 아니 잊을 수 없는 좋은 인연으로 남아 있게 되었다.

난 어머니에게 그런 이야기를 했더니 잘했다며 아예 도시락을 하나 별도로 담아 교문 근처에서 만나 주기도 했는데 내 짝도 아낌없이 옥수수빵을 내게 줬다.

하루는 항상 만나던 아침 장소에 짝이 나오질 않아 지각해버린 일도 있는데 나중에 만나 물어보니 짝 어머니가 발을 다쳐 간호 관계로 며칠 못 나간다고 했다. 짝 아빠는 일하러 날 새기가 바쁘게 나가버려 아빠 얼굴을 밤에나 본다는 그런 집안 사정을 어머니에게 말했더니 아버지가 아시고 그저 미소 지으며 밥을 많이 담아주라고 어머니에게 말해주셨다.

그러던 어느 날 아버지가 하굣길에 나를 기다리고 계셔 깜짝 놀랐다. 반이 다른 문남예를 내가 기다리다 함께 나오던 길이었는데 아버지는 그 애 집에 같이 가자고 말씀하니 내 짝이 깜짝 놀라 겁을 먹으며 무조건 잘못했다고 손을 싹싹 비비는 것이 아닌가? 순간 생긴 일이라 나도 당황했지만, 선친께서는 그를 달래며 아무 일 없으니 걱정치 말라면서 아픈 어머니께 함께 가자는 말씀에 마음이 놓이듯 같이 가게 됐다. 집 앞에서 나더러는 밖에 기다리라 하셨다. 우리가 쌀밥과 보리개떡 바꿔먹은 일이 들켜 혼내는 것으로 착각하고 울음이 터졌다고 후일 그 애가 내게 말해줬다.

아버지는 무릎을 구부리고 앉으며 내 짝을 따뜻이 안아주시며 안심시키고 짝을 앞장세워 들어가셨는데 가난한 집들이 모여 산다는 당시 여수 공화동 덕충리 귀안정 기찻길 철둑 방파제 근방 온통 루핑지붕 판자촌 무허가집들이 총총 붙어 있는 곳이었다.

나는 먼발치에서 마음이 달아 있을 때인데, 한참 있다 나온 아버지는 나의 손을 잡고 동네를 벗어나서야 아버지께서 짝에게 잘해주라고만 하시면서 "네 나이 때 한창 먹을 때인데 네 짝이 도시락을 반 남겨서 집에 가져간다는 것은 보통일이 아닌 효심이 지극한 마음이지....... 그래서 아버지가 그 이유가 궁금해 짝 집에 한번 가보자 한 거란다."라고 말해줘 마음이 놓였다.

그 집에 남겨가지고 간 도시락 반은 죽을 끓여 아픈 어머니에게 드린다는 효성스러운 네 짝에게 잘해주라고 하셨다. 그리고 집에 돌아와 쌀 한 말 정도를 퍼 담아 귀안정 판자촌 〈문남예〉 집까지 인부와 함께 짝 모르게 주고 오라고 해 주고 온 일도 있다. 자기네 아빠는 막 노동판에 나가 그날그날 어렵게 살아간다고 했다.

　이후 나의 선친께서 내 짝의 집에 무엇을 해 주셨는지는 아무 말을 안 해 난 몰랐는데 어머니가 다친 발이 완쾌되신 후 경찰서 옆 동정시장의 난전 한 고정 자리에서 장사하도록 자리를 잡아주신 것을 나중에야 짝이 나를 만나 말해줘 알게 됐다. 아버지는 그 애가 심청이 같은 효녀로 보여 작은 도움을 주었다고만 했고, 나도 당시엔 그렇게만 말해서 알게 됐다. 어머니도 아버지가 한 일을 말하지 않다가 조용한 날 내게 그 짝과 자주 만나느냐며 좋은 애라며 칭찬해주며 묻곤 하셨다.

　나의 선친께서는 왜정시대 때 없이 굶던 일을 생각해 주위 어려운 분들을 많이 도우셨다. 당시 우리 집에서 고정 일하던 인부(노무자) 5명과 기름 드럼이나 소금가마 등을 기차에서 우리 집 창고나 점포로 운반하던 소말 달구지 주인들과 우리 해산물 위탁 상을 하실 당시(여수 중앙동 경남상회) 50명 이상이 우리 집 덕에 벌어먹고 살았다. 당시는 해방 후라서 걸인들이 많던 시절이라 아침 끼니때가 되면 밥 얻으러 오는 걸인들에게 아낌없이 밥과 찬거리를 담아주던 어머님의 그 모습을 눈여겨보면서 필자가 배워뒀다가 훗날 서울에서 35년을 넘게 살아오면서 당시 어려운 산동네(홍제동, 옥수동, 봉천동) 판자촌을 찾아다니며 의료보험제도도 없고 통행금지가 있던 시절 병자들에게 살며시 돈 봉투나 쌀독 채워주고 다니던 짓들이 그래도 잊혀지지 않는 흐뭇한 기억으로 남아 있다.

그런 일을 다 마치고 돌아오던 밤길에 흐뭇한 기분을 달랠 길 없어 혼자 포장마차 한구석에 앉아 닭똥집에 쐬주 한두 병(당시 25~30도) 마시고 거나해 집으로 돌아오다 전철2호선 송파구 잠실동에 거주할 때 전철 칸에서 잠이 들어 지갑째 털린 적이 한두 번이 아니고, 남의 보증을 서 시달렸던 때가 많았는데 과거 선친께서 사람보증만은 서지 말라던 그 말씀을 가마득히 잊고 정에 못 이겨 보증 섰던 일로 수차 거리에 내몰렸던 일도 있다. 언젠가 책 만드는데 돈이 없어 대출이라도 받아 보려고 모 은행에 갔는데 신용불량자 9등급으로 대출이 불가능하다는 사실을 알게 됐는데 지금은 은행이나 다른 빚이 없어 외려 마음 편히 발 뻗고 잠들 수 있어 다행이다.

영국 윈스턴 처칠의 글에 "남을 행복하게 하는 것은 내 몸에 향수를 뿌리는 거와 같다. 뿌릴 때는 자기 마음에도 몇 방울이 묻어 있기 때문이다." 열정은 성공의 열쇠이지만, 나눔과 희망은 성공의 완성이다. 처음 만나는 인연보다 마지막까지 변함없이 만나는 인연이 더 좋은 인연이라는 말을 명심하고 살아가기에 인명은 재천(人命在天)이라 하늘에 달렸음을 기억해 본다.

3. 어린 시절과 지금 시대를 비교해 본다
속담에 죽어봐야 저승을 안다는 말이 실감난다

필자가 오래도록 살아오다 보니 느껴지는 게 참 많다. 지금 시대 모든 것이 살아가기에 편리한 생활의 현실이 가끔씩 과거 어린 시절과 많이 비교된다.

과거엔 과학기술도 없었고 인터넷도, 컴퓨터는 물론이고 드론이나 휴대전화도, 카톡도, 페이스북도, CCTV나 미사일도 없었고, 돈은 은행에 가야만 찾는 줄 알았고, 일일이 원고지에 글을 썼으나 지금은 손가락만 두드리면 글이 써지는 시대이고, 자동차나 고속열차에서부터 하늘을 날아다니는 비행기를 보며 신기하게 여겼던 그런 시절이었는데도 어떻게 그 시절에 더 마음 편히 살아왔을까 싶다.

나라가 없던 왜정 말기엔 먹고살 것도 없었고, 기름 한 방울 나지도 않는 나라에서 땅 파먹으며 밤이면 전기도 없는 캄캄한 골방에서 애 낳고 잘도 살아 왔다. 유머 같은 얘기지만 "한 방에서 애들은 가운데 자고 부모는 양 가장자리에서 잘 때 아빠가 엄마 곁에 살며시 다가갈라 치면 한 아들 녀석이 '세 바퀴째요.' 하면 염치없는 아빠가 소피보러 요강 찾는 거여! 빨리 자!" 란 유행어가 생각난다. 그만큼 옛날엔 산아제한이 없어서 애를 낳아 한 집에 평균 7~10명 안팎이라 무자식 상팔자란 말이 유행했다.

아침 인사로 밤새 안녕하십니까? 즉 안 굶고 살아있는가? 라는 문안인사였다. 먹을 것이 귀하던 때 부잣집이 상여 메고 가는 날에는 산에까지 따라가 배를 채우기까지 했던 일을 기억에서 지울 수 없다. 굶어 죽는 사람이나 거지가 많아 죽으면 산 아무데나 묻었다. 그 시절에는 배고프게 살았지만 어른을 공경했고, 성폭력이나 집단폭력, 무자비한 살인은 없었던 너무 순박했고, 담장에 늘어진 호박넝쿨 인심처럼 정이 넘쳐흘렀다.

  지금의 할아버지들은 분명히 젊은이들에게 말한다.
  지금 시대에 인간미나, 예의범절, 품위나 연민도, 수치심도, 어른 존경심은 물론 체면, 양보 같은 예절의 겸손이란 찾아볼 수 없고, 상하 구별도 없는 그런 무자비한 세상에는 안 살아 봤다는 사실이다. 젊은이들 여러분들은 노인들을 늙었다고 비아냥거리겠지만, 그래도 그때는 축복받은 세대였다. 의리와 정직한 양심과 참사랑이나 예의범절이 넘쳐나는 이웃이 있었고, 어디를 가나 어른 공경과 평화로웠던 그 삶이 증거이다.
  해질 때까지 들판에 나가 동무들과 뛰놀았고, 방과 후에는 학원 같은 것도 없이 우리들 스스로 숙제하며, 그저 뛰놀다가 목이 마르면 산에서 내려오는 생수와 샘물을 바가지로 떠서 꿀꺽꿀꺽 마셨고, 하늘엔 솜털구름이 둥실둥실 떠다니는 무공해 세상이었지! 생각해 보니 70, 80년 전 머잖은 날의 과거다.
  그런 막연하던 동무들이 이젠 겨우 한두 명에 불과하다. 만나면 그저 좋아 사용하던 잔을 나눠 마셨고, 보험제도가 무엇인지도 몰랐지만, 건강하게 뛰놀았다. 달콤한 빵, 눈깔사탕 아이스케키 얼음 빙과류가 고작이었으나 비만한 친구도 없었고, 브랜드 신발 없이 조리신발이나 고무신을 신었고, 맨발로 뛰놀며 홀랑 벗고 바다에 뛰어들어 스스럼없이 놀던 그 시절이 그래도 사람 사는 모습 같았다. 한밤에 제사 지낸 뒤 이웃 분들까지 깨워서 함께 비빔밥 비벼 나눠 먹으며 오순도순 사이좋게 지냈지만, 지금 시대는 비둘기 통 같은 아파트에 촘촘히 살면서 이웃에 누가 사는지도 모르고 층층의 소음으로 싸움질이 다반사고 심하면 살인까지 하는 진면목을 본다. 지금 세상은 몇 평 집 아파트에 사느냐에 따라 인간 차별을 하는 세상이 돼버렸다.

  나이가 지긋한 어르신들에게 물어본다. 여보시오, 저기요, 지금 사는 게 재미있어요? 과거 없이 살 때가 더 재미있어요? 라고 물어보면 반반이지만, 그래도 어디 우리 어린 시절만 하겠어요? 천진난만하던 그 시절이 더 그립지요. 암요 암!
  자식 잘되라고 부부가 헤어져 기러기 아빠까지 되었던 그 영감이 어느 날 보니 아파트 골목을 누비며 손수레 끌고 다니면서 폐지 줍는 모습이더군요. 또 어떤 부모도 자식 덕 볼 거라고 논밭 다 팔아 유학 보내 돌아온 그 자들이 서양 못된 짓들만 배우고 와서 부모 알기를 종 부리듯 하고, 높은 자리 앉자마자 도둑질해 먹는 법만 배웠는지 공금을 쌈짓돈같이 해 먹다가 발각되면 빵에 가 좀 살다 나오면 된다는 자들이 태반이고, 사회기

강이란 땅에 떨어져 버려 개판 사회로 전락되었다. 못 돌라 먹는 자가 병신 취급당하는 세상이니 눈 뜨고 코 베어가는 말세로 변질돼 버렸다면 틀린 말일까?

또, 네거티브가 판치는 정치판이 그 대표적 표본이다.

그런 사건사고들을 많이 접하다 보니 이젠 서민들은 면역력이 생겨 아예 그러려니 생각해 버리는 시대에 살아간다. 온갖 사기, 절도, 강간, 성폭력, 차량 사고에 이르기까지 세계 1등 국가로 OECD 나라 중 제1이라니 부끄럽고 가슴 아픈 한국 사회가 상하도 없는 개판 사회다. 멀쩡한 대통령 세 분을 감옥에 넣는 나라는 이 지구상에 우리나라뿐으로 기네스북에 오를 일이다. 이젠 노인들이 몸 둘 곳을 몰라 살기가 두려워지며 고독사나 자살률이 세계 제1위라니 도대체 이 나라가 어쩌자는 것인지? 100세 시대란 말이 빛 좋은 개살구다. 그저 숨죽이고 조용히 사는 것만이 잘 사는 거로 보인다. 꽃이 화려한들 무슨 소용 있나요? 꽃피는 봄이 지나면 추한 몰골만이 남으니 늘 변화하는 삶에 잘 적응하며 하늘이 주신 내 삶, 행복은 저마다가 만들어 가는 거겠지. 삶이란 하루가 다르게 변하는 지금의 이 시대에 어쩔 수 없이 끌리듯 살아가고 있다!!

종(種)의 기원(起源)을 쓴 찰스 다윈은 "살아남는 것은 가장 강한 종도, 가장 똑똑한 종도 아니고 변화에 가장 잘 적응하는 종(種)"이라 했고, 빌 게이츠는 "나는 힘이 센 강자도 아니요,

두뇌가 뛰어난 천재도 아니다. 날마다 새롭게 변했을 뿐이다." 라고 말했다. 변화의 change중 g를 c로 바꾸면 chance로 기회가 되는 것처럼 '변화' 속에 '기회'가 있을 뿐이다. 늘 하루하루의 변화 속에 깨어 있는 삶의 당당함이야말로 아무리 100세 시대라 할망정 언제나 청춘이란 꼬리표는 따라붙어 있을 것이다. 세한도(歲寒圖)를 그린 秋史 김정희 선생은 15세에 과거에 급제하여 병조판서까지 올라갔으나 대역죄 모함으로 제주도로 귀양살이를 떠났으나 그곳에서 그림을 그리고 붓글씨로 유명인이 됐다. 먹을 가는 벼루만 10개나 밑창이 나고, 붓 천 자루가 닳아서 뭉개졌다고 했다.

觀月觀花色色好 不如一家和顏色, 彈琴落棋聲聲好 不如子孫讀書聲(달보고 꽃을 보니 그 색들이 아름답되 한 가정의 화기애애한 얼굴색만 못하고, 가야금소리 바둑 두는 소리 좋지만 자손들의 글 읽는 소리만 못하더라). 韻在淸淨裡 香來寂寞時(운치는 맑은 속에 있고, 향기란 고요할 때 온다). 春濃露重 地暖草生 山深日長 人靜香透(봄이 깊어지니 이슬이 무겁고, 땅이 따뜻해지니 초목이 푸르고, 산이 깊어지니 해 길고, 인적이 고요하니 향기가 스며드네). 추사 선생의 유명한 글이다.

또 조선 후기 최고 실학자 다산(茶山) 정약용(丁若鏞) 선생은 18년이라는 길고 긴 귀양살이를 전라도 강진에서 제자 황산(黃山)을 데리고 저서 500여 권을 남겼다.

필자가 지금까지도 그곳 사의재에서 500여 미터 떨어진 곳에 20년을 넘게 살아오다 보니 제2고향이 되어 다산 선생의 후예 (a descendant)가 된 듯한 느낌으로 12권의 저서를 남겼으니 인연 깊은 강진 땅이라 여겨 건강이 허락한다면 눈을 감는 날까지 다산 선생의 정신으로 뒤를 잇다가 여생에 종지부 찍고 싶다.

4. 첫 만남의 인사가 중요하다

언젠가 한 모임에서 오랜만에 친했던 고향 분을 만났다. 반가운 마음에 기분 좋은 인사말을 건넸다. 반갑네요. 오래만입니다. 얼굴이 건강하게 참 좋아 보입니다. 그런데 그분이 인사말 끝에 가슴을 쾅 후려치는 말을 한다.

오랜만에 뵈니 10년쯤 폭삭 늙어 보이네요? 아하! 그러세요? 라는 말로 넘겨버렸지만, 소심하게 생각했던 나의 기분을 완전히 망쳐버리는 데는 딱 1초에 불과했다.

그만치 말 한마디의 중요성을 느끼며 알게 된 소중한 순간이었지만, 그분을 이후 다시 만나면 왠지 고통스러운 말을 들을 것 같아 두 번 다시 연락을 안 할 즈음, 또 한 지인으로부터 건강보험관계의 추천을 받고 싶다는 설계사 한 분을 만나게 되었다. 한 커피숍에서 만나 인사를 나누었다. 그 인사말을 듣자마자 내 마음의 문이 저절로 열리게 됐다. "우와! 작가님 목소리가 그 연세에 참 너무 고우시네요. 목에 꼭 가야금이 걸린 것 같아요! 10년 전에 들었던 그 음성 그대롭니다."

허걱! 듣도 보도 못한 칭찬! 난 단 1초라는 한순간에 얼굴이 활짝 펴졌다. 얼굴이 열리니 마음도 열리고 기분 좋게 상대와 말을 나누고 싶어, 어떻게 그렇게 멋들어진 말을 구사할 수 있느냐고 물었더니 손가락 세 개를 펴 보이면서 말한다.

"333이지요. 누구를 만나든 3분 이내에 3가지 칭찬을 하고, 3번 맞장구를 치면서 들어줍니다. 단순하지만, 참으로 강력한 방법이지요. 말 한마디에 만나고 싶은 사람과, 만나지 말아야 할 사람이 명확하게 갈린답니다. 누구를 만나든 첫마디는 나를 위한 것이 아니고, 상대를 위한 것이어야 하거든요." 어쨌든 옛말에도 첫 인상에 가는 말이 고와야 오는 말이 곱고, 가는 말이 우쭐하면 오는 말이 아니꼽다는 어구가 생각나게 하는 표현이다.

행복이 별건가? 보고 싶은 사람 보고, 먹고 싶은 거 먹고, 하고 싶은 것 하며, 평안하게 즐거운 마음을 서로 나누면서 살아가면 그게 바로 행복이 아닐까?

일본말에도 그런 비슷한 말이 있다. 요키구라시쿠노 세이가쓰(즐거운 陽氣生活). 마음 가짐의 일상이 언제나 즐거움으로 가득할 때가 행복의 비결이라는 뜻이다. 그러므로 가는 말이 고와야 오는 말도 고와지는 법, 주고받는 말 한마디가 고우면 행복은 저절로 생겨난다는 얘기가 아닐까!

이런 효심이 가득한 아이가 있다.

아직 날씨가 쌀쌀한 꽃샘추위 봄날, 아동복 가게에 허름한 옷차림의 아주머니가 여자아이와 함께 와 우리 딸이에요. 예쁜 티셔츠 하나 주세요. 나는 아이에게 "마음에 드는 것 하나 골라?"라고 말했더니 아이는 "아무거나 괜찮아요. 엄마가 골라주시면 다 좋아요."라고 말한다. 모녀는 1만 원짜리 티셔츠를 사가지고 나갔다.

그런데 얼마 후, 아이가 그 옷을 들고 와서 "저 죄송해요, 이거 돈으로 돌려주시면 안 될까요?" 왜 엄마가 사주신건데 무르려고? 엄마한테 혼나면 어쩌려고? 아이는 미안한 표정을 감추지 못하면서 말하길, 사실은 엄마가 시장 좌판에서 야채장사를 하셔요. 하루 종일 벌어도 만 원도 못 버실 때가 있어요. 엄마한테 미안해서 이 옷을 못 입겠어요. 순간 가게 아주머니는 코끝이 찡한 느낌이었다.

고사리 같은 손으로 그 큰 사랑을 가지고온 아이가 너무나 예뻐 보였다. 그래 예쁜 생각을 하는구나? 그럼 이 돈은 다시 엄마에게 갖다드리고 대신 이 옷은 아줌마가 네 고운 마음씨에 그냥 선물로 주는 거란다. 그러니 그냥 받아.

그래 넌 마음씨가 이렇게 예쁘니 공부도 잘하겠구나, 열심히 공부해서 훌륭한 사람이 되거라. 오늘은 새봄을 가지고온 예쁜 마음의 우리아이 때문인지 종일토록 손님이 많이 오고 내 기분도 상쾌한 봄 날씨 그대로였다.

다음 날 아주머니가 큰 봉지에 몇 가지 봄나물을 가득 담아가지고 와 얘가 뭘 사주면 늘 그래요. 하시면서 미안하다고 몇 번이나 말씀 하신다. 아닙니다. 착한 딸을 두셔서 좋으시겠어요. 아주머니가 참 부럽네요. 고생한 보람이 있겠네요. 감사합니다. 이 가게도 복 받으시라고 기도드리겠어요.

세상이 온통 혼탁하고, 자기 생각만 하고 사는 오늘날 이런 아름다운 사연을 대하니 마음이 훈훈해지는 것을 느낀다. 지금이라도 우리가 순수한 마음을 서로 나누고 섬기며 배려하는 사람이 살맛 나게 살 수 있게 되기를 기대해 본다. 아이 마음도 예쁘지만, 이를 격려하는 옷가게 주인의 마음도 존경스럽다.

또, 어느 한 마을 길모퉁이에 과일 행상이 있었다.

손을 많이 다쳐 컴퓨터도 할 수 없어 다니던 직장을 그만두고 리어카를 마련해 자기 동네마을 어귀에서 사과를 팔기로 작정하고 장사를 하던 어느 날 한 손님이 다가와 물었다. 이 사과 어떻게 하지요? 예! 천 원에 두 개 드립니다. 그 사람은 3천 원을 내고 사과를 고르더니 작고 모나고 상처가 있는 사과만 골라 담는다.

그 사람이 세 번째 오던 날 행상이 말했다. 손님! 이왕이면 좋은 것으로 좀 고르시지요. 손님은 행상이 하는 말을 듣고도 그저 웃는 얼굴로 여전히 작고 시들고 모나고 못생긴 사과만 골라 담으며 말하길 "그래야 남은 사과 하나라도 더 파시지요. 저도 어렵게 살지만, 댁은 나보다 더 젊어 어렵게 보여서입니다. 힘내세요. 하늘은 스스로 돕는 자를 돕고, 하늘이 무너져도 솟아날 구멍은 있다잖아요!!"

그 말을 듣는 순간 그 행상은 숨이 멎는 느낌이었다. 그리고 그만 참고 살아온 날들에 순간 울컥 눈시울을 보이고 말았다. 눈물을 훔치며 세상에는 아직도 이렇게 아름다운 마음씨를 가진 사람들이 있구나 싶었다.

사과 봉지를 들고 돌아서 말없이 걸어가는 그분의 뒷모습이 그렇게도 고와 보일 수가 없었다. 그리고 자기도 모르게 더 이상 부끄러워하지 않고 더 열심히 노력해야겠다는 용기가 불끈 솟았다.

따뜻한 말 한마디, 그 한마디의 작은 배려가 상대의 마음을 움직이고, 인생을 변화시킨다는 사실이다. 당신도 험한 세상에서 그런 배려의 실천을 한번 해 보시면 참 보람될 것이고, 당신으로 하여금 아름다운 세상이 열릴 것이다.

인생살이 모두가 마치 메아리와 같다. 사랑을 주면 사랑이 돌아오고, 마음을 주면 마음으로 돌아온다. 매사를 긍정의 시각으로 바라보면 긍정적인 삶이 되고, 부정적인 시각이면 부정적으로 다가오듯, 벽에 공을 치면 다시 자신에게 되돌아온다. 그게 세상사 이치가 아닐까?

행복은 어디다 마음의 기준을 두느냐에 달려있기에 그 행복한 일을 발견하는 것이 당신 자신의 비결로 저마다가 지닌 눈

속과 마음 안에 있음을 깨우치세요.

　우리가 살아가는 지금이 모질고 험하고 가시밭길 같아도 남몰래 표 내지 않고 묵묵히 어려운 곳들을 한사코 찾아다니는 그런 사람도 더러는 많기에 살맛 나는 세상이라 생각합니다. 힘내시고 용기 잃지 마십시오.

5. 삶의 길목에서 가슴 찡한 이야기들

　29살 총각인 나는 직장에서 일을 마치고 집으로 돌아오는 길이었다.

　난 그날도 평소처럼 집 앞 횡단보도를 걷고 있었는데 그만 시속 80km로 달리는 차를 못 보고 차와 부딪쳐 중상을 입었다. 난 응급실에 실려 갔고, 기적적으로 생명만을 건졌다. 그러나 의식이 돌아오는 동시에 깊은 절망에 빠지게 되었다. 시력을 완전히 잃었던 것이다. 아무것도 볼 수 없다는 사실에 너무 절망했고, 결국 아무 일도 할 수 없는 지경이 돼 버렸다. 중환자실에서 일반병실로 옮기면서 난 그녀를 만났다.

　그녀는 아홉 살밖에 안 되는 소녀였다.

　아저씨! 아저씨는 여긴 왜 왔어? 아저씨! 왜 그렇게 눈에 붕대를 감고 있어? 꼭 미라 같다. 야! 이 꼬마가..... 정말 너 저리가 안 놀래?

그녀와 나는 같은 301호실을 쓰고 있는 병실환자였다. 아저씨... 근데 아저씨 화내지 마. 여기 아픈 사람 많아~ 아저씨만 아픈 거 아니잖아요. 그러지 말고 나랑 친구해. 네? 알았죠? 꼬마야 아저씨 혼자 있게 좀 제발 내버려 두지 않을래?

그래..... 아저씨.....난 정혜야, 오정혜! 여긴 친구가 없어서 너무 심심해. 아저씨 나보고 귀찮다고? 그러면서 그녀는 밖으로 나가 버렸다.

다음 날, 아저씨 그런데 아저씬 왜 한숨만 푹푹 쉬어~~? 정혜라고 했니? 너도 하루아침에 세상이 어두워져버렸다고 생각해 봐라. 생각만 해도 무섭지 않겠니? 그래서 아저씬 너무 무서워서 이렇게 한숨만 쉬는 거란다.

아저씨 근데 울 엄마가 그랬어, 병도 예쁜 맘먹으면 낫는대. 내가 환자라고 생각하면 환자지만, 환자라고 생각을 안 하면 환자가 아니라고 했어...... 며칠 전에 그 침대 쓰던 언니가 하늘나라에 갔어!! 엄마는 그 언니는 아주 착한 아이라서 하늘의 별이 된다고 했어!! 별이 되어서 어두운 밤에도 사람들을 무섭지 않게 환하게 해준다고......

음...... "그래, 넌 무슨 병 때문에 여기 왔는데?"

음..... 그건 비밀이야..... 그런데 의사선생님이 곧 나을 거라고 했어. 이젠 한 달 뒤면 나 보고 싶어도 못 보니까 이렇게 한숨만 쉬고 있지 말고 나랑 놀아줘. 응, 아저씨.....

나는 나도 모르게 미소를 지었다. 그녀의 한마디가 나에게 용기를 주었다. 마치 밝은 태양이 음지를 비추듯 말이다.

　그 후로 난 그녀와 단짝 친구가 되었다. "자! 정혜야 주사 맞을 시간이다.

　"언니.....30분만 있다가 맞으면 안 돼? 잉~잉~ 나 안 맞을래!!!"

　그럼 아저씨랑 친구 못 하지..... 주사를 맞아야 빨리 커서 아저씨랑 결혼한단다. 칫, 그러곤 그녀는 엉덩이를 들이댔다.

　그렇다. 어느새 그녀와 나는 병원에서 소문난 커플이 되었다. 그녀는 나의 눈이 되어 저녁마다 함께 산책을 했고, 아홉 살 꼬마아이가 쓴다고 믿기에는 놀라운 어휘로 주위 사람, 풍경얘기 등을 들려주었다.

　근데 정혜는 꿈이 뭐야? "음..... 나 아저씨랑 결혼하는 것...." "에이 정혜는 아저씨가 그렇게 좋아? 응 그렇게 잘생겼어? 음 그리고 보니까 되게 못생겼다. 꼭 괴물 같아!

　그러나 그녀와의 헤어짐은 빨리 찾아 왔다. 2주 후 나는 병원에서 퇴원했다.

그녀는 울면서..... 아저씨..... 나 퇴원할 때 되면 꼭 와야 돼 알겠지?? 응.... 약속 "그래 약속...." 우는 그녀를 볼 수는 없었지만, 가녀린 새끼손가락에 고리를 걸고 약속을 했다. 그리고 2주일이 지났다.

　따르릉 따르릉 여보세요. 최호섭씨? 예 제가 최호섭입니다.

축하합니다. 안구 기증이 들어왔어요.... 진...진짜요? 감사합니다. 감사합니다. 정말 하늘로 날아갈 것 같았다.

   일주일 후 난 이식수술을 받고, 3일 후에는 드디어 꿈에도 그리던 세상을 볼 수 있게 되었다. 난 너무도 감사한 나머지 병원 측에 감사편지를 썼다. 그리고 나아가서 기증자도 만나게 해달라고 했다.

   그러던 중 난 그만 주저앉을 수밖에 없었다. 기증자는 다름 아닌 정혜였던 것이었다.

   나중에 알았던 사실이지만, 바로 내가 퇴원하고 일주일 뒤가 정혜의 수술일이 있었던 것이다. 난 그녀를 한 번도 본 적이 없었기에.... 그녀가 건강하다고 믿었는데 정말 미칠 것 같았다. 난 하는 수 없이 그녀의 부모님이라도 만나야겠다고 생각했다.

   "아이가 많이 좋아했어요" 예..... 아이가 수술하는 날 많이 찾았는데...... 정혜의 어머니는 차마 말을 이어가질 못했다. "정혜가 자기가 저 세상에 가면 꼭 눈을 아저씨께 주고 싶다고.... 그리고 꼭 이 편지 아저씨에게 전해달라고......" 또박 또박 적은 편지에는 아홉 살짜리 글씨로 이렇게 써져 있었다.

   "아저씨! 나 정혜야. 음~ 이제 저기 나 수술실에 들어간다. 옛날에 옆 침대 언니도 거기에서 하늘나라로 갔는데..... 정혜도 어떻게 될는지 모르겠어! 그래서 하는 말인데, 아저씨 내가 만일 하늘나라로 가면 나 아저씨 눈 할게. 그래서 영원히 아저씨랑 같이 살게...... 아저씨랑 결혼은 못 하니까....”

　나의 눈에서는 두 줄기의 눈물이 끝없이 흘러내리고 있었다.

　세상사 굽이굽이 삶의 길목마다에서 수많은 악천후를 만나는 고단한 인생길이다. 그런 당신 곁에는 연인 같거나 형제, 오누이, 친구 같은 서로의 마음을 나눌 수 있는 인연들이 있기에 조석으로 오고 가는 안부 속에 살맛을 느끼고, 용기를 심어준다. 그러므로 상대를 소중히 여기며 살아가야지.......

　익은 곡식은 고개 푹 숙인다. 진정 인생을 바로 아는 사람은 남 앞에 평생을 머리 숙이고 겸손과 낮춤에서 참된 자기를 키우며 살아가는 그런 사람이다.

　세상사 모두가 한발 뒤에 서면 더 잘 들리고, 한발 아래 서면 더 잘 보이는 것을, 왜 우리는 이렇게도 아옹다옹하며 살아가야 하는지 모를 일이다. 오늘도 건강하고 행복한 웃음으로 당신 앞에 선 분에게 먼저 웃음으로 고운 사랑을 나누며 우리가 살아가는 길목에서 늘 촉촉한 마음이시기를 당부 드린다.

　필자가 작년에 노인정 모임에 한번 가보니 작곡 작사자가 누구인지 모르나 이런 노래 소리가 참 마음에 들어 함께 배우며 불러 본다.

　#우리가 살 면은 몇 백년사나/얼마나 산다고 아옹다옹 다투나/ 좋은 세상 둥글둥글 서로 사랑하면서/ 우리 실컷 놀아 봅시

다./ 골치 아픈 일 가슴 아픈 일 탈탈 털어버리고/ 신나게 이 순
간을 즐겨요/ 놀다갑시다. 놀다갑시다 실컷 놀다갑시다./부귀
영화 누굴 위해 내 청춘을 바쳤나/ 혼자 왔다 혼자 가는 홀로인
생길/ 한도 없어라 놀다갑시다/

　#아내와 함께 이 노래를 연습하다가 아내가 문득 이 책 제목
을 하자고 해 선정했다.

6. 190만 원의 인생 경험

　"아저씨! 아저씨 잠깐만요." 지난 어느 날 영동고속도로 ○○
휴게소.

　한 중년 부인이 승용차 창문을 반쯤 내리고 부근에서 비질하
는 미화원 P씨를 급히 불렀다. P씨는 부인이 부르는 '아저씨'
가 자신이란 걸 뒤늦게 알고 고개를 돌렸다.

　이거(일회용 종이컵) 어디에 버려요? 이리 주세요. 그걸 몰라
서 묻나, 쓰레기통까지 가기가 그렇게 귀찮은가?!!!

　P씨는 휴게소 미화원으로 일한 지 이 날로 꼭 한 달째 되는
날이다. 그런데도 아저씨란 호칭이 낯설다. 지난 27년 동안 신
부님이란 소리만 듣고 살았기 때문이다.

　안식년을 이용해 휴게소 미화원으로 취직한 청소부가 된 P신

부~~

　그는 오전 8시부터 오후 8시까지 12시간 동안 휴게소 광장을 다람쥐 쳇바퀴 돌듯 하며 비질을 한다. 그의 신분을 아는 사람은 주변에 한 명도 없다.

　그러던 때 기자의 기습에 깜짝 놀란 그는 "아무도 모르게 하는 일인데...."하며, 사람들 눈을 피해 어렵사리 말문을 열었다. "사람들 사는 게 점점 힘들어 보여서 삶의 현장으로 나와 본 거예요. 난 신학교 출신이라 돈 벌어 본 적도 없고, 세상물정에도 어두워요. 신자들이 어떻게 벌어서 자식들 공부시키고 집장만하고, 교무금을 내는지 모르잖아요!"

　그는 세상에 나오자마자 소위 빽을 경험했다. 농공단지에 일자리를 알아보려고 갔는데, 나이가 많아 받아주는 데가 한 곳도 없었다. 아는 사람이 힘을 써줘서 겨우 휴게소 미화원 자리를 얻기는 했지만, '사오정'이니 '오륙도'니 하는 말이 우스갯소리가 아니란 걸 피부로 느꼈다.

　그는 출근 첫날 빗자루를 내던지고 그만두려고 했다. 화장실 구역을 배정받았는데 허리 펴볼 틈도 없이 바쁘고 힘이 들었다. 대소변 묻은 변기도 닦아내고, 발자국 난 바닥도 걸레질하고, 담배 한 대 피우고 돌아오면 또 엉망이고..... 그래도 일이 고달픈 건 견딜 만했다. 사람들 멸시는 정말 마음이 아파 견디기 어렵다.

　어느 날, 한 여성이 커피 자판기 앞에서 구시렁거리며 불평을 했다. 무엇을 잘못 눌렀는지 커피가 걸쭉하게 나와 도저히 마실 수 없는 상태였다. P신부는 휴게소 직원으로서 자신의 동전을 다시 넣고 제대로 된 커피를 뽑아주었다. 그랬더니 그 여성이 "고마워요. 저건(걸쭉한 커피) 아저씨 드시면 되겠네."라며 돌아서는 게 아닌가?

"제가 그때 청소복이 아니라 신부복을 입었더라면 그 여성이 어떤 인사를 했을까요? 겉모습으로 사람을 평가하면 안 되죠." 우리나라 사람들은 겉모습부터 먼저 평한다.

P신부는 "그러고 보면 지난 27년 동안 사제복 옷 덕분에 분에 넘치는 인사와 대접을 받고 살았는지도 모르겠다."고 덧붙이며 반성해 본다.

그는 눈물 젖은(?) 호두과자도 먹어 봤다. 아침 식사도 거르고 나왔는데, 허기가 져서 도저히 비질을 할 수가 없었다. 하는 수 없이 호두과자 한 봉지를 사들고 트럭 뒤에 쭈그려 앉아 몰래 먹었다. 손님들 앞에서 음식물 섭취와 흡연을 금지하는 근무규정 때문이다. 그의 한 달 세전 월급은 190만 원, 그는 "하루 12시간씩 청소하고 한 달에 190만 원 받으면 많이 받는 거냐? 적게 받는 거냐?"고 기자에게 물었다.

또 "언젠가 신자가 사다준 반팔 티셔츠에 10만 원이 넘는 가격표가 붙어 있었는데...."라며 190만 원의 가치를 따져보았다. 이번엔 기자가 "신부님이 평범한 50대 중반 가장이라면 그 월급으로 생활할 수 있겠어요?"라고 되물었다.

"내 씀씀이에 맞추면 도저히 계산을 못하겠네요. 그 수입으로는 평범한 가정이 아니라 쪼들리는 가장으로밖에 안 될 것 같은데...."그런가요?

"신자들은 그런대로 헌금에 교무금에 건축기금까지 낸다며 이제 신자들을 더 깊이 이해할 수 있을 것 같다"고 P신부는 말했다.

그는 "그동안 강론대에서 사랑을 입버릇처럼 얘기했는데 청소부로 일해 보니까 휴지는 휴지통에, 꽁초는 재떨이에 버리는 게 사랑임을 깨달았다."고 말했다. 쓰레기를 함부로 버리면 누군가가 줍기 위해 허리를 굽혀야 하니까. 어릴 때부터 일상의 생활습관과 인성교육을 철저히 받는다는 일본인들의 교육정책이 부럽다는 생각이 든다.

쓰레기를 쓰레기통에 버리는 것은 평범한 일이다. 또 과시할 것도 없고, 누가 알아줄 필요도 없다. 그리고 시기질투도 없다. 그게 참사랑이란 걸 알았다.

그는 "신자들이 허리를 굽혀 인사하는 것만 받던 신부가 온종일 사람들 앞에서 허리 굽혀 휴지를 주우려니까 여간 힘든 게 아니다."라며 웃었다.

그는 "퇴근하면 배고파서 허겁지겁 저녁식사하고 곧바로 곯아떨어진다."며 "본당에 돌아가면 그처럼 피곤하게 한 주일을 보내고 주일미사에 오신 신자들에게 평화와 휴식 같은 강론을 해 주고 싶다."고 말했다.

"난 오늘 여기 그만두면 안도의 한숨을 돌리겠죠. 하지만 이 곳이 생계터전인 진짜 미화원이라면 절망과 한숨을 쉴 겁니다. 다시 일자리를 잡으려면 얼마나 힘들겠어? 나도 빽 한번 써서 들어왔는데. 그리고 가족들 생계는 당장 어떡하고. 그래서 사치스러운 체험이라는 거예요"

그는 인터뷰가 끝나자 곧바로 청소하는 일터로 달려갔다. 한시간가량 자리를 비운 게 마음에 걸려서 그런 것 같다. 미화반장한테 한소리 들었을지도 모른다.

쓸고 닦고 줍고…. 몸을 깊숙이 숙인 채 고속도로 휴게소를 청소하는 P신부님!!

그에게 비질은, 사제생활 27년 동안 알게 모르게 젖어든 타성에서 벗어나고 마음의 때를 씻어내려는 기도인지도 모른다. 월급 190만 원 자리도 빽 쓰고 들어가야 되는 무서운 세상인데 복지국가라고 누가 얘기할 수 있나요!!??

이상과 같은 생존경쟁이 벌어지는 우리 사회에서 생겨나고 있는 것들이 빙산의 일각이라는 생각을 해 보면서 이 신부님이 시사해 주는 바가 정말 크다.

필자가 쓴 책 표지에 독자들이 사인을 부탁하면 꼭 쓰는 글 내용이 하나 있다. "늘 하루하루가 平安하고 幸福하십시오!!"라고 써 드리는 글이 참 맞는 정답이 아니었던가? 가끔 생각해 본

다. 그 이유는 필자도 만고풍상 다 겪어 본 나머지라 신부님의
글 말미에 남겨보는 글 한마디다.

7. 운명은 개척해 나가는 자의 것

우리 인간은 흔히 자신의 고된 생활을 운명에 맡겨버리는 안
일하고도 체념적인 그릇된 습관을 갖고 살아간다. 다시 말해
"고생도 팔자"라든지 "여자 팔자 뒤웅박 팔자"라는 말들이 다
그 좋은 예다. 그것은 곧, 주어진 운명대로 살 수밖에 없다는
무기력하고 나약한 절망적인 생각부터가 문제일 수밖에 없다.
우리 인간이야말로 나면서부터 미완성인 존재로 자신의 전완
(全完)적인 생활을 위해 노력하면서 행복의 삶을 추구해 나가
려는 모습이기에 자기 앞길을 스스로 헤쳐 나가지 않으면 안
된다.

무한불성(無汗不成)이란 땀을 흘리지 않고는 아무것도 이룰
수 없다는 말처럼 이 세상에 공짜란 하나도 없다. 어떤 목표를
위해 온 정성을 쏟듯 자신의 인생은 자기가 만들어 가는 길이
다. 영어에도 "No pain, no gain"이라고 했다. 고통이 없으면
얻는 것도 없다. 필자의 경우도 노년이지만 남이 자는 한밤중
에 내 혼이 담긴 글을 쓴다. 땀 흘리지 않고 이뤄지는 것은 하
나도 없다. 최선을 다해야 한다. 필자의 저서 '삶에 공짜는 없

다'(2017년 9월 출간) 글 중에 이집트 민족에게 시달리며 노예 생활을 하던 이스라엘 백성이 모세 같은 위대한 민족 지도자에 의해 가나안 복지로 나와 새로운 운명을 개척했던 예가 있다. 또 황폐했던 황무지에서 가난과 배고픔에 허덕이는 덴마크를 오늘의 세계 복지국가로 이끌어낸 민족 지도자 그룬트비의 고난의 땀방울의 개척을 한 예가 있다. 우리나라는 6·25전쟁의 폐허였던 76달러 거지 나라를 오늘의 3만 5000달러 기적의 나라를 만들어낸 건국 대통령 이승만이나 박정희 대통령의 새마을운동으로 온 국민이 뚤뚤 뭉쳐 오늘날의 나라가 되었다. 운명은 개척해 나가는 자의 것이기에 우리가 뭉칠 때 이룩되는 고난의 길인데, 오늘날 우리나라의 운명이 어쩌다 전체주의 사상으로 물들어 이 지경에까지 왔는지, 이제부터라도 충무공 이순신 장군이 12척으로 일본을 물리친 그 정신으로 대한민국을 다시 일으켜 세워야 한다. 풍전등화의 절실한 위기를 오직 20, 30대가 반드시 이겨 내리라 확신한다.

일찍이 포항제철 박태준 회장의 해학에서 말했듯 아들딸에게 세상 사는 요령을 가르쳐줬다. 운명을 개척해나가는 데 부부가 일심동체라지만, 남남이 만나 살아가는데 마음도, 몸도 어찌 같을 수 있느냐는 것이다. 그렇지만 서로 한 마음 한 몸이 될 때 잘 살아가지듯, 운명 또한 살아가며 길을 찾는 것, 그게 살아가는 이치이고 노하우다.

인연(因緣)이란 결국 운명적 우연의 만남이라 하지만, 그 속에는 전생에서 이어지는 그 깊고 깊은 관계가 연관돼 있음을 알아야 한다. 좋은 인연이 있는 반면, 악연의 인연 등 전생의 인연에 따라 맺어지고 겪는 과정으로 서로 마음을 맞춰가는 길이다. 이렇듯 우리 만남과 헤어짐도 무한의 영역인 세계로부터 환생하는 순례의 길을 반복하는 영혼인 것이다. 다 때가 되니 만나고 헤어지는 것을….내가 이 세상에 온 것도, 당신을 만난 것도 그 얼마나 운명적 만남이란 말인가!!!

　자신의 족보는 절대로 속일 수도 버릴 수도 없어 살아생전 그 값을 치르고 사는 것이라서 불가에서는 업(業)이라 표현한다. 당신도 하나님께 그런 은혜를 입었다고 느껴진다면 내게 주어진 환경에서 감사한 은혜를 잊지 말고 남은 생애라도 악을 심어두지 말고, 선을 베풀고 살아가야 한다.

　결국, 인연의 운명이란 하늘이 내리는 바람소리가 슬프게 우리를 찾아오는 때 비로소 잠긴 빗장을 열고, 어디론지 바람처럼 영혼으로 훌훌 날아 먼 나라로 홀연히 여행을 떠나겠지!! 그 미지의 곳을 저마다가 쌓아놓은 헤아릴 수 없는 시간과 공간의 빛 속에서 망각의 존재(being lapse of memory)인 우리 인간들은 저마다 하늘에 쌓아둔 소망의 상급을 심판받는 날이 될 것이다.

8. 고난의 행군 인생길 여행

　물도 바위 절벽을 만나야 아름다운 폭포가 되고, 석양도 구름을 만나야 붉은 노을이 곱게 빛나 보이듯, 우리네 인생도 살아가다 보면 때로는 좋은 환경에서 좋은 일이,　또 때로는 힘든 고비를 넘어야 하는 때가 있게 마련이다. 오르막길이 있으니 내리막길도 있고, 장대 같은 폭우가 쏟아질 때 산허리에 오색 빛깔의 무지개가 피어날 때도 있다. 구름 한 점 없이 맑고 깨끗한 파란 하늘빛인 때도, 역경과 고난을 넘긴 뒤에야 환희의 기쁨을 맛보게 되는 인생사 그 모두가 고난의 인생길이다.

　불가에서 말하는 그 인연 속에는 원한의 보복이거나 반대로 선한 인연으로 연결되는 결과의 엄청난 사실들이 어느 날 어느 시에 당신 앞에 도래한 것이라 생각하면 그게 맞는 답일 거라는 게 필자가 살아온 경험에서 느껴지는 결론이다. 한세상 고난의 행군 길에서 어느 누구를 만나든 상대에게 피눈물 나게 하는 원한만은 사지 말아야 한다는 사실은 불교의 업보(業報)에서 후손들에게 대물림된다는 것이다.

　필자가 IMF 1년 전 아들자식 하나의 원대한 꿈을 펼쳐주기 위해 가산을 정리하고 남태평양 적도구역 FIJI라는 생전 낯선 곳에 이민을 갔으나 그곳에서 이민 알선업자에게 전액을 사기 당해 오갈 데 없을 때 생명의 은인들을 만나게 해줬던 일은, 우선 가까운 곳 뉴질랜드에서 유학중이던 막내 여식이 중도에 FIJI로 날아와 구출해줬고, 한 고향 박영일 선교사와 고국 이천에서 병원장이시던 박형국 장로님의 구원으로 하나님의 길을 열어주신 이들을 만나게 됐던 일과 FIJI 대학 후배 한인회장의 도움으로 오랜 기간을 보낼 수 있었던 일과, 다시 빈손으로 귀국해 낯선 지금의 '강진'이란 곳에서 당시 황주홍 군수님의 도움으로 거처 마련에 이르는 동안까지의 모든 과정이 그냥 이뤄지지 않았다는 사실을 비로소 깨달았다.

귀국 후 그 사기업자의 소식을 들어보니, 수많은 한국인들을 울린 이분은 목뒤 후두암에서부터 나중엔 반신불수 마비 및 루게릭 병으로 10여 년 고생하다가 죽었다는 말과, 아들딸 자식들은 이혼 등 가정 파탄으로 그 뒤끝이 불행하게 나타난 일들이다. 그러나 필자는 이후 빈손으로 고국에 돌아왔지만, 하나님이 지켜주신 은혜로 지금까지 마음의 부자로 오늘을 살아가고 있다.

좋은 만남과 좋은 인연이란 하루아침에 생겨나지 않는다. 네잎 클로버 같아서 찾기가 여간 어려운게 아니지만, 덕(德)을 많이 쌓아둔 사람은 행운과 행복이 언젠가는 다가온다. 요 최근 그런 한 분이 필자의 책을 읽고('벼랑길 굴러가는 대한민국') 찾아온 국가유공자 최대홍(95세) 분으로 강진 망호마을에 45년생 황칠나무에서 추출한 원액을 평생봉사 나눔 정신으로 살아오신 분과 뜻이 맞아 인생 동반자로 자주 만난다.

인생이란 자신과의 싸움이다. 언제 어디서나 그리고 누구 앞에서나 어려운 결정에서도 정직하게 당당히 대하면 결국엔 승자가 된다. 삶을 부정하는 짓은 죄악이다. 인생살이가 시련의 연속이기에 그걸 어떻게 잘 넘기느냐는 자기 몫이다. 인생 최대 행복은 힘든 고난을 굳은 의지로 일어나는 성공의 뒤끝이다. 덕이란 하루아침에 생겨나지 않는다. 남모르게 표시 없이 쌓아둬야 한다. 2000년 전 공자님께서도 "내 마음은 하늘만이 안다."고 했다. 삶의 보람이란 인간끼리의 가치인 "참 사랑"이다. 러시아의 대문호 톨스토이의 '전쟁과 평화'의 고서를 필자는 자주 읽는데 마음에 와닿는 것이 많다.

그는 백작의 아들로 태어나 1000여 명의 농노를 거느린 영지에서 부유하게 자랐다.

그의 어머니는 영어, 프랑스어, 독일어, 이탈리아어 등 5개 국어에 능통했으며 피아노도 능숙하게 칠 수 있는 교양이 풍부한 분이셨다. 그러나 다섯 남매를 남겨놓고 톨스토이가 태어난 지 1년 6개월 만에 세상을 떠났고, 또 7년 뒤 아버지 니콜라이도 뇌출혈로 돌아가시고, 할머니도 그 충격으로 9개월 만에 세상을 떠나고 말았다.

그는 청년이 되어 대학입학시험을 보았지만 낙방하고, 다시 도전하여 대학에 들어갔지만, 거기서 인생허무를 느끼고 대학생활을 중단한 이후, 고향땅에 돌아가 농노들과 함께해 봤으나 그마저 실패하고 말았다. 결국 그는 군에 입대해 전쟁에 참여하여 크림전쟁 체험을 바탕으로 가족을 모델로 '전쟁과 평화'라는 글을 써 베스트셀러 작가가 된다. 이 책에서 많은 독자들에게 갈채를 받아 부귀영화를 누리다가 어느 날 한적한 시골길을 걸어가던 중 한 농부의 얼굴이 너무 평화로워 보여 농부에게 그 비결이 무어냐고 물었다. 그 농부는 "하나님을 의지하고 살기에 언제나 기쁨뿐입니다."라고 대답했다. 그 말을 듣는 순간 자신은 한 농부보다도 못하게 살았음을 깨닫고 그날부터 진지하게 하나님을 찾기 시작했다.

여기에서 작가는 '나의 회심'이란 글 내용 속에 "5년 전 나는 정말 예수 크리스트를 나의 주님으로 받아들였다. 그 순간 나의 전 생애가 변하면서 욕망에서 벗어나며 새로운 것이 보이게 되었다. 나는 행운의 무지개를 찾아다니며 살았는데 그 허무함을 알게 되며 그 모두가 거짓과 허식으로 나를 꾸며 놓았다."는 것을 알게 됐다고 고백했다. '세 개의 의문'이란 글에서는 세 가지 질문을 던졌다. 첫째, 이 세상에 가장 중요한 시간은 언제인가? 둘째, 이 세상에서 가장 필요한 사람은 누구인가? 셋째, 이 세상에서 가장 중요한 일이 무엇인가? 그는 답으로 "이 세상에서 가장 중요한 시간은 바로 지금이다. 또 가장 필요한 사람은 지금 내가 만나고 있는 사람이고, 마지막 이 세상에서 가장 중요한 일은 지금 내 옆에 있는 사람에게 선을 행하는 일이다."라고 썼다.

그는 82세로 하나님 곁으로 가기 전 다음의 글을 남겼다. 하나님 아버지여! 생명의 원천이신 하나님 날 도와주소서. 내 인생의 마지막 며칠 몇 시간이라도 당신에게 봉사하며, 당신만 바라보고 살 수 있도록 날 도와주소서.

9. 고목에도 꽃은 피려나

한 시인이 말하기를 "세월 저놈이 진짜 도둑놈 아닌가?"라고 표현했다. 하룻밤 자고나니 어제가 그날이 그날인 것 같더니 잠든 사이 하루를 살금살금 갉아먹는 좀(a moth)이 되어 나중에 통째로 훔쳐 도둑질해버린 뒤에 아예 KTX열차로 변해서 가마득히 먼 곳으로 가물가물해져 버린 그놈의 날들을 아무리 잡아놓으려 해도 잡을 기력이 달려 기가 찰 노릇이다.

또 2025년 을사년 뱀의 해에 시대의 선각자분들인 인도의 천재 예언가 아비냐 아난드, 우리나라 불교계의 거장 탄허(1913-1983)스님, 사명대사, 해인사 효봉스님분들이 예언하길 2025년 6-7월에는 한국의 새로운 지도자가 나타날 것이라고 말했다. 구도자가 정치가나 기업인, 종교인도 아닌 아주 평범한 지도자가 영적 깨달음에서 태어난다고까지 예언했다니 믿어볼 만한 일이다.

이와 같이 혼란하고 어지러운 고독한 날들에 망연자실할 뿐!

나라가 자유주의 국가에서 공산주의 세상만으로는 절대로 되지 말아야 한다. 깊은 어둠 속에서 반드시 솟아난다고 예언처럼 어진 참된 지도자가 나올 것을 확신해 본다.

어느덧 내 나이가 짙어지니 증손주가 둘이나 생겨나 "할아버지 '범수' 예요! 새해에도 건강하세요?"라는 전화벨소리와 "그 아래 '지수' 까지 할아버지 증손녀가 태어났어요."라며 문안인사 문자가 연달아 온다. 이 늘그막에도 고목에 꽃이 피려나 보다.

이젠 맥 풀린 낙조(the glow of the setting sun)의 뱃머리에서 펄럭이는 깃발처럼 지난날 청춘고백을 하듯 아내와 둘이서 산길을 걸으며 지난날들의 추억을 되뇌어 보는 오늘 하루를 맞는다.

얼마 전 서울 나들이하면서 경기도 곤지암에 거동이 불편한 한춘성에게 또 언제 보려나 싶어 하룻밤 함께하며 정을 나누다 돌아왔다. 또 한 친구로 남은 김갑환에게 전화했더니 몸이 좀 불편하여 못 나가겠다며 아쉽게 전화를 끊었던 사날 뒤 못 나온 그 친구 집 동생이라면서 전화가 걸려와 그럼 자네 형님 바꾸게라고 하니 형님이 오늘 아침에 돌아가셨습니다. 그렇다면 자네가 내 전화번호를 어찌 알고 하는가?라고 물으니 형님 핸드폰에 마지막 찍혀 있는 번호라서 한다는 말에 한동안 쇼크를 받은 탓인지 망연자실했다. 그 몇 해 전에 가까운 친구들 다섯이 큰맘 먹고 거문도 옆 '손죽도' 섬에 사는 박봉희 친구의 초대를 받아 다섯 친구가 여수에서 만나 여객선으로 그 섬에 가 낚시질로 한 일주야 망중한을 즐기던 일이 어제 같은데 이 친구 마저 떠나가 버렸다니 그게 남의 일이 아니라 여겨져 주변 사람들에게 누(累)가 되지 않게 고종명(考終命)으로 고통 없이 아내와 한시한날 눈감을 수 있다면 하는 바람뿐이다.

일본의 이름난 작가 우치다테 마키코(內館牧子)가 쓴(2015년) '은퇴 후 일렬횡대의 인생' 베스트셀러의 내용을 여기에 좀 옮겨보면, 현대 세상에서 가장 많은 귀중품을 간직한 곳이라면 뭐니 뭐니 해도 인터넷으로 매장물(treasure trove)이 무진장 숨겨져 있는 그곳을 잘 알게 되면 노다지를 캔다. 그것을 일방적으로 "검색창 데이터"라 하는데 최근 발견된 귀한 자료가 바로 "끝난 사람"으로 고령사회(Aged society)인 것을 알게 하고 그런 세상의 내일에 도전하게 한다.

고교동창회에 몇 십 년 만에 가보면 공부 잘했던 친구들은 그저 그렇게 월급쟁이나 하는 경우가 많으나 말썽쟁이들 중에는 사업으로 큰돈을 벌었다고 술값을 도맡아 냈다. 그러나 은퇴하고 나면, 아무튼 거의가 "끝난 사람"이 되어 거지반 같더라. 그걸 일렬횡대(一列橫隊)라고 표현했다.

이 책 주인공은 도쿄대 법학부를 졸업하고, 대형은행에 입사하여 한때 승승장구하다가 임원진급에서 밀려나더니 자회사로 좌천 이후 정년을 맞이한 인물이다. 결국 쓸모가 없어지면 바닥으로 내동댕이쳐지는 냉혹한 곳이라고 썼다. 다시 말해 "생전에 치르는 장례식장"과 다름없다고 표현했다.

결국, 은퇴 후에는 똑같아질 걸 알면서 아등바등 몸부림쳤던가? 후회한다고 했다.

그는 이후 취미생활로 뭔가 해 보려고 좌충우돌(dash this way and rush that)하는 그의 삶은 너무도 처량한 현실적 모습임을 깨달았다.

일본 50대 이상의 샐러리맨들에게나 여타의 분들에게 "나 자신의 벌거벗겨진 기분이 들 정도로 무섭게 리얼하다."는 표현들을 이 책에서 잘 나타냈다.

지금 세상은 100세 시대라서 은퇴 후에 삶이 무척 길어져 명이 길어진 게 외려 탈인 셈이 됐다. 우리나라에서도 현재 노인회장으로부터 정년퇴임을 75세로 늘려 잡아야 한다는 발표를 들은 바 있다.

실상, 어중간한 60대 중반 나이에 은퇴라는 선고를 받은 직장인들이 고급실업자로 빈둥거리다 보면 국가적으로 좋은 인재들을 놓쳐 버리는 일장일단이 있는 것만은 사실이다.

이분 우치다테 마키코 씨는 책에서 은퇴 이후 '생전에 치르는 장례식'이라 표현한 대목이 우리나라에서도 같은 사항 같아 참 인상 깊었다.

필자가 이민 갔던 요트 정박지 싱가토카 '퍼스트 랜딩'이란 곳에서 초호화 요트를 타고 세계를 일주하는 늙은 노부부가 걸

기도 힘들면서 비키니 차림으로 손잡고 걸어가는 뒷모습이 안쓰러워 보였었다. 이제 필자도 그 노부부 나이에 들었다. 새벽 산길을 스치는 젊은이들이 "손잡고 가는 모습이 고와 보입니다." 라고 한마디씩 한다. 비꼬듯 들리는 그 말을 입속으로 되뇌며 아직은 고목에도 꽃이 피려나? 우리도 걸으며 위로를 해 본다.

10. 살아있을 때 잘해

유명한 여류시인 신달자 씨가 어느 라디오 프로그램에 나와 대담을 나누던 중에 진행자가 남편에 대해 질문을 하자 이런 대답을 했다.

9년 동안 시어머니의 병간호를 극진히 해드렸고, 20년을 넘게 남편의 병수발을 불평 없이 해 드렸다. 그런데 남편은 고맙다는 말이나 미안하다는 말 한마디 없이 제 곁을 떠나가 버렸다.

그러던 어느 날 창밖에 비가 내리는 광경을 바라보는데 나도 모르는 사이에 "어마나! 여보~비 좀 봐요. 당신이 좋아하는 비가 오고 있어요."라며 뒤를 돌아보았는데 남편이 없다는 것을 깨닫자 남편에 대한 그리움이 밀려들었습니다. 그리고 항상 말 없이 묵묵했던 남편이 너무너무 보고 싶어졌습니다.

텅 빈 공간에 홀로 남겨진 채 우두커니 고독을 새기며 "남편이란 존재는 아내에게 무엇을 해주는 사람이 아니라 그냥 곁에 있어주는 것만으로도 고마운 인생의 영원한 동반자가 아닐까요?"라는 고백으로 인터뷰를 마쳤다.

어느 한 가정에 무뚝뚝하고 고집이 센 남편이 있었다지요. 그러나 아내는 예쁘고 착하고 애교가 많았기 때문에 아내의 상냥스러운 말과 행동이 남편의 권위적인 고집불통과 무뚝뚝한 불친절을 가려주곤 했다.

어느 날 아내가 남편에게 전화를 걸어 퇴근하는 길에 가게에 들러 두부 좀 사다달라고 부탁을 했다. 말이 떨어지기가 무섭게 남편이 남자가 궁상맞게 그런 봉지를 어떻게 들고 다니느냐면서 벌컥 화를 내며 전화를 끊었다. 그런데 바로 그날 저녁 아내가 직접 가게에 가서 두부를 사갖고 오다 음주운전 차량에 치여 목숨을 잃고 말았다.

사고소식을 듣자마자 남편이 병원으로 달려갔지만, 아내는 이미 싸늘한 주검이 되어 있었다. 남편은 아내의 유품을 바라보다 검은 봉지에 담긴 으깨진 두부를 발견하자 아내의 죽음이 자기 때문이라는 것을 깨닫게 되었고, 너무나 미안한 마음에 가슴이 미어질 듯 아팠고, 슬픔과 후회가 동시에 밀물처럼 몰려 왔다.

의사가 사망사실을 확인해주며 덮여 있는 흰 천을 벗기자 아내의 피투성이 얼굴이 드러났다. 남편이 아내의 얼굴을 쓰다듬자 뜨거운 눈물이 가슴에서 솟구쳐 오르더니 그만 아내를 부르며 크게 통곡하고 말았다.

슬픔이 조금 가라앉자 남편은 난생처음으로 아내의 차디찬 손을 붙잡고 생전에 한 번도 해주지 않았던 말을 했다. "여보! 정말 미안해요. 나 때문에 당신을 먼저 가게 해서 정말 미안해요. 다시 우리가 만나면 당신이 무뚝뚝한 아내가 되고 내가 상냥한 남편이 되어 그때는 내가 당신을 왕비처럼 잘 모실게요."

그날 이후 남편은 어느 식당을 가든지 두부 음식을 먹을 수가 없었다. 자신에게 잘해주는 사람에게 소홀히 하지 마세요. 한 평생을 살아가면서 그런 사람 만나는 게 쉽지 않습니다. 택시 한 대 놓치면 기다리면 되지만, 사람 하나 놓치면 더는 찾기 어렵습니다. 그것은 진실한 느낌입니다. 인연끼리는 쉽게 배신하지 마십시오.

마음이 안 맞거나 마음을 상하게 하는 일이 생기더라도 그리고 가끔씩 잔소리를 하고 이따금씩 화를 내서 서로의 마음에 상처를 주고받는 경우라도, 남편과 아내가 서로 옆에 있다면 그것만이라도 그 가정은 행복한 가정 그 자체가 아닐까요?

사람이 살아가면서 후회 없이 살아갈 수야 없겠지만, 되도록 덜 후회하며 사는 방법이 있다면, "있을 때 잘해,"라는 말을 실천하는 것이랍니다.

삼성오신(三省吾身)이란 하루 세 번 나 자신을 살피고 되돌아보라는 말이 있다. 우리 인간이란 누구나 완전한 존재란 절대 없다. 누구나 허점도 있고, 실수도 있을 수 있다. 그래서 옛사람들은 자신을 늘 바른길로 이끌기 위해 하루 세 번씩 되돌아보고 살피라고 했다. 오늘 하루를 살아가면서 말실수를 하지 않았는지? 남에게 몹쓸 짓을 하지 않았는지? 법에 어긋나게 행동을 하지 않았는지 등등.

현대를 바쁘고 힘들게 살아가면서 내가 제일 가까운 분에게 무엇을 힘들게 하였을까? 그리고 상대를 이해하는 자신을 살피고 실수와 후회 없는 삶을 살아가야 한다.

보고 싶은 사람보다 지금 보고 있는 사람을 사랑하고, 하고 싶은 일보다 지금 하고 있는 일에 열중하며, 미래의 시간보다는 지금의 시간에 최선을 다하는 것, 그것이 더 값진 지혜이며 평생 자기관리를 잘하는 사람이다. 한세상을 살아가며 이 모든 것을 완벽하게 하기란 여간 어려운 일이 아니나 늘 하루하루를 반성하며 "있을 때 잘해"가 진정 지혜이며 해답이 아닐까?

시름없는 인생의 동반자가 되기 위하여 누가 먼저라기보다 내가 먼저 나서기 바란다. "당신이 옆에 있어 주셔서 정말 고맙고 행복합니다." 옆에 있을 때 서로 잘해주는 배려와, 사랑하는 마음으로 남은 생을 함께 손잡고 걸어가시기를 바란다.

인간의 정이란 무엇일까? 사람끼리 만나 오고 가는 대화에 정이 들면서 고락을 나누고 기다리고 서로 반기는 가운데 소담하게 남기고 간 그때가 미련이 오래도록 남는 정이 아닐까? 누구나 늙기 마련이지만, 늙어가는 사람만큼 인생을 사랑하는 사람은 아마도 없을 것이다. 아름다움이란 용모도 부와 명예도 아니다. 흐트러짐 없는 삶의 자세를 갖는 당당함이며, 인품의 향기가 자연스럽게 우러나는 여유로운 몸가짐으로 어려운 곳을 남몰래 돌보며, 자신의 가족도 잘 보살피는 사람이다. 그래서 말이지만, 우리 부부는 가진 것 없이 노년인생을 나라에서 주는 생계비로 만족하고 살아가면서 하루도 거르지 않는 산행과 취미생활(인터넷아마바둑5단)로 독서하며 지내는데, 요양원이나 양로원에 가 있지 않고 지낼 수 있어 그나마 다행으로 행복함을 갖고 산다.

11. 마음이 산란할 때 병이 생긴다

우리 인간이 한세상을 살아가는 동안 마음 편한 날이 없다. 자기 앞에 쌓인 얽히고설킨 일들로 하여 자신과의 싸움에서 소기의 목표를 달성키 위해 노력한다.

목표했던 일이 진퇴양난일 때 스트레스가 쌓이며 심신의 병이라는 원인 인자가 생긴다. 그러나 마음이 안정되면 있던 병도 저절로 나아진다.

살아다가 보면 누구에게나 위기가 있게 마련이지만, 무엇보다 중요한 것은 자신의 마음을 잘 관리하는 일이다. 의학계에 의하면, 행복하고 긍정적인 생각을 할 때 면역세포의 일종인 'T림프구세포'가 활발하게 제 기능을 발휘하지만, 시기, 질투, 미움, 시달림, 원망과 두려움, 불평, 낙심, 절망, 근심, 불안과 분노 등등일 때 T림프구세포가 변이를 일으켜, 암세포가 되어 거꾸로 자기 몸을 공격하여 질병을 일으키는데 이를 '자가 면역질환'이라고 한다. 그게 "마음속에 작은 미세한 입자가 되어 파동으로 그 성질이 변하게 되면 시공을 초월하여 이동할 수 있다"는 결과를 미국 프린스턴공대 로버트 잔 교수가 발표했다.

그같이 사람의 마음이란 에너지의 성질을 지니고 있어 어떤 생물체에 영향을 미치는데, 배양중인 암세포를 대상으로 "원래의 정상적인 세포로 돌아가라."고 스스로에게 정신제어(mind control)를 하게 되면, 암세포 성장이 40%나 억제된다는 것이다. 가령 화, 슬픔, 불안, 공포, 증오, 미움 등과 같이 마음이 부정적인 감정에 싸였을 때 인체에는 독사의 독액을 능가하는 매우 강력한 독성물질이 생성된다는 것이다. 독사의 경우 자신의 독을 축적해 두는 독주머니가 있어 그 독을 밖으로 내뿜을 수 있어 자신에게 해를 끼치지 않지만, 인간은 그와 같은 신체구조를 갖고 잊지 않기에 자신이 만든 독은 그대로 몸속에 축적하게 돼 그 독성물질이 몸속을 돌아다니다가 약한 부위에 붙게 되면 각종 변이를 일으켜 질병을 유발하게 된다는 것이다.

필자가 중 3학년 시절, 생각나는 것 하나가 있다. 6 · 25전쟁 당시 통영에서 한 시간 거리 욕지도라는 곳에서도 좀 떨어진 작은 초도(풀이섬) 친척집에 가 한여름 4개월 동안 피란살이를 할 때다. 그 섬에는 밤고구마가 유명했고, 밤에는 갈치 낚시를 많이 했는데 온 섬 안에 지네가 들끓었다. 그 섬에 수능이 삼촌 이란 분이 지네 한 마리를 잡아와 사람 가래침을 뱉으면 죽는 다 하여, 필자가 한번 시도해 본 바가 있었는데 30여 분 후에 혹시나 하고 가 보니 그 자리에서 가지 못하고 꿈틀거리고 있 었다. 수능이 삼촌께 지네가 가지 못하고 그대로 있다고 말하 니 "사람도 화가 치밀어 올랐을 때 입속의 하얀 침을 지네에게 뱉으면 죽는다."고 했던 그 말은 곧 사람의 하얀 침액에도 독이 있다는 의미였다. 그러니 사람도 분노하거나 속을 많이 끓이면 화병이 돼 스트레스 병이 생겨나게 된다.

필자가 한때 옆구리 타박상을 입은 한두 달 뒤 늑막염이 발병 해 서울 을지병원에서 링거 병으로 매일 물 몇 병을 빼냈으나 계속 물이 차는 때, 병실의 한 분이 생닭 한 마리 내장을 들어 낸 후 그 안에 마른 지네 30여 마리를 넣어 푹 고아 그 물을 마 시면 된다고 해 시도했더니 감쪽같이 완치됐다. 지네를 많이 잡으려면 닭을 잡아먹은 후 그 솥에 닭 뼈와 국물을 넣어 솥뚜 껑을 약간 열어두면 그 속으로 지네가 많이 들어간다. 닭과 지 네는 상극이라 닭이 지네를 보면 바로 잡아먹는다.

그리고 그 섬에서 잊혀질 수 없는 일 하나는 한여름 전쟁 당 시 해변에서 수영 중에 상자 하나도 떠내려와 그걸 주워다 집에 가져와 뜯어보니 미 군표 달러 100불짜리가 루핑종이에 싸여 물에 젖지도 않고 가득 들어 있어 당시 종이가 귀하던 시절이라 밑씻개로 쓰다가 아버님에게 발각돼 자초지종을 말했더니 바로 수능이 삼촌을 앞세워 30여 분 거리를 노 젓고 가 욕지섬 파출소에 돈 상자 그대로를 주고 온 일이 있다. 돌아오던 뱃길에 선친께서 형님과 저에게 "장차 어른이 돼서도 자신이 노력하지 않고 생긴 공돈은 절대 받지 말라."라고 하신 말씀을 한평생 잊지 않고 살아왔다.

샘 슈먼이라는 사람은 간암 진단과 함께 앞으로 몇 달밖에 살지 못할 거라는 선고를 받았다. 결국 죽었지만, 그의 사체를 부검해 보니, 그가 간암으로 죽은 게 아니라 내가 암 때문에 얼마 살지 못할 거라는 부정적인 생각의 지배가 "마음의 갈등과 세상에 대한 원망, 자기 분노로 병이 급속도로 더 나빠진 나머지 죽었다는 사실이다."

"마음이 산란하면 병이 생기고, 마음이 안정되면 있던 병도 저절로 좋아진다."라는 우리나라 "동의보감 허준 선생"의 글이 생각난다. 오늘날 통계청이 밝힌 직업 중 평균수명이 가장 긴 그룹은 "목사, 신부 등 성직자"들이었는데 이들은 스스로의 마음을 컨트롤할 줄 아는 사람들이었다는 통계 결과다.

신경정신의학계의 연구결과에서도 우리의 몸을 최상의 상태로 유지시킬 수 있는 비결은 어떤 어려운 일이 생기더라도 "감사하는 마음"을 잘 유지하라는 것이다. 결론적으로 인간이란 저마다가 쓰는 마음상태 변화에 따라 영향을 받도록 이어진다는 결론이다.

그러므로 몸의 치료보다 먼저 마음의 치료를 선행해야 한다는 점을 강조한다. 건강을 원하십니까? 그렇다면 먼저 "감사하는 마음"을 가지셔야 건강해집니다.

최근에 우리나라에서도 소생이 불가능한 분들이 산속으로 들어가 건강을 찾는 "나는 자연인이다" MBN프로에서도 많이 나타나고 있다. 산속 맑은 공기와 물소리 숲의 소리 새들의 지저귐 소리를 들으며 속세를 떠나 사는 스님들이 의외로 자연 속에서 "감사하게 안정된 마음"으로 살아가기 때문이다.

12. 교만(驕慢)과 겸손(謙遜)과 배려(配慮)

세상에 겸손보다 더 큰 덕은 없다. 교만은 내가 지닌 많은 지식을 무용지물로 만들기에 자신이 겸손할 줄 아는 사람이야말로 생을 풍요롭게 할 수 있다. 그러므로 많은 지식보다는 겸손이 먼저고, 겸손한 침묵보다는 늘 겸허(humble)한 행동이 더 먼저다.

쉬운 것을 어렵게 말하는 것도 교만이고 사치이며 어려운 것을 쉽도록 말하는 것은 상대에 대하는 평안한 인격이다. 오만

한 마음속에는 더 이상 채울 것이 없으나 겸손한 이의 그릇은 늘 비어 있어 채울 준비가 된 사람이다. 그러나 이 세상 속에는 반칙을 저지른 자들이 더 많고 잘되는 세상이나 하나님은 다 알고 계신다. 우린 먼저 교만을 버리고 겸손으로 언제나 상대를 대하는 어진 사람이 언젠가 반드시 복 받는다.

경영난을 겪고 있던 어느 학교에 한 부자가 찾아왔다. 페인트 칠을 하고 있는 분에게 교장실이 어디냐고 물었다. 칠장이는 교장실 위치를 친절하게 가르쳐 주며 한 시간쯤 후에 교장을 만날 수 있을 거라 일러주었다.

그 부자가 한 시간 후에 교장실을 찾아갔더니, 비록 옷을 바꿔는 입었지만 분명히 칠장이였다. 그는 칠장이인 교장에게 긴히 필요한 금액이 얼마냐고 묻고는 돌아갔으나 얼마 후 그 돈 전액을 기부금으로 보내 왔다. 교장이면서도 작업복으로 허드렛일을 하는 교장의 겸손한 낮춤의 행동에 부자는 감동받았기 때문이다.

남을 위한 진정한 배려, 그것은 내가 하는 일을 자랑하거나 나타내지 않고 상대방을 불쾌하거나 부담스럽게 만들지 않는다. 그렇기 때문에 그 감동은 오랫동안 잊혀지지 않는 거다. 그것이 표 내지 않고 쌓아지는 덕(德)이다. 필자도 젊은 시절 한때 그런 덕 쌓는 일을 조용히 실천하며 꼭꼭 묻어 둔 기억을 해 본다. 그 기억은 훗날 값진 씨앗으로 자라날 것이다. 일본에서는 그런 일을 히노키싱(率先垂範)이라고 하였다.

또 하나는 남편도 없이 홀로 아이를 키우는 한 여인이 있었다. 어느 날 그녀는 꼭 움켜쥔 돈 1만 원을 들고서 동네 모퉁이에 있는 구멍가게로 분유를 사러 갔다. 분유 한 통을 계산대로 가져가니 주인은 1만 6000원이라고 한다.

그냥 힘없이 돌아가는 아이 엄마 뒤에서 가게주인은 분유통을 제자리로 가져가 올려놓으려다가 분유통을 슬며시 떨어뜨렸다. 그러고는 아이엄마를 불러 세우고 '찌그러진 분유는 반값'이라고 알려준다. 아이 엄마가 내놓은 1만 원을 받고서 분유통과 함께 거스름돈 2000원을 건네줬다. 아이 엄마는 감사한 마음으로 분유를 얻었고, 가게 주인은 8000원에 행복을 얻었다. 여인의 마음을 상하지 않게 한 주인의 마음에서 작은 천국을 봤다. 천국은 저 멀리 따로 동떨어져 있는 것이 아니었다.

그렇다. 진정한 부자는 재산을 많이 가지고 있는 사람이 아니라 다른 사람을 배려(配慮)하면서 남과 더불어 살아가는 마음, 즉 스스로의 행복을 만들면서 조용히 스스로가 행복을 누리는 참사랑에서 나온다.

은혜로운 말 한마디가 사랑을 심어주고, 사랑의 말 한마디가 행복을 불러온다. 말 한마디에 마음이 밝아지고, 위로의 말 한마디가 무한한 힘이 되듯, 말이란 살아있는 생명이다. 그러므로 짧은 말 한마디로 긴 여운과 긴 인생을 만든다.

세상이 너무나 살벌해지는 속에 우리는 살아간다. 그러나 우리는 한세상을 살아가면서 상대를 존중하고 배려하고 양보하는 그 모습 그거야말로 참 사랑이며 소망의 뿌리로 발전되고, 우리가 살아가는 행복한 나날이 될 것이다. 우리민족은 참 훌륭하다.

13. 바보처럼 살다 간 한 어른

누군가가 당신에게 바보라고 부르면 여러분은 어떤 기분이 들겠는가?

자존심 상하고 불쾌한 느낌이 들 것이다. 그런데도 평생 의사였지만, 집 한 채 없이 평생 가난한 사람들을 돕고 자신을 드러내지 않으며 겸손한 삶을 한평생 사셨던 분이 계시다. 이분의 이야기를 한번 해 본다.

"제가 밤에 뒷문을 열어놓을 테니 집으로 가세요." 장기려 박사는 어느 생활이 어려운 사람이 병원에 입원했다가 퇴원해야 하는데 돈이 없어 막막해할 때 이를 눈치채고 병원 뒷문으로 몰래 빠져나가게 배려해 주셨다.

"이 환자에게는 닭 두 마리 값을 내주시오. 원장." 병이 나으려면 무엇보다 잘 먹어야 하는 환자에게 장기려 박사가 써준 처방전이다. 서울대, 부산대의대 교수, 부산 복음병원 원장을 지냈지만, 그가 세상을 떠났을 때 그에게는 방 한 칸도 없었다.
자신의 소유를 가난한 사람들에게 모두 나누어 주었기 때문이다.

1947년 김일성대학 의과대학 교수 겸 부속병원 외과과장으로
부임할 때 "주일에는 일할 수 없다."는 조건으로 부임했고, 환
자를 수술할 때는 항상 먼저 기도하고 시작했다. 월남 후인
1951년 5월부터 부산에서 창고를 빌려 간이병원을 설립하고
피란민들과 전쟁 부상자들을 무료로 진료하기 시작했는데, 그
것이 복음병원의 시작이었다.

그는 1968년 당시 100원 하는 담뱃값보다 적은 월 60원에 뜻
있는 사람들과 '청십자 의료보험 조합'을 설립하여 1989년 전
국민에게 의료보험이 확대될 때까지 20만 명의 영세민 조합원
에게 의료해택을 베풀었다. 국가보다 10년이나 앞선 우리나라
최초의 민간의료보험이었다. 사람들은 종종 그를 "바보"라고
불렀다.

그가 "바보라는 말을 들으면 그 인생은 성공한 것이다. 그리
고 인생의 승리는 사랑하는 자에게 있다."라고 말했다. 세상에
이런 훌륭한 분이 계실까? 그는 일생을 청지기의 삶을 살았다.
평생 주님만을 섬기며 겸손하게 사신 분이시다.

그는 평생 가난했지만, 다른 사람들을 부유하게 했고, 마음이
부자로 집 한 채가 없었지만, 사람들에게 따뜻한 사랑을 베푸
셨다.

뇌경색으로 반신이 마비될 때까지 무의촌 진료를 다녔다. 그는 자신을 드러내기를 싫어했고, 자신이 칭송받는 것을 싫어했다. 평생을 오직 주님만을 높이고 섬기며 살았다. 그가 가진 것을 이웃과 나누며 가난하게 살았다.

1950년 12월 평양의대병원 2층 수술실에서 그가 밤새워 가며 부상당한 국군장병들을 수술하고 있을 때 갑자기 폭탄이 병원 3층에 떨어졌다.

국군들은 모두 재빨리 철수했다. 그 바람에 그는 사랑하는 아내와 생이별하게 되었고, 일평생 빛바랜 가족사진 한 장을 가슴에 품고 아내를 그리워하며 살았다. 주변의 사람들이 그에게 재혼을 권했지만, 그는 언제나 똑같은 말을 되풀이했다.

"한번 사랑은 영원한 사랑입니다. 나는 한 여인만을 사랑하기로 이미 주님과 약속했습니다. 나는 사랑하는 아내와 영원히 살기위 해서 잠시 혼자 살겠습니다."!!

그가 부인을 위하여 그리며 1990년에 쓴 망향편지는 우리들의 가슴을 에는 듯했다.

"창문을 두드리는 빗소리가 당신이듯 하여 잠을 깨었소. 그럴리가 없지만, 혹시 하는 마음에 달려가 문을 열어 보니 그저 캄캄한 어둠뿐·······허탈한 마음을 주체하지 못해 불을 밝히고 이 편지를 씁니다."

미국에서, 북한을 많이 도운 그의 제자가 북한 당국과 합의하여 중국에서 장기려 박사 부인을 만날 수 있도록 주선했다. 그러나 그는 한사코 그 기회를 사양했다. "그런 특권을 누리면 다른 이산가족들의 슬픔이 더 커진다."는 것이 그 이유였다. 참으로 이분은 천사 같은 마음이셨다.

그는 결국 빛바랜 사진을 보면서 아내를 그리워하다가 만나지 못하고, 1995년 12월 25일 성탄절 새벽 1시 45분 향년 85세를 일기로 주님 품에 안기셨다.

그때 한국의 언론은 "한국의 슈바이처" 또는 "살아있는 작은 예수"가 우리 곁을 떠났다고 아쉬워했다. 그는 칠흑 같은 밤과 같은 시대에 밝은 빛을 비추며 사셨다. 주님과 병든 사람들을 섬기면서 겸손하고 따뜻하게 사신 분이다.

그가 죽기 전에 남긴 유언은 "내가 죽거든 나의 비문에는 '주를 섬기면서 살다간 사람' 이라고 적어 달라."고 했다.

많은 사람들이 장기려 박사님을 존경하고 칭찬하지만, 그렇게 바보처럼 사는 위인이 많기를 바란다. 제2 제3의 장기려 박사님이 많으면 많을수록 대한민국은 지구촌에서 귀감이 되는 멋진 나라가 될 것이다. 실상, 오늘날의 우리나라 의사들은 돈을 앞세우지 말고, 평생을 인술(人術)로 살아오신 장기려 박사의 그 정신을 이어받길 진심으로 소원한다. 오늘날의 우리나라에서 환자를 내팽개치고 파업을 벌이고 있는 의사들이 생각나네요. 감히 비교할 수야 없지만 장 박사 환자 사랑의 1만분의 1

이라도 있다면 죽어가는 환자를 나 몰라라 하며 파업으로 양심에 가책을 느껴서라도 동참하지 않았을 것이고, 혹시 일시 동참했었다 쳐도 윤석열 대통령과 정부와 많은 국민들이 바라던 대로 죽어가는 환자 곁으로 하루빨리 돌아오기를 필자는 기도해 볼 뿐이다.

14. 어느 의사의 위대함과 명판사 이야기

아래 내용은 '희망의 씨앗을 파는 가게' 책 중에 나오는 이야기다.

영국의 한 시골 병원에 초라한 행색의 부인이 찾아와 애원합니다. "의사선생님, 저의 남편이 죽어 갑니다. 제발 살려 주세요." 의사가 하던 일을 멈추고 서둘러 왕진 가방을 챙겨들고 나가려 할 때, 부인이 의사의 눈치를 살피며 이렇게 말했다.

"죄송합니다만 선생님께 미리 말씀 드리는데 저는 지금 가진 돈이 한 푼도 없습니다." 의사가 대꾸하기를 "그게 무슨 대수라고..... 사람부터 살려야지요." 의사는 그 즉시 부인을 따라 어느 낡고 초라한 집에 도착했다. 그리고 서둘러 쓰러져 누운 부인의 남편을 진찰해 보고 나서 말했다. "큰 병은 아니니 안심하십시오." 정말 감사합니다. 선생님...... 병원으로 돌아온 의사는 부인에게 작은 상자 하나를 건넸다. "이 상자를 반드시 집에 가서 열어보세요. 그리고 그 안에 적힌 처방대로 하면 남편 분의 병은 금세 나을 겁니다. 부인은 의사가 시키는 대로 집에 돌아와 그 상자를 열어 봤다. 놀랍게도 상자 안에는 처방약 대신 한 뭉치의 지폐가 들어있었다.

"처방전 : 남편분은 극도의 영양실조 상태입니다. 이 돈으로 뭐든 드시고 싶은 음식을 사 드세요." 부인은 감격한 나머지 눈물을 뚝뚝 떨어뜨리며 오랫동안 그 처방전을 들여다보았다. 부인에게 친절을 베푼 이 사람이 바로 한평생 사랑의 인술을 펼친 영국의 유명한 의사 중의 한 명인 올리버 골드스미스였다. 인술제세(仁術濟世)란 인술로써 세상을 구하고 어짊과 덕망(a moral influence)으로 세상을 구한다는 뜻이다. "사람들이 그를 어째서 위대하다고 하는가? 조금이나마 그와 같이 위대한 사람을 닮아가고픈 의사는 진정 위대하기 때문이다." 그러나 자본주의 세상은 돈이 먼저다.

또 하나의 이야기다.

예전 미국 마이애미 롱비치 법정에서 있었던 실화 한 토막을 소개하면, 남편 없이 홀로 두 아들을 키워가면서 정성을 다해 교회를 섬기며 살아가는 중년 미국 여성분이 있었다. 어느 날 아들 형제가 절벽 근처 산속에서 죽창을 던지며 전쟁놀이를 하고 있었는데 그때 그 지역의 유명한 인사가 말을 타고 그곳을 산책 가다가 하필 아들 형제가 던진 죽창이 말의 눈에 적중하였고, 놀란 말이 펄쩍펄쩍 뛰는 바람에 말과 저명인사가 그만 낭떠러지에 떨어져 죽는 사고가 발생하였다.

말에서 떨어져 죽은 인사도 문제인데 그 말의 가격도 자그마치 1000만 불이 넘는 세계에서 몇 마리밖에 없는 엄청 비싼 명마였다.

두 아들이 재판을 받게 된다. 판사가 형제들에게 누구의 죽창이 말의 눈을 찔렀느냐고 물었다. 이를 두고 형제는 자기가 던진 죽창이 말의 눈을 찔렀다고 주장했다. 서로 자기가 범인이라고 자청했다.

판사가 마음씨가 아름답고, 형제의 우애가 남다르기에 형제의 어머니를 재판정에 불러 세우고 부인 한 아들만 사형에 처하면 되는데 형제가 서로 자기 죽창이 말의 눈을 찔렀다고 주장하니 부인이 한 아들을 정하도록 하십시오.

한참 침묵을 지키더니, 기도가 끝난 부인의 하는 말은 "작은 아들을 사형에 처해 주십시오." 왜 작은 아들입니까?

"판사님! 큰아들은 전처의 소생이고, 작은 아들은 제가 낳은 아들이기 때문입니다." "아니 부인, 자기 몸으로 낳은 아들이 귀하고 살려야 하지 않습니까?"

"판사님! 말씀은 옳습니다. 제 몸으로 낳은 아들이 더 귀하지요. 그러나 저는 그리스도인이고 하나님의 자녀로서 교회에서 배우고 익힌 나의 삶은 오직 하나님의 영광을 위해 사는 삶입니다. 그런데 제가 큰아들을 죽게 한다면, 하나님의 영광이 되지 않기 때문입니다."

장내가 숙연해지고, 재판정이 쥐죽은 듯 고요 속에 묻혀있을 때 방청객들은 물론 부인의 말에 동감 받은 판사가 근엄한 음성으로 "부인 지금까지 30년 넘게 재판해 오면서 오늘과 같이 인간애로 감동받기는 처음입니다."

두 아들도 또 어머니도 미국 사회를 아름답게 선도할 모범적 가족이라고 판단한 판사는 힘주어 판결문을 낭독했다.

"내가 판사의 권한으로 두 아들을 무죄로 석방한다." 그러기에 오늘날 미국이라는 나라가 비록 많은 과오와 실수를 범하기도 하지만, 세계를 이끌어갈 수 있는 원동력이 여기에 있는 것 같습니다.

두 아들의 아름답고 기특한 정신, 또 숭고한 신앙생활을 바탕으로 전처의 아들과 친 자식을 함께 키우며 두 아들이 서로가 자기가 범인이라고 주장하게끔 한 엄마의 인성교육, 인간성을 바로 세우도록 가정에서 교육한 어머니의 숭고한 모습이 오늘의 미국이라는 나라를 대변하고 있는 듯하다.

오늘날 2025년 4월 4일 우리나라 헌법재판소 문형배 재판관 8명이 윤석열 대통령 탄핵을 8:0 전원일치 판결의 실상을 보면서 나라의 앞날을 탄식해 본다. 그러나 정의로운 앞날에 나라를 짊어지고 나갈 20, 30대의 분노와 함성이 들끓고 일어나 나라를 구제하리라 확신한다. 또한 을사년 뱀의 이해에 나라의

운(運)이 반드시 돌아와 자유대한민국에 구세주가 나타날 거라는 세계 각처 예언가들의 증언이다.

15. 이 세상에 내 것은 하나도 없다

포브스에 아시아 최고의 기부 왕으로 선정된 분이 있다. "평생 거지같이 벌어서 천사처럼 쓰겠다."고 악착같이 10개의 계열사를 만들어서 평생 모은 돈 1조 7000억 원을 세상에 기부하신 분이다.

1958년부터 플라스틱을 주워서 양동이를 만들기 시작하신 분이 2002년에는 관정장학재단을 만들어 매년 2000억 원을 기부하신 분, 그 선생이 관정 이종환 회장님이다.

평생 모은 재산 1조 7000억 원을 장학재단에 기부한 관정(冠廷) 이종환 삼영화학그룹 명예회장이 23년 9월 13일 오전 1시 48분 100세의 나이로 서울대병원에서 별세했다.

그는 일찍이 장학재단을 만들어 매년 국내외 명문대 재학생 1000명 안팎으로 150억 원 정도를 지급했다. 이렇게 지급한 장학생이 23년간 1만 2000여 명, 금액으로 2700억 원이다. 박사학위를 받은 장학생만 750여 명이다. 2012년엔 600억 원을 기부해 서울대 전자도서관을 지어줬다. 서울대 사상 최다액 기부자이기도 하다.

말년에 '한국의 노벨상'을 만들고 싶어 했고, 생전에 한국인 노벨상 수상자를 보는 것이 꿈이었다. 관정 이종환 회장님 아니 선생님의 교육재단은 13일 아침 이종환 명예회장이 노환으로 별세했다고 밝혔다. 그는 불과 3주 전까지도 김해, 밀양, 구미에 있는 공장을 다니던 현역 CEO였다. 재단 측은 이 명예회장을 세계 최고령 100세 CEO로 등재하기 위해 기네스북 본사와 협의하던 중이었다.

1923년 경남 의령에서 태어난 그는 마산고를 졸업한 뒤, 1944년 일본 메이지대 경상학과로 유학을 떠났다. 하지만 1945년 일본 측 학도병으로 끌려가 소련, 만주 국경과 오키나와를 오가며 사선을 넘나들기도 했다.

이 회장은 해방 후 "두 번째 인생을 산다."며 부국강병에 기여하는 기업을 만들겠다고 나섰다. 1958년 플라스틱이 신문물로 인기를 끌던 당시, 플라스틱 사출기로 컵, 바가지 등을 만들어 팔면서 큰돈을 벌었다. 이후 포장용 필름과 콘덴서용 필름을 국내에서 처음 개발해 수출에 기여했다.

1970년대 국내유일(전봇대 등의 절연용 애자) 생산업체인 고려애자공업을 키웠다. 이후 삼영중공업 등 16개의 회사를 거느리는 삼영그룹까지 만들었다.

그는 2000년 설립한 관정 이종환 교육재단에 자신의 재산 대부분을 쏟아부었다. 목적은 "일류 인재육성"이었다. 1980년대 미국 유학을 보냈던 둘째 아들이 난치병으로 꿈을 피우지 못하자, 인재육성을 평생의 목표로 "우리가 가진 건 사람밖에 없다. 사람을 키워야 한다. 노벨상 수상자를 키워내자."는 말을 자주 했다.

2015년엔 국내 최초 '1조원 장학재단'이 됐다. 이 회장은 최근까지도 남아있던 자투리 재산인 부동산, 현금 등 300억여 원을 정리해 재단에 넣었다. 그가 기부한 금액이 총 1조 7000억 원으로 개인이 설립한 재단으로는 아시아 최대 규모다.

그는 평소 "돈을 벌 때는 천사처럼 벌 수야 없지만, 쓸 때는 천사처럼 쓰련다."는 말을 했다. "인생은 빈손으로 와서 그냥 빈손으로 가는 것이 아니라, 손에 가득 채운 뒤에 그것을 사회에 다 돌려주고 빈손으로 가는 것"이라고 했다.

평소 자장면이나 된장찌개를 주로 먹으면서 근검절약을 몸소 실천, '자장면 할아버지'로도 불렸다. 그의 건강비결은 절주와 규칙적인 생활이다.

69~70대부터는 모든 식사에 드레싱이 없는 야채를 먼저 먹었고, 술을 하루에 와인 한 잔을 넘기지 않았다. 90대 중반까지 골프를 즐겼던 에이지슈터(age shooter, 한 라운드를 자신의 나이 이하 타수로 마치는 사람)였다.

그는 눈을 감기 전 가족과 지인들에게 "정도(正道)를 잘 지켜라. 결국 정도가 이긴다. 재단을 영속되게 잘 운영해 달라."는 유훈과 "용서할 줄 아는 삶을 살라."고 하셨고 "이 세상에 내 것은 아무것도 없는데 무엇을 움켜쥐려 하는가?"라는 말을 남기셨다. 명복을 빌며 이분의 인생관을 진심으로 존경한다.

16. 뛰지 말어! 다쳐

서울 용산의 삼각지 뒷골목엔 '옛집'이라는 허름한 국숫집이 있었다.

달랑 탁자 4개뿐인 그곳에서 주인 할머니는 25년을 한결같이 연탄불로 진하게 멸치 국물을 우려내 국수를 말아 냈다.

10년이 넘게 국수 값을 2000원에 묶어놓고도 면은 얼마든지 달라는 대로 무한 리필이다. 몇 년 전에 이 집이 SBS TV에 소개된 뒤 나이 지긋한 남자가 담당 PD에게 전화를 걸어 다짜고짜 "감사합니다."를 연발했다. 그러고는 다음과 같이 자신의 사연을 말했다. 15년 전 저는 사기를 당해 전 재산을 잃었고, 아내까지 저를 버리고 떠나 버렸습니다. 용산역 앞을 배회하던 저는 허기에 지친 나머지 식당들을 찾아다니며 끼니를 구걸했지만, 찾아간 음식점마다 저를 쫓아냈습니다.

그래서 저는 잔뜩 독이 올라 식당에 휘발유를 뿌려 불을 지르겠다고 결심했습니다. 마지막으로 할머니 국숫집에 가게 된 저는 분노에 찬 모습으로 자리부터 차지하고 앉았습니다. 나온 국수를 허겁지겁 다 먹어갈 무렵 할머니는 국수 그릇을 나꿔채더니 국물과 국수를 다시 듬뿍 넣어주었습니다.

그거 다 먹고 난 저는 국수 값 낼 돈이 없어 냅다 도망치고 말았습니다. 가게 문을 뒤따라 나온 할머니는 이렇게 소리칩니다. "뛰지 말어! 다쳐, 배고프면 또 와."

도망가던 그 남자는 따뜻한 할머니 말에 그만 털썩 주저앉아 엉엉 울고 말았다.

그 후 남미 파라과이에서 성공한 그가 한 방송사에 전화하면서 이 할머니의 미담이 세상에 알려지게 되었다. 할머니는 부유한 집에서 참 곱게 자랐지만, 학교 교육을 받지 못해 이름조차 쓸 줄 몰랐다. 그러나 그녀에게 분에 넘치게도 대학을 졸업한 남자로부터 끈질긴 중매 요구로 결혼을 허락했다.

건축을 하며, 아내를 너무도 사랑했던 남편은 41살이 되던 때 4남매를 남기고 암으로 세상을 떠나고 말았다. 할머니는 하늘이 무너져 내리는 것만 같았다.

어린 4남매를 키우느라 너무도 고생이 극심해서 어느 날 연탄불을 피워 놓고 4남매랑 같이 죽을까 하고 마음먹기도 했었다. 그러던 중 옆집 아줌마의 권유로 죽으려고 했던 그 연탄불에 다시다 물을 우려낸 국물로 용산에서 국수장사를 시작했다. 컴컴한 새벽에 막노동, 학생, 군인들이 주된 단골이었다.

할머니는 "하나님! 이 국수가 어려운 사람들의 피가 되고 살이 되어 건강하게 하소서."라고 아침에 눈을 뜨면서 매일을 기도한다.

할머니 가게는 이제 "국민의 국숫집"으로 불릴 정도다. 이런 할머니 국숫집을 점심 때 윤석열 대통령이 관계자들과 함께 찾아 식사를 해 화제가 됐다.

할머니는 오늘도 "모든 것이 감사합니다." 하나님께 손을 모읍니다. 대통령까지 찾게 만든 비결은, 다른 사람을 향한 배려와 사랑에 항상 감사한 마음이 아닐까 생각해 본다. 선행을 베푼 당신에게 하나님은 축복을 내리실 겁니다.

\# 독자님들 잠깐 쉬어 가며 한번 웃어 볼까요. 제목은 "죽고 싶을 때"

1)가장 먼저 죽고 싶다는 생각이 들면 한 사흘 동안 아무것도 먹지 말아 보세요.
배고파 죽습니다. 죽지 않았다면 앞선 사흘 동안 못 먹었던 것 다시 쌓아놓고 다 먹어 보세요. 배 터져 죽습니다.

2)이것도 저것도 안 되면 한 사흘 아무 일도 하지 말아 보세요. 심심해서 죽습니다. 그래도 안 죽으면 자신을 힘들게 하는 일에 맞서서 세 배로 일해 보세요. 힘들어 죽습니다.

3)혹시나 안 죽으면 500원 투자해서 즉석복권을 사세요. 그러곤 긁지 말고 바라만 보세요. 궁금해 죽습니다. 잠시 후 죽을랑 말랑 할 때쯤 긁어보세요. 반드시 꽝일 것입니다. 그러면 열

받아 죽습니다.

　4) 그래도 죽고 싶다면 홀딱 벗고 거리로 뛰쳐나가 보세요. 사람들이 많이 다니는 길일수록 좋습니다. 쪽팔려 죽습니다. 그래도 안 죽는다면 숨이 칵 막힐 때까지 달려보세요. 그땐 진짜 숨이 막혀 죽기 일보 직전이 됩니다. 이상의 방법으로도 죽을 수 없다면 아직은 자신이 이 세상에서 할 일이 남아 있다는 것이니 다시 죽을 생각 버리고 더 열심히 살아가세요. 네. 요즘 같은 삼복더위 때는 가만히 있어도 죽을 지경입니다.

17. 무인도의 한 부자 노인

　바다 한가운데서 배가 침몰했고, 운이 좋아 살아남은 사람들이 어떤 무인도의 해변에 닿았다. 이미 죽어 시신이 된 사람들을 제외하면, 살아있는 사람은 10명.

　어떤 사람은 멍하니 주저앉았고, 어떤 사람은 엉엉 소리 내며 울었고, 또 어떤 사내는 해변에 떠내려 온 물건들을 정리했고, 어떤 사내는 해변을 따라 섬을 한 바퀴 돌았다. 시간이 흘러 해가 지고 난 뒤, 사람들이 모두 모여 대책을 논의했다. 결론은 구조대가 올 때까지 버티자는 것이었다.

　가장 큰 문제가 식량이었지만, 다행히 한 사내의 직업이 식품연구원이었고, 그의 캐리어 한가득 햄 통조림이 종류별로 가득

차 있었다. 사람들은 그것으로 허기를 채우고, 모두 함께 해변한 곳에 모여 잠을 잤다.

다음 날 이들은 나무를 이용해 해변에다 거대한 SOS를 그렸고, 마른 나무들을 모아 불을 지피고, 떠내려 온 시신들을 수습해 한 곳에 묻어 주었다. 그러고는 구조대가 오기만을 바라며 햄 통조림으로 하루하루를 보냈다.

한데, 다음 날, 그다음 날, 일주일이 넘도록 구조대는 오질 않았다. 그 와중에 부상이 심했던 한 사람이 사경을 헤매다 사망하기도 했다.

사람들은 그의 죽음을 보며 공포심을 느꼈다. 최악의 상황을 가정하기 시작했다. 구조대가 오기 전에 모두 죽거나, 구조대가 오질 않거나 당장은 현실적인 건 식량문제였다. 섬의 숲에서는 먹을 만한 열매라고는 야자수 몇 개가 전부라서 가진 통조림도 바닥이 날 지경에 이르렀다. 그때 햄 통조림 캐리어의 주인이 냉정하게 말했다.

우리가 살기 위해선 합리적으로 생각해야 합니다. 이 몇 안남은 통조림을 최대한 아껴야 합니다. 그래서 하는 말인데 죄송한 말이지만, 여기 한 노인분께는 햄 통조림을 주지 않는 것이 우리 모두를 위한 합리적인 일이라 생각합니다. 노인은 당황했다. 다른 사람들도 얼굴이 붉어졌지만 합리적이란 단어에 입을 다물었다.

저는 군의관 출신입니다. 전쟁 상황에서 환자들이 막사로 실려 왔을 때, 크게 다친 병사는 치료를 보류합니다. 그를 살릴 수 있을지도 모르고, 부족한 의약품으로 더 많은 병사를 구할 수 없기 때문입니다. 지금이 그 상황이지요. 저희는 앞으로 이 섬에서 얼마를 버틸지 모릅니다. 어쩌면, 겨울을 나야 할지도 모르죠. 근데 이 노인분은 짐이 될 수밖에 없습니다. 노인분을 끝까지 안고 간다는 것이 불가하다는 사실입니다.

노인이 침묵하다가 입을 열었다.

나는 사실, 사회에선 그런 통조림 같은 건 먹지도 않네. 아니, 있는 줄도 몰랐지. 자네들, ○○소주를 아는가? "?" 내가 그 소주회사의 회장이네. "헛!" "그깟 소주회사 회장이라 우습게 여길지 모르지만, 내가 가진 재산이 수백억이 넘네. 만약 사회였다면 그런 통조림 하나에 이런 취급을 받을 일이 없는 사람이지".

다 몰랐다. 그러나 이 노인도 무인도에 떨어지니 한낱 촌부에 불과했다.

그때 노인이, 그 사내를 향해 손짓하며 말했다. 그 통조림 하나 천만 원에 사지! "?!" 통조림 하나에 천만 원이라니?!! 사내가 입이 떡 벌어지자. 노인이 다시 말했다. 왜 천만 원이라니 현실감이 떨어지는가? 그렇다면 5백만 원으로 깎지. "더 깎아야 믿을까? 3백 1백?" 그러자 비로소 사내는 정신을 차려 톤을 높여 말한다. "아! 아니 무슨 소리를 하시는 겁니까? 어르신이 사회에서 어떤 분이신진 몰라도, 지금 어르신은 아무것도 가지고 있지 않습니다." 노인은 대꾸했다. 만약 우리가 구조되어 사회로 돌아가게 되면, 그때 돈을 치러주겠다는 걸세. 여기 있는 모두를 공증인 삼아 말야.

그건 구조가 됐을 때 이야기고! 지금 당장은…. 그때 노인은 어차피 우리는 구조될 것 아닌가? 아니면, 우린 뭘 기다리며 망설이고 있는 거지? 노인의 이 한마디에 사내의 입이 다물어져 버렸다. 맞다. 자신들은 구조를 기다리고 있다. 그렇지 않다면 이렇게 아등바등 캔 하나에 목숨 걸지 않을 것이다. 노인은 담담하게 말했다. "나중에 구조가 됐을 때, 모든 금액을 치러주겠네. 내 약속하지. 그러니, 나에게도 통조림을 나눠주게!" 사내는 침을 꿀꺽 삼키며 노인에게 압도당했다. 결국, 사내가 제안했던 방식은 흐지부지돼 그날 저녁은 노인을 포함 모두가 통조림으로 식사했다.

다음 날, 사람들의 장기전 대책이 시작되었다. 구조대가 언제 올지 알 수 없으니 오래 버틸 수 있는 계획의 필요성을 깨닫고 먼저 집을 지어 추운 밤을 보내야 했다.

집을 지으려니 당장 젊은 남자들이 나서야 했다. 노인이 말하길 "자네들 노동을 하루 일당 50만 원씩 쳐주겠네. 그 비용을 사회에 나가 내가 지불하지." 그 돈은 사회에서도 못 벌어 본 돈이 아니던가? 노인의 말이 거짓말이든 아니든 어차피 집은 지어야 했고, 50만 원의 일당을 받고 하는 일이라 생각하니 무인도에 와서 이게 웬 횡재냐?

사람들은 열심히 일했다. 비바람을 막을 수 있는 집을 두 채나 지었고, 증류수를 꾸준히 모을 수 있는 장치와 빗물을 모아두는 비닐봉지도 만들었다. 식량문제도 해변에 나가 물고기나 조개와 작은 게들이라도 잡아와 식량으로 대치했다.

점점 무인도에 적응해 나갔다. 모두의 희망은 노인이 사회에 두고 온 재산이다. 이 작은 무인도에서도 그들에겐 서로 돈을 통용시키는 저마다의 소중한 자기 재산을 기록해 둔 것은 마치 사회와 무인도를 연결해주는 현실적 안정적 끈이 되었다.

그중 한 여인이 무심코 풀잎을 엮어 모자를 만들었다. 그 모습을 본 한 여인이 그 모자 참 예쁘네요? 제게 3만 원에 파실래요? 그러지요. 치부책에 서로 적어뒀다.

사회에서 백수로 지내던 한 청년은 물고기 사냥에 신이 났다. 사냥한 물고기들을 그냥 공짜로 나눠주진 않았다. 그리하여 무인도에서 가장 많은 무형의 돈을 모았다. 어떤 이들은 한 판에 5만 원을 걸고 내기 장기를 두며 열을 올리기도 했다. 사람들은 어느새 모든 걸 돈으로 거래했다. 그게 하루하루를 버티는 힘이 됐다.

그러던 어느 날 하늘 위에 헬기가 지나다가 SOS 마크를 발견하고 구조의 배가 다가온다. 뭐 배가 오고 있다고? 그들은 환호성을 지르며 마침내 구조됐다.

몇 개월을 무인도에서 지내던 정으로 서로는 얼싸안고 기쁨의 눈물을 흘렸다. 모두가 기쁘고 구조된 배 위에서 저마다 고향으로 향했으나 노인만은 얼굴이 어두웠다.

그러면서 여러 사람을 향해 "용서하게나. 사실 난 기업의 회장이 아니라 노인 박대에 한풀이로 거짓말을 한 걸세. 미안하네."

노인의 말에 허탈해진 마음이었지만, 그래도 노인을 이해하며 고개를 끄덕였다. 그 치부책에 적어둔 재산은 물거품이 됐으나 그로 인해 살아야 했던 인내심을 갖는 좋은 교훈이 됐다. 서로의 재산이 오고간 그 치부책은 무인도에 남겨두고 왔다.

통조림 몇 개 때문에 한 노인을 죽이려고 했을 때, 저희는 무인도에서 살기 위해 물고 물리는 짐승들이 돼 있었다. 한 노인을 살려주고 나니, 그제야 저희는 사회 속에 사는 인간이 되어 있었던 것이다. 그래서 저희는 살았다.

18. 눈물의 부탁

서울 근교에 견실한 중소기업이 있었다.

사장님은 나이가 드셨는데 직원들을 가족처럼 따뜻하게 대해주었고, 사랑을 베풀어 주었으며, 낮에는 일하고, 밤에는 공부하는 젊은 직원들에게 장학금을 후원해 주는 마음이 따뜻한 분이셨다.

 어느 날 출근한 경리 여직원이 금고에 있던 돈 200만 원이 없어진 것을 발견했다. 도둑이 들었다고 생각한 여직원이 곧바로 경찰에 신고했다.

 출동한 경찰은 수사 끝에 범인을 잡았다. 범인은 몇 달 전에 입사한 신입사원이었는데 이상하게도 평상시엔 말도 없이 잘하는 직원이었다. 검찰로 넘겨진 직원은 재판에 넘겨졌다. 판결이 있는 날 사장님은 피해자 신분으로 증언대 앞에 서게 되었다. 판사의 마지막 말을 하라는 권유에 사장님은 갑자기 눈물을 흘리기 시작했다. 그리고 판사님께 마지막으로 부탁을 한 가지만 드려도 되겠냐고 물었다.

 판사가 고개를 끄떡이자 조용히 부탁을 드린다.

 존경하는 재판장님!

 여기 이 젊은이를 구속시킨다면 이 사회에서 완전히 낙오자가 되지 않을까요? 돈은 잘 간수하지 못한 저에게도 책임이 있습니다. 두 번 다시는 이런 일이 생기지 않도록 제가 데리고 있으면서 잘 가르치겠습니다. 저의 직원에게 한 번만 기회를 주십시오. 제발 부탁드립니다. 진실을 담아 눈물을 흘리며 간곡하게 부탁을 하는 사장님을 바라보면서 판사는 잠깐 무언가를 생각하더니 조용히 말했다.

 무슨 말씀인지 알겠습니다. 일단 나가 계십시오. 얼마 후 법원복도에서 기다리고 있던 사장님의 눈에 멀리서 뛰어오고 있는 직원의 모습이 보였다. 판사는 직원이 자신의 잘못을 진심으로 뉘우치고, 사장님도 눈물을 흘리며 부탁하는 점을 정상참작으로 받아들여 집행유예를 선고하고 직원을 풀어주었던 것이다.

사장님! 정말 감사합니다. 아니다. 젊을 땐 누구나 실수도 하는 게 아니겠나? 괜찮다. 이제 회사로 가자! 회사로 들어서는 순간 전 직원이 입구에 서서 사장님과 직원을 향해 박수를 치면서 환영을 했다.

다음 날 사장이 퇴근을 하려는데 한 아주머니가 찾아왔다. 그 직원의 어머니셨다.

사장님! 제 아들이 잘못을 저질러 정말 죄송합니다. 아버지 없이 저 혼자 키우다 보니 잘못을 깨닫지 못한 것 같네요. 저런 직원을 용서해 주시고, 다시 일할 수 있게 해 주셨으니 너무 고맙고 감사합니다.

사장님은 계속 울고 있는 직원 어머니를 위로하며 부드러운 음성으로 말을 했다. 괜찮습니다. 어머니~~ 걱정 마시고 저한테 맡겨주십시오. 제가 잘 가르치겠습니다.

어머니가 돌아가신 후 사장님의 눈에 탁자에 놓인 봉투 하나가 띄었다. 직원의 어머니가 놓고 간 200만 원이 들어 있는 봉투였다. 이 돈을 마련하기 위해 얼마나 힘든 일을 감당하셨을까? 사장님은 마음이 아팠다. 사장님은 그 길로 전 직원을 마트로 데리고 가서 과자를 잔뜩 산 뒤 고아원으로 데리고 갔다.

고아원 원생들은 전부터 사장님을 알고 있었는지 사장님을 보더니 모두 뛰어나와 사장님 품에 안기는 것이 아닌가? 과자를 골고루 나눠준 후 사장님이 직원들에게 말했다. "내가 어릴 적엔 이곳에서 자랐고, 나도 한때는 나쁜 친구들과 어울리느라 고아원 돈을 몰래 훔치다 걸려서 경찰서로 끌려갔었는데 그때 원장님이 나를 위해서 용서해 달라고 눈물의 부탁을 해주신 덕분에 곧장 풀려났고, 그 덕분에 새사람이 될 수 있었다."라는 고백 말씀이셨다. 그리고 잘못을 저질렀던 직원을 앞으로 나오게 한 후에 어머니가 가져온 봉투를 건네주면서 다음과 같은 부탁을 했다.

이것을 어머니께 갖다드려라. 이것은 어머니의 눈물이니 절대 잊지 말고 평생효도하면서 그 눈물을 닦아 드려야 한다. 직원들과 원생들의 등 뒤로 하루를 마무리하는 햇빛에 노을이 아름답게 물들어 있었다. 사장님의 간곡한 부탁 한마디가 판사의 마음을 움직이게 해서 한 젊은이의 꿈을 다시 피울 수 있게 만들어 주었고, 미래에 대한 희망을 키워줄 수가 있었다. 우리 사회가 너무나 살기가 각박하나 그런 속에서도 이런 귀감의 훌륭한 사장 분 같은 이들이 많이 나왔으면 참 좋겠다.

19. 도둑질에 몰두한 어린 딸

엇나가지 않게 잡은 어머니의 비결은?

초등학교 1학년 때, 도둑질에 몰두했었다. 동네 가게에서 파는 간식이 먹고 싶어서 집에 굴러다니는 동전을 찾고 아빠 양복 주머니를 뒤지다, 급기야는 엄마 지갑에까지 손을 댔다. 처음엔 심장이 쿵쾅거렸지만 한 번 더 해 보니 별것 아니구나 싶었다. 그걸 눈치챈 부모는 궁리 끝에 작은 돈에까지 손에 닿지 않은 곳에 두었고 거짓말로 돈을 요구하는 것들에까지 철저하게 밝힌 후 단속했다.

딸이 집에서 나올 돈이 발견되지 않자 구멍가게에서 물건을 슬쩍하기로 마음먹고 가게 아줌마가 한눈판 사이, 당시에 유행하던 레몬분말과자를 바지주머니에 몰래 집어넣었다. 계산을 치르지도 않고 가게를 빠져나오니 온몸에 소름이 돋았다. 가게 앞에서는 아무렇지 않은 듯 천천히 걷다가 나중엔 집을 향해 전속력으로 달렸다.

아무도 따라오지 않는구나? 성공! 성공! 생애 처음 성공한 도둑질의 아슬아슬했던 기억이 채 가시기도 전에, 하루는 엄마가 나를 불렀다. "엄마랑 어디 좀 가자." 영문도 모른 채 엄마를 따라 나섰다.

한참을 말없이 걷던 엄마는 눈앞에 보이는 공원으로 들어갔다. 돌을 깎아 나무모양으로 만든 벤치에 먼저 앉고는 남은 공간을 가리키며 말했다. "여기 앉아." 평소와 다른 엄마의 행동에 긴장해 고분고분 걸터앉으니 엄마가 말했다.

"지금부터 엄마 말에 솔직하게 대답하는 거야? 솔직하게 말하면 집에 가고, 거짓말하면 저 뒤에 있는 경찰서 가는 거야. 알았지?" 네…. 고개를 돌려 뒤를 보니 경찰서 건물이 떡하니 서 있었다. 그동안 엄마는 다 알고 계셨구나? 도둑질한 나를 경찰서에 집어넣으려고 여기까지 데리고 오셨구나!! 밀려드는 두려움에 고개를 푹 숙이자 엄마는 비장하게 물었다. "엄마지갑에 손댔어? 안 댔어? 솔직하게 말해봐?" 여기서 내가 거짓말을 한다면 저기 바로 경찰서에 끌려갈 거라는 예감에 두 눈에서 뜨거운 눈물만이 흘렀다. 나는 눈물 콧물이 범벅이 된 얼굴로 대답했다.

"손댔어요. 잘못했어요. 다신 안 그럴게요!!" "안 훔쳤어?" 혼미한 정신으로도 '그걸 엄마가 그걸 어떻게 알지?' 라는 생각에 당혹스러웠다. 하지만 사실대로 고백하지 않는다면 꼼짝없이 경찰서에 구속 수감될 것 같아 목 놓아 외쳤다. "훔쳤어요! 잘못했어요! 다신 안 그럴게요! 엉엉엉." 엄마가 말했다. "거짓말이랑 도둑질은 나쁜 거야. 해선 안 되는 거야. 또 그럴 거야? 안 그럴 거야?" "다신 안 그럴게요. 잘못했어요! 흐엉 흐엉 흐엉." 엄마는 말했다. "약속한 거야? 다신 안 그러는 거야? 솔직하게 말했으니까. 그럼 경찰서는 안 간다."

그런 다음 내 손을 잡고는 내가 도둑질한 가게로 갔다. 거기서 주인 아줌마랑 몇 마디 나누더니 나에게 말했다. "아줌마한 테 잘못했다고 사과드려." 나는 아줌마의 얼굴을 차마 보지 못하고 중얼거렸다. "잘못했어요." 아줌마는 웃으며 말했다. "그래! 다음부터는 안 그러면 되지!!" 아줌마의 상쾌한 대답에 어쩔 줄 모르는 내게 엄마는 말했다. "갖고 싶은 거 하나 골라. 엄마가 사줄게. 먹고 싶은 건 계산하고 먹는 거야."

내가 뭐 잘한 게 있다고 과자를 사줘요? 범행현장에 재방문한 죄인으로서 먹고 싶은 것 따위 있을 리가 없겠지만, 재빨리 예전에 슬쩍했던 레몬분말과자를 집어 들었다.

예상보다 사소한 쇼핑에 엄마는 "그거면 돼?"라고 물었다. 당연하죠. 엄마는 계산을 치렀고, 우리 모녀는 한 번 더 슈퍼 아주머니에게 인사하고 가게를 빠져나왔다.

그 이후, 집 방바닥에 동전이 놓여 있든 지폐가 굴러다니든 내 손으로 집은 적이 한 번도 없다. 동시에 거짓말도 싹 끊었다. 되돌아보면 그때 엄마는 지금의 나보다 한참 어린, 30초반의 나이였다. 나는 30대 초반에 뭘 하고 있었더라? 기억해봤자 득 될 게 없을 것 같아 절로 고개를 젓게 된다.

어느새 엄마는 칠순이 되셨고, 나는 여전히 철없는 막내딸의 모습으로 어린이날 즈음이면 그때 일을 떠올린다. 매 한번 들지 않고 자식의 나쁜 버릇의 싹을 잘라낸 젊은 엄마의 지혜가, 온 동네가 함께 너그러움으로 아이를 키우던 그 시절이 떠오른다.

그 시절 덕분에 지금의 내가 있다. 어쩌면 그 길로 엇나갈 수 있었을 아이를 바로잡아 준 것은 처벌이나 낙인이 아니라 "솔직하게 말하면 괜찮아진다."는 믿음이었다. 그때를 생각할 때마다 아이들에게 더 관대한 어른이 되리라 다짐하게 된다.

어른도 그렇겠지만, 아이 역시 참 살기 쉽지 않은 세상이다. 그런 아이들이 어린이 날 단 하루만이라도 주변 눈치 안 보고, 공부 걱정 안 하고, 자유롭게 보냈으면 좋겠다.

미래는 눈에 보이지 않는다. 그래서 아득하지만 더 기대해 볼 만하다. 지금은 작게만 느껴지는 아이들은 머지않아 어른이 되어 이 나라를 책임질 것이다.

도둑질이 취미생활이었던 여덟 살 아이가 어느새 글로 신문 한구석을 채우는 어른이 된 것처럼, 어린이들아! 너희는 적어도 나보다는 나은 어른이 될 거야. 너희의 날을 축하한다.

20. 어진 아내가 한 가정을 평안(平安)하게 만든다

아내를 국어사전에서는 혼인하여 남자와 짝이 된 여자라고 정의했다. 또한 그 '아내'란 이름은 참으로 한 가정을 소중하게 여기고 알뜰하고 검소하게 꾸려가려는 무거운 책임을 짊어진 보금자리 주인공으로 어진 여자의 품성을 지닌 한 울타리다.

남편의 성공은 아내의 손에 달린 책임감으로 나이가 들어갈수록 두드러진다. 젊은 시절에는 고난과 위기를 겹겹이 겪으면서도 당면한 현실에 맞춰 내실을 기하는 그런 아내야말로 진실한 반려자로 가화만사성이다. 그런 아내는 함께 탄 배의 돛의 역할로 내실을 다지는 정겨운 기관사라 하겠다.

모래알같이 많고 많은 사람들 중에 하필이면 당신과 맺어진 부부야말로 우연이 아닌 전생 인연의 만남이다. 부부관계는 제 눈에 안경이듯 곰보 마누라를 만나도, 째보 마누라를 만나도, 독살스러운 여자를 만나도 다 제 눈에 안경이게 마련이다. 그런 관계에서 남남이 서로 만나 한세상 다하도록 탈 없이 한마음으로 살아갈 수 있다는 거야말로 참으로 엄청난 하늘이 맺어준 인연이다.

인연의 흐름을 쉽게 표현해 보자면, 부부가 서로 결혼하기 전 선대로부터 혈윤의 줄기에서 성격습관버릇들이 자신도 모르게 이어진다. 그게 서로 간 본심인 싹으로 돋아나 살아가면서 성격차로 나타난다. 그 본류의 바탕은 강 상류에서 하류로 흘러 내려 온 옹달샘 같은 정수된 물이 있는 반면, 진흙탕으로 오염돼 흘러내려 온 물도 있게 마련이다.

그 본바탕은 선대로부터 훌륭한 혈통을 이어온 가정이나, 그와 반대인 진흙탕으로 뒤범벅이 돼 흘러온 자손이 만나 원수가 되는 경우도 있게 마련이다.

사람들 얼굴에 내가 도둑놈이요라고 이마에 써 붙이지 않은 이상 그 많고 많은 인연들에서 양자가 만나 나타나는 과정이란 자신도 모르게 하늘이 때의 흐름 따라 맺어지게 되었다는 사실이다. 그런 부부가 한세상 이어온 노년이란 참으로 값지고 장한 피날레(finale)가 아닐 수 없다. 온갖 부조리의 고난과 절망에서도 굴하지 않고 견뎌온 성숙한 노년 아름다운 모습이기 때문이다.

그 한 예를 들어보자.

한 여인이 있었다. 그녀의 표정은 언제나 '매우 밝음' 이었다. 10살 때 고아였다. 혹독한 노동을 해야 했던 어린 시절이었으나 어떤 절망적인 상황에서도 비관하지 않고, 언제나 낙관적인 인생관으로 지내오다 한 남자를 만났다.

여섯 아이를 뒀으나 한 아이가 숨을 거뒀을 때도 비관하지 않았다. 그러던 남편이 39세 되던 해 한창 정치활동을 하던 중 갑자기 소아마비로 인해 반신불수가 돼 버렸다. 남편이 방에서만 지내는 것을 지켜보던 아내가 어느 날, 남편을 휠체어에 태워 밀고 정원으로 산책을 나갔다. 뜻하지 않은 병으로 다리는 불편해졌지만, 그렇다고 당신 자신이 달라진 건 하나도 없었다. "여보! 우리 조금만 더 힘을 냅시다." 아내의 말에 남편은 하지만 나는 영원한 불구자잖아요! 그러나 아내가 말하기를 "아니 여보 그럼 내가 지금까지 당신의 두 다리만을 보고 사랑했나요?" 아내의 이 재치 있는 말에 남편은 용기를 얻었다.

아내의 사랑과 격려는 남편을 다시 일으켜 세웠고, 남편은 훗날 미국 역사상 전무후무한 대통령이 되어 경제 대공황으로 절망에 빠진 미국을 구출해냈다. 이 한 여인이 바로 미국의 32대 대통령 프랭클린 루스벨트의 부인 엘리너 루스벨트로 미국인들의 가슴속에 "영원한 퍼스트 레이디"로 살아 숨 쉬었다.루스벨트가 쓴 글 일부다.

"삶은 선물입니다. 많은 사람들이 당신의 삶을 지나갑니다. 그러나 진정한 친구들만이 당신의 마음속에 선물을 남깁니다. 스스로를 조절하려면 당신의 머리를 사용해야 하고, 다른 사람을 조절하려면 당신의 마음을 사용해야 합니다."

노여움(anger)이란 위험(danger)에서 단 한 글자가 빠진 것입니다. 누군가가 당신을 처음 배신했다면 그건 그의 잘못이지만, 그가 또다시 당신을 배신했다면 그땐 당신의 어리석음입니다. 기쁨과 감사로 행복의 소유자가 되시기를 바라며 그렇게 되신 당신을 축복합니다.

인간의 만남이란 참 어려운 일이라 만나더라도 마음이 끌리는 사람이 있고, 그렇지 못한 사람이 있지요. 가령 개와 고양이는 으르렁거려도 함께 지내다 보면 친해지지만, 본바탕이 원수인 닭과 지네는 전생 상극인 악연이라 닭이 지네를 보면 바로 잡아먹고, 지네는 죽은 닭 뼈를 먹듯, 사람도 인연 깊은 사람이나 원수 같은 만남도 반드시 있다는 사실입니다. 하늘이 맺어주는 좋은 인연이 돼야 한평생이 편하다는 의미지요.

필자의 경우도 부모의 강요로 선을 봐 인연을 맺었는데 필자도 아내의 인상보다 더 어질게 느껴졌던 그 어머님의 인상에 끌려 첫선을 본 지 한 달 만에, 당시 중학 교직이던 아내의 직장 강단에서 교장선생의 주례로 식을 올린 이후, 선친께서 "조강지처 버리면 벌 받는다."라는 말씀을 일평생 지켜 오다 보니 서로 다른 성격을 맞춰 살아가기란 어려운 일이지만, 양보하고 이해하며, 서로 맞춰 살아가다 보니 세월이 흐르고 흘러 어언 63년이 되었네요. 지금 세상은 필자의 시절과 많이 달라 참된 인연 찾기가 무척 어려운 세상입니다.

21. 아내의 고귀한 선물
시련의 순간, 그대 곁엔 아내가 있었다

오른쪽 눈에 이상이 생긴 건 3년 전의 일이다. 처음엔 가벼운 염증이려니 여겼으나 날이 갈수록 점점 눈이 부어올라 거의 보이지 않는 상태가 됐다. 나머지 왼쪽 눈마저도 장님이 될 확률이 높다는 진단 결과였다.

그 얘기를 아내에게 했더니 웃는 얼굴로 그동안 내가 피와 땀으로 모은 돈이 좀 있으니 모자란 돈은 또 내가 어떻게 마련해 보겠다고 한다. 그러면서 아내는 자신을 안심시키기 위해서 환히 웃어 보인다. 그러고 보니 결혼한 지 벌써 20여 년이 흘렀다. 부모의 성화같은 권유로 19살에 결혼했다. 결혼 당일 가마를 타고 온 아내가 신방에 들어온 뒤 머리에 쓰고 온 족두리마저 벗겨준 구식 결혼식을 올렸다. 우리는 동갑내기로 나중엔 슬하에 2남4녀를 두었다.

아내는 어려운 살림의 여가를 틈타 밀짚모자를 만들고 돗자리를 짜며 그물을 손질하고 도기에 그림을 그려 넣는 등 잠시도 쉬지 않고 억척스레 노력해 돈을 모았다.

그렇게 어렵게 모아온 돈을 선뜻 내놓는 아내를 보며 가슴이 울컥 치밀었다.

각막이식수술 희망자 신청을 해놓은 뒤 한 달쯤 되었을 때 병원으로부터 연락이 왔다. 교통사고로 죽은 운전사가 있는데 죽기 전에 몸의 여러 부분을 팔아서 쓰라고 아내에게 유언을 했답니다. 아이가 여섯이나 되어서 살림이 무척 어려우신가 봐요. 어떻겠습니까? 수술을 하시겠습니까?

나는 그 각막을 양도받기로 결심하고 그 이튿날로 입원했다. 마침내 수술을 마치고 회복실로 옮겨질 때 딸아이애가 내 곁으로 와서 속삭였다. "수술이 잘되었대요. 아빠. 엄마는 오고 싶었지만, 너무 두려워서 차마 못 오겠다고 했어요." 괜찮다고 하더라고 전해라. 아무 염려 말라고. 수술 후 두 주일 지나 실을 뽑던 날, 나는 딸애에게 완쾌한다면 각막을 준 분의 무덤을 찾아가야겠다고 말했다.

이윽고 눈에 감긴 붕대를 풀었다. 눈 뜨기를 두려워하는 나에게 의사가 물었다.

빛이 보입니까? 네! 위쪽으로요. 전등 빛입니다. 의사 선생님은 내 어깨를 툭 치며 힘주어 말했다. 성공입니다. 일주일 후엔 퇴원해도 좋소.!!

퇴원하는 날 아내는 오지 않았다. 부엌에서 무언가를 내 오고 있었다. 기쁘게 다가가는 나를 보며 아내는 고개를 떨구었다. 남편이 고마워, 그동안 정말 고생 많았어!! 식탁 앞으로 가 앉는 나를 보는 아내는 벽 쪽으로 돌아앉더니 훌쩍이기 시작했다.

당신이 조금 전 그 말씀만으로도 저는 기뻐요. 제 인생이 결코 헛되지 않았다는 생각이 들어요. 그때 딸아이가 아빠에게 모두 털어놔요? 엄마도 아빠에게 눈을 드렸다고 말이에요. 애야, 너무 목소리가 높구나? 엄마는 당연히 할 일을 했을 뿐이란다.

나는 벌떡 일어나 아내에게로 다가갔다. 그리고 얼굴을 돌리게 했다. 아내의 왼쪽 눈의 홍채는 수술 전의 내 눈처럼 흐려 있었다.

금화! 내 입에서 아내의 이름이 나온 것은 처음이었다. 왜 이런 짓을 했소. 나는 아내의 어깨를 쥐어흔들며 소리쳤다. 당신은… 당신은 제 소중한 남편인 걸요!!

아내는 그렇게 말하고 내 가슴에 얼굴을 묻었다. 나는 그녀를 으스러지게 껴안았다.

격정이 화닥화닥 불꽃을 튀기며 내 전신으로 퍼져 나갔다. 나는 더 이상 몸을 지탱하지 못하고 털석 마룻바닥에 무너져 내리듯 주저앉고 말았다. 그리고 아내가 발 앞에 무릎을 꿇고 말았다. 당신은 저 같은 것하고는 다른 사람이잖아요. 저처럼 글을 읽을 줄 모르는 사람은 눈뜬장님이지만, 당신은 눈을 되찾아야 해요. 그제서야 나는 아내가 했던 말의 의미를 깨달을 수 있었다. 그리고 내가 가늠할 수 없는 아내의 깊은 사랑의 의미를….

22. 평범한 일상의 삶이 소중한 이유

우리 인생이 한세상을 살아가노라면 누구나 힘들 때나 편안한 때도 있고, 웃는 날도 있는 반면, 홀로 울고 싶은 날도 있게 마련이다. 순풍에 돛단 듯 잘 살아가기란 여간 어려운 게 아니다. 어떤 땐 피치 못할 사건에 고난의 때도 있고, 마음 편할 때도 있듯, 평범한 삶이 소중한 일상임을 느끼게 한다. 세월이 약이라는 말이 맞는 답이다. 그러는 사이 주위를 돌아보니 하나둘 다 떠나가 버리고 외로이 홀로 서서 그리움에 젖게 된다.

언제 어떻게 떠나갈지도 모를 우리네 인생, 이젠 가는 세월에 너무 슬퍼하거나 연연치 말고 오늘 하루하루를 열심히 살아가야 한다.

소크라테스가 마지막 남긴 유언에 "사는 것이 중요한 것이 아니라 '바로' 사는 것이 중요하다."라며 "철학은 죽음의 연습이다."라고 말했다. 죽는 연습, 죽는 공부, 죽는 준비, 죽는 훈련의 학습임을 명심하고 언제 죽음이 오더라도 태연할 수 있어야 한다고 했듯 필자도 이제 죽음 앞에 다다르다 보니 그 의미가 이해된다.

젊은 시절에는 자식들 키우느라 힘들었어도 자식들이 다 커서 저마다 제 몫을 하는 대견한 모습을 보며, 힘들었던 그 시절을 위로시켜 주듯 외려 마음 든든한 느낌이다.

우리가 살아가는 저마다의 모습들에는 힘들 때와 없이 살아가던 때가 참 어려운 시절 같았지만, 그때의 힘듦과 눈물이 외려 보약이 돼 좌절을 딛고 일어서야 한다는 극기가 오늘의 넉넉함을 있게 했다. 이런 때면 가끔씩 가수 나훈아가 부른 '공(空)'이라는 가사가 좋아 감상해 보기도 한다.

살다 보면 알게 돼 일러주지 않아도 너나나나 모두가 어리석다는 것을. 살다 보면 알게 돼 알면 웃음이 나지, 잠시 왔다 가는 인생, 잠시 머물다 가는 세상, 백년도 힘든 것을 천년을 살 것처럼. 살다 보면 알게 돼 버린다는 의미를, 내가 가진 것들이 모두 부질없다는 것을…

필자가 이민생활을 청산하고 고국에 돌아와 거처를 수소문하며 전국을 헤매고 다니던 우연한 날 서울 종로 3가 기원에서 南汀 金常吉 조각가 아우님을 만나 고경회원님들과 함께 충주 소백산 등정을 해 본 적이 있다.

이들 젊은 분들과 건강을 겨뤄볼 겸하여 산 정상을 무서움도 모르고 오르내리던 중 산 중턱에서 장단지에 쥐가 내려 꼼짝도 못하고 있을 때 산악회 양대주 회장 분이 갖고 온 송곳 같은 칼로 피를 뺀 후 음료수 '포카리스웨트'를 한잔 마시고 나니 거뜬히 좋아졌던 기억이 난다. 알고 보니 축구경기 도중 발에 쥐가 내리면 마시는 이 음료가 보약임을 알았다. 이후 정상에서 내려와 수안보온천 공중탕에서 다 함께 사우나를 하고 나니 감쪽같이 회복됐던 때를 잊을 수 없다.

인간의 마음이란 두 곳의 지배를 받는다고 한다. 젊게 살고 싶어도 나이가 깊어지면 몸이 따라주지 않을 때 그 마음은 곧 움츠러들 수밖에 없다. 젊을 땐 높은 산도 무서움을 모르고 오르내렸지만, 육체란 자연의 이치에 따라 지배받게 되고, 세월의 무상함이 인생을 슬퍼지게 만드나 보다. 또 때로는 영혼에서 공급받는 용기가 나이를 극복할 수 있도록 육신에 힘을 불어넣어 준다. 걷기운동이나 여행이 정신력을 높여주기를 하지만, 세월을 이겨낼 장사는 그리 없다.

젊어서는 재력이 있어야 살기가 편하나 늙어지면 건강이 있어야 살기가 편하다. 재산이 많을수록 죽는 것이 더욱 억울하고, 높은 자리에 앉다 보면 더더욱 죽기가 싫어질 것이다. 우린 아파 봐야 건강의 가치를 알 수 있듯 젊을 때 몸을 함부로 쓰다 보면 망가지기 마련이라 늙어져 후회하게 된다. 또한, 권력에 너무 집착하다가 철창신세가 되기도 하고, 재산이 너무 많다가 쪽박신세가 되기도 한다.

육신이 너무 약하면 하찮은 병균마저 달려들고, 입지가 약하면 하찮은 인간들까지 달려들어 귀찮게 한다. 세도가 탄탄할 땐 사돈네 팔촌까지도 모여들지만, 허약해 보이면 사람들도 약삭빠르게 바람처럼 사라진다.

늙은이는 가는 시간을 황금같이 여기지만, 젊은이들은 남은 시간을 강변의 돌같이 여긴다. 또한, 자식이 없는 사람은 자식을 부러워하나 자식이 많은 사람은 무자식 상팔자라고 말한다. 못 배우고 못난 자식은 오히려 부모에게 효도하는 자식이 많으나 잘 배우고, 출세해서 떵떵거리는 자식들일수록 불효자가 훨씬 더 많더라.

세월이 촉박한 매미는 새벽부터 울어대고, 여생이 촉박한 노인은 새벽부터 심란하다.

오늘은 단 하루 오늘뿐으로 또다시 오질 않는다. 내일이 있다는 기대 속에 살아가는 우리네 인생, 그 내일이 확실히 보장돼 있는 게 아니기에 오늘 이 하루 최선을 다해 살아야 한다. 악한 사람은 큰 죄를 짓고도 태연하지만, 선한 사람은 작은 죄라도 더 지을세라 두려워 노심초사한다. 참으로 삶이란 복잡하고 어렵고, 정답이 없는 희비쌍곡선(a mingled feeling of joy and sorrow)이 아닌가?

23. 어느 요양원 풍경을 경험했어요

　나는 어디서 영면(永眠)하는 것이 좋을까? 하고 걱정하시던 분들에게 도움이 될까 해서 얼마 전 나의 지인이 보내준 요양원의 실태를 전한다는 내용으로 75세 이상 노인들은 이 글을 꼭 보셔야 한다면서 어떤 76세 넘은 한 노인이 2022년 9월 10월에 걸쳐 요양원에서 40여 일을 직접 체험하며 보내고 와서 그 요양원 풍경을 인터넷에 올린 내용을 여기에 실어 본다.

　한마디로 요양원 생활이 어떠하냐? 라는 질문에 "아무리 고달프다 해도 요양원만은 가지 않는 게 좋다."라고 자신 있게 말했다.

　다시 표현하자면 입소(入所)한 노인을 부양할 수 없는 그의 자식들이 원하는 바 그대로 서서히 죽어가도록 하는 곳이 바로 '요양원'의 실태라고 했다.

　저는 집도 있고, 컴퓨터도 있어 처음부터 1인실에 입소 첫날부터 군사훈련보다도 엄격한 통제 속에 생활했다. 기상이 5시 30분, 아침식사가 6시 30분, 양은 겨우 먹고 죽지 않을 정도의 칼로리 세 끼가 거의 똑 같다. 간식이 한 번 나오는데 빵 반 조각? 운동이 너무 중요한데 겨우 허락된 장소가 거주하는 곳의 복도뿐, 제가 3층에 거주하는데 엘리베이터 비밀번호를 잠가놔서 옥상이나 1층에 있는 운동실을 사용할 수가 없고, 겨우 운동한다는 것이 복도 끝에서 끝까지 왔다 갔다 하는 것, 그러니 하루 시간 대부분을 침대에 누워 지내는 수밖에 없으니, 몸은 자연히 더 악화될 수밖에 없도록 인위적으로 만들어가는 게 아닌가 하는 의문이 들기도 하였다.

한번은 갓 입소한 노인이 제방을 찾아와 살려달라고 애원을 해서 무슨 일인가? 물었더니 돈도, 휴대전화도, 카드도 빼앗아 아들이 강제로 입소시켰는데, 지금 몸이 아파 죽겠다고 살려달라는데 전화 한 통화를 좀 걸어달라는 것이었다.

다행히 며느리 전화번호를 알고 있어서 제가 내 휴대전화로 ○○분이 죽게 생겼으니 빨리 와 달라고 전화를 해줬는데 전화 한 통 해준 것이 무슨 잘못인가? 반문하였더니 그 이후부터는 제 방 출입을 통제하고 CCTV로 보고 있다가 누가 들어오면 당장 요원이 달려와서 나가 달라고 요청하는 등, 통제가 너무 지나쳐 제가 노인들의 권리보장문서를 가져와서 원장과 한바탕 하고서, 여기는 사람이 사는 곳이 아니라 철저한 통제 속에 가둬 놓은 상태로 최소한의 음식으로 서서히 죽어가도록 유도하는 곳이라는 결론에 도달, 더 이상 내 삶을 맡길 곳이 아님을 느끼고, 40일 만에 뛰쳐나와 버렸다.

대부분 자식들이 있어도 연락도, 면회도, 전화도, 오지 않는 외로운 삶의 현장 속에 있다가 나오니, 이렇듯 자유롭게 내 마음대로 할 수 있다는 것 하나만으로도 충분히 사는 보람을 찾고 있다고 확신하면서 참고하시라는 긴 문장을 보냈다.

요양원은 다시 생각하기도 싫지만, 그래도 요양원 말고는 다른 대책이 없는 분에게는, 한 가지 정보를 말씀 드립니다. 거의가 들어올 때는 자식하고 같이 와서 계약서를 작성합니다. 이 때 통상(通常) 자식들이 대필하며 계약을 하는데, 여기에 중요한 문구가 있습니다. 즉, 계약서명자인 자식의 허락 없이는 요양원 퇴소를 못하게 규정되어 있으며, 특히 요양원은 나가려 해도, 본인의 의사와는 전혀 무관하게 퇴소하지 못하게 규정되어 있다는 것, 꼼짝없이 오도 가도 못하게 계약서를 만들었으니, 나중에 나가고 싶어도 나갈 수가 없다는 것, 이거 꼭 명심하셔야 합니다.

그래서 계약하실 때는 반드시 본인이 입회하여 만일을 위해서 이 항목을 반드시 삭제해서 만약의 경우 나오고 싶을 때 나올 수 있도록 작성하라는 것 명심하셔야 합니다.

도움 되었으면 하는 마음에서 글을 올렸다는 이분의 말 참고하셔서 후회와 불이익이 없도록 신중하셨으면 한다는 말이었다.

참고로 고려장(高麗葬): 노인을 멀리 산속에 버려두고 오는 일, 요즘은 요양원에 버려두고 오는 일로 옛날에는 고려장, 현대는 고려장이 요양장으로 둔갑해 버렸다.

요양장을 안 당하려면 매일 만보 걷기를 하세요. 필자가 쓴 '걸을 수 있을 때가 내 인생이다' 라는 책을 구해서 읽어 보시라고요.

24. 보은(報恩)

　손녀 하나만 바라보고 그녀를 양육하며, 일생을 살아온 90세의 미국인 할아버지의 이야기다. 아들과 며느리는 이혼하고 아들과 손녀 셋이서 단란하게 살았는데, 아들이 먼저 세상을 떠나가면서 어린 손녀를 할아버지 혼자 양육할 수밖에 없게 됐다.

　늘 건강하시던 할아버지가 최근 들어선 옆구리를 잡고 힘들어하시는 모습을 보며 할아버지가 20대 때에 6·25 한국전쟁에 파병되어 중공군과 싸우다가 옆구리에 총을 맞아서 당시 의술로는 그냥 총알을 몸에 지닌 채로 사는 것이 좋을 것 같다는 의사의 권유로 이후 지금까지 일평생을 지내오셨다고 말씀을 하셨다.

　나이가 들고 면역력이 약해지니 그로 인한 여러 가지 몸의 상태가 안 좋으시다는 말씀을 들은 손녀는 수술을 해드리고 싶은 마음이 간절했지만, 미국에서는 병원비가 아마 집 한 채 값을 들여야 할 것 같아 마음뿐이었지 어찌할 엄두가 생겨나지 않았다. 한국은 의술도 좋고 병원비가 저렴하다는 소문을 들은 손녀는 할아버지가 평생 자신을 위해 희생하신 것에 보답하기 위해서 치료를 해 드려야겠다는 결심을 하고 할아버지를 모시고 한국으로 왔다.

　병원에 입원하고 모든 검사를 마친 후 담당의사는 "몸에 총알을 담고 어찌 지금까지 사셨습니까?"하고 이유를 물었다.

할아버지는 한국전쟁 참전용사로 중공군과 싸울 때 얻은 훈장이라고 설명을 하자 담당의사가 "저희 할아버지도 6·25 참전용사셨는데 총을 맞고 후송이 되었지만, 결국 열악한 의료시설과 낙후한 의술 때문에 돌아가셨고, 아버지가 의사가 되시려고 생각하셨지만, 가난한 살림으로 의학공부를 할 수 없어서 아들인 제가 의사가 되었다."고 말하며 "저희 할아버지와 같은 참전용사를 수술할 수 있게 되어 영광"이라고 말했다.

수술이 순조롭게 끝이 나고 회복한 후에 건강한 모습으로 완쾌되어 퇴원을 하게 됐다. 퇴원을 위해 수속을 준비하면서 그 손녀는 치료비가 어마어마하게 많이 나왔을 것이라 예상을 했다.

두려운 마음으로 계산을 하려고 창구로 갔는데 수납창구에서 봉투 하나를 내어 주었다. "얼맙니까?"하며 봉투를 열어보니 계산서엔 "진료비 0원"에 미화 1000불이 들어 있었다. 동봉한 작은 쪽지에는 "당신이 흘린 피로 지켜진 우리나라의 자유는 영원할 것입니다. 귀국하시거든 여생을 편안하게 오래오래 사십시오."라고 적혀 있었다. "이게 무슨 일이냐?"고 물으니 병원 측과 담당의사가 치료비를 모두 부담하였다는 것이다.

깜짝 놀란 손녀는 집도의사를 찾았지만 의사는 만날 수가 없었다.

퇴원하여 미국으로 귀국하는 길에 할아버지는, "전쟁 당시에는 한국 군인들이 듬직하였고, 정이 많은 병사들이었다. 한국이 놀랍도록 발전했다는 소문은 들었지만, 이 정도로 발전했으리라고는 생각지 못했다.

산은 붉은 흙과 돌들뿐이었고, 참으로 가난한 나라였었는데, 울창한 산림과 빌딩숲을 보니 내가 한국의 자유를 위해 싸운 보람이 있었다고 말씀하시며 기쁜 마음으로 미국으로 돌아가셨다. 국격을 높인 젊은 의사! 그에게 박수를 보냅니다.

얼굴도 모르고 어디에 붙었는지도 모르는 우리나라를 위해 15만여 명의 연합군이 죽거나 다치거나 또는 실종되었습니다. 그들의 희생이 없었다면 오늘날 우리나라의 평화가 있었을까요?

미국의 수도 워싱턴 의사당 앞 한국공원엔 한국전에서 전사한 5만 명의 미군들 명단과 공원바닥에 쓰여져 있는 가슴을 뭉클하게 하는 문구가 있다.

"Freedom is not free(자유는 공짜로 얻어지는 것이 아니다)"를 볼 때마다 오늘의 우리나라 정치판이 지지고 볶고 있는 추잡한 실정을 보면서 부끄러운 심정이다.

25. 구름은 제 고향이 어디 있나요

우리나라 말에 '정들면 고향이지'라고 했다. 그같이 구름은 고향이 없듯 우리 인간도 꼭 고향이 따로 있나요? "정들면 고향이지"라는 속담이 정답인 것을 이제야 알았다.

그 뜻을 곰곰이 생각해 보니 하늘에 떠가는 저 구름도 바람 부는 대로 흘러 흘러서 어디론지 간다. 인생살이도 그같이 태어나서는 모르다가 커서 살아가다 보면 세차게 부는 바람을 만나 타향에서 고생하며 방향을 잃고 살아가기 마련이다.

필자의 원태생지는 경남 통영 서호동 해방다리언덕 282번지다. 지금의 통영 서호시장 근방을 말한다. 내가 태어난 통영이야말로 우리나라에서 제일 따뜻하고 살기 좋은 한려수도 300리길 남도 제일의 미항이다. 자라긴 외갓집이 있는 맨데(명정동) 바닷가에서 자랐다. 그러다 다섯 살 때 선친 따라 해방 전 여수(麗水)(동양의 나폴리로 불리는 한려수도)로 살러 가 고소동 셋방에서 청소년시절을 보냈다. 선친께서 여수로 살러 가셨을 때 징용(신월리비행장건설현장)에 끌려가셔서 어머님 따라 산에 나무하러 다니며 지게 지는 법도 배웠다. 어린 시절 못 먹고 헐벗어 해방되던 초등학교 4년 때까지 엄청난 고난의 행군길이었다. 중학 1학년 때 여순반란사건과 중3년 때는 6·25전쟁의 수난기를 넘겼다.

선친께서 해방이 되면서 징용 가셨던 곳에서 돌아오시며 여수 중앙동 로터리 중심지에서 유류, 미곡, 소금 해산물 위탁상을 하시며 생활이 안정되는 동안 청소년기를 보내고 대학졸업 후 교직생활 이후 결혼하여 서울에서 35년여를 살았다. 대한석유공사와 도검회사에서 무역업으로 전환, 박정희 대통령 시절 일본을 오가며 공단 기자재 납품업에 종사했다. 그러고 보니 서울과 경기도 원당이 제3의 고향이었고 이민 간 FIJI가 제4고 향이 된다. 다시 고국에 뼈라도 묻고파 귀국 후 전국을 헤집고 다니다 우연한 날 정착한 곳이 전라도 '강진'이란 곳이다. 강진 은 말 그대로 남도답사 1번지 남쪽 마량항구로 살기 좋고, 평온하며 인심 좋고 살맛 나는 고려청자축제고장으로 5월이면 모란이 피어나 아름다운 꽃향내가 뒤덮어 많은 관광객이 찾아오는 말 그대로 미항인 나의 마지막 제5의 고향으로 벌써 20년을 접었다.

　이곳에서 매주 강진고을신문에 18년째 "창가에서"의 칼럼을 쓰고 있어 많은 애독자를 갖고 있다. 일찍이 국회의원을 두 번이나 하셨던 농산분과위원장 황주홍 당시 군수님의 적극적인 강진 인연의 응원 주선이 커 지금까지도 정을 나누고 있다. 그런 강진이 아름다운 미항임을 전국에서 알고 철이 바뀔 때마다 지금은 관광객이 미어터진다. 필자가 거주하는 집에서 500여 미터 거리에 18년간 귀양살이하며 500여 권의 저서를 남긴 정약용 선생의 유적지가 있다. 요 최근엔 여수고등학교 6년 후배 김재호 히든베이 호텔 경영주(여수중고 4개교 이사장직 겸임) 아우님의 외가가 강진 목리라서 어렸을 때 이곳에서 자랐다며 필자와 인연 깊게 자주 만나 오가고 있다.

　일찍이 동파(東坡)의 시에서 행운유수(行雲流水) 초무정질(初

無定質)이라 하여 바다는 누구도 고향을 묻지 않는다. 바다의 고향은 강이었고 개천이었고 계곡이었다. 그러나 그것이 바다에겐 무슨 의미가 있겠는가?

황지우 시인은 "길은, 가면 뒤에 있다. 돌아보면 누구나 '지나온 길'이 보이지만, 앞을 보고 걸을 때 '가야 했던 길'은 끝이 보이질 않는 정처 없는 길이다."라고 말했다.

그같이 많은 길에 세월이 지나다 보니 내 곁을 아무리 뒤돌아 봐도 아무도 없다.

그리워지는 옛 동무들이 생각나 오늘은 조영남이 부른 '옛 생각' 가사를 음미해 본다.

뒷동산 아지랑이 할미꽃 피면/ 꽃 댕기매고 놀던 옛 친구 생각난다./ 그 시절 그리워 동산에 올라보면/ 놀던 바위 외롭고/ 흰 구름만 흘러간다./ 모두다 어디 갔나 모두다 어디 갔나?/ 나 혼자 여기 서서 지난날을 그리네.// 그 시절 그리워 동산에 올라보면/ 놀던 바위 외롭고 흰 구름만 흘러간다./ 모두다 어디 갔나 모두다 어디 갔나./ 나 혼자 여기 서서 지난날을 그리네.//…

그같이 우리 인생길이 당신이나 나나 정해진 길이 없기에 가다 거기에 멈추어 그곳에 정들어지는 곳이 고향이다. 그러고 보면 제2,3의 고향도 인연 따라 가는 길이라 당신 자신이 정들어 스스로 맞춰 사는 곳일 뿐, 얼마나 많은 날들을 그곳에서 잘 적응하며 추억을 남겼느냐일 뿐이다. 다만, 그곳 관습에 맞춰 그렇게 정착한 고향이다. 또 어느 한 시기가 다다르면 정들었던 그곳도 훌훌 털고 떠나는 철새의 고향이 아니던가?

　과거를 돌아보지 말자. 어차피 세월은 흘러갔고, 오늘도 구름은 변함없이 흘러가다 어디론지 흘러가 버릴 뿐이다. 바다에게 고향의 의미가 없는 것처럼 우리네 인생길에도 내 고향이 꼭 정해지란 법이 따로 없다. 그 어느 곳에서 오래도록 기억에 남는 곳이기 때문이다. 새가 날면서 뒤돌아보지 않는 것처럼 나그네 인생길 그곳에 정든 생각이 오래도록 잊혀질 수 없게 마음이 깊숙이 담겨진 그리운 고향이기 때문이다. 마치 방랑시인 김삿갓처럼 바람 부는 대로 흘러가며 정처 없이 제멋에 겨워 적응하며 살아가기 마련인 곳이 바로 내 고향이다.

　살아가다 보면 누구나 인생을 순풍에 돛 단 듯 순조롭게 살고 싶지만, 그렇게 되지 못하는 것이 인생사라 저마다 파란만장한 삶이 어찌 보면 아기자기하게 더 멋있을 수도 있다. 그러고 보니 필자에게도 그런 방랑벽이 있어 젊었을 적부터 한 곳에 정착하지 못했던 것 같다. 어쩌면 행복이란 꼭 어떤 목적지가 정해져 있지 않고 가고 오는 여정지에 따라 인생길 행복도 만들어가는 그만의 길일는지도 모르겠다. 그래서 아직 이 나이까지도 바람개비처럼 떠돌고 싶은 마음의 부자로 방랑객 팔자다.
　일찍이 루쉰이 말했다. 나는 생각한다. 희망이란 것은 본래 있다고도 할 수 없고 없다고도 할 수 없다. 그것은 마치 땅 위의 길과도 같은 것이다. 본래 땅 위에는 길은 없었다. 걸어가는 사람이 많아지면 그곳이 곧 길이 되기 때문이라 했다. 괴테는 경구 집 '처세의 인생훈'에서 아래 다섯 가지를 말했다.

첫째 지나간 일을 쓸데없이 후회하지 마라.

둘째 될 수 있는 한 성을 내지 마라.

셋째 언제나 현재를 즐겨라.

넷째 특히 남을 미워하지 마라.

다섯째 미래를 신(神)에게 맡겨라. 미래는 마지막 영역이다. 어떤 일이 앞으로 닥쳐올지 누구도 알 수가 없다. 오늘 내가 할 수 있는 일에 하나님께 다 맡기고 최선을 다하는 것이 현명한 사람이 취할 지혜로운 태도이다. "머문 곳에서 의미 있고 행복한 인생"을 살라고 했다.

26. 참으로 소중한 것이 무엇일까

영국의 거부였던 피츠제럴드는 그의 사랑하는 아내를 잃었다. 아내를 몹시 사랑했던 그는 아내가 남겨놓고 간 단 하나뿐인 열 살 갓 넘은 그의 아들을 더욱 사랑하고 정성을 다해 돌보았지만 아들마저 병을 앓다가 죽고 말았다.

홀로가 된 피츠제럴드는 그의 여생을 미술작품을 수집하며 그 슬픔을 달래려 노력했다. 세월이 흘러 피츠제럴드도 병으로 죽게 되었다.

그는 죽기 전 자기가 세상을 떠난 뒤에 어떻게 재산을 처분할 것인가를 유언으로 남겨두었다. 그가 많은 돈을 들여 수집한 소장품들을 경매에 부치라는 지시가 그 유언서에 포함되어 있었다. 그가 수집한 귀한 소장품들은 양적으로도 대단한 것이었지만, 질적으로도 참으로 귀한 것들이 많았다.

그곳에 전시된 소장품 중에 별로 뛰어나지 않은 그림 한 점이 있었다. 그 작품은 '내 사랑하는 아들'이란 제목이 붙은 작품으로 지방의 한 무명화가가 피츠제럴드의 외아들을 그린 볼품없는 그림이었다.

경매가 시작되자 제일 먼저 그 그림이 경매에 부쳐졌다. 하지만 그 그림은 인기가 없어 아무도 응찰하려 하지 않았다. 그때 뒷자리에 앉아있던 초라한 모습의 한 노인이 손을 들고 조용히 말했다. "제가 그 그림을 사면 안 될까요?" 그는 피츠제럴드의 아들을 어릴 때부터 돌보았던 나이 들어 보이는 늙은 하인이었다. 그는 자신이 가진 돈을 모두 털어 그림을 샀다.

그때 피츠제럴드의 유언을 집행하는 변호사가 경매를 중단시켰다. 그리고 큰 소리로 피츠제럴드의 유언장을 읽기 시작했다.

누구든 아들의 그림을 사는 사람이 내 모든 소장품을 갖도록 해 주시오. 이 그림을 선택하는 사람은 내가 가장 소중히 여기는 것이 무엇인지 아는 사람임에 틀림없으므로 모든 것을 가질 충분한 자격이 있을 것입니다.

우리는 무엇이 진정 소중한 것인지를 모른 채 살아왔는지도 모른다. 확인하고 선택하는 능력의 부족으로 때로는 하나를 얻기 위해 다른 모든 것을 버려야 했을 수도 있고, 하찮은 것을 얻기 위해 소중한 것을 포기해야 하는 경우도 있었지 않을까 생각한다. 소중한 것은 멀리서 반짝이는 것이 아니라 바로 눈앞에 있어 하찮게 여기던 바로 그것일 수도 있음을 유추해 본다.

　자기 스스로를 바로 알라고, 알 수 있음이 때로 이런 깊은 내면을 갖게 된다는 생각을 버리지 못한다. 오늘이 바로 그런 날일 수 있다는 것도 생각해 두자.

　지금 당신 앞에 마주 앉은 상대가! 지금 당신이 읽고 있는 글이 참으로 소중한 것일 수도 있다고 생각하시면 우리 앞에 전개된 모든 일들을 하찮게 보아 넘기는 잘못은 피할 수 있을 것이다.

　우리가 살아가는 하루하루가 고난과 아픔의 나날로 금방이라도 죽을 것 같은 생각에 빠지는 경우도 있지만, 그래도 세상에는 견뎌내지 못할 일도 없다. 나만 사는 게 이렇게 어려운가 생각하지만, 조금만 남의 속내를 들여다보면 저마다 집집이 가슴 아픈 사연이 없는 집이 없고, 저마다의 가정들마다 아픈 눈물 없는 집이 없다. 그게 우리가 사는 인생 과정의 '인생항로' 지만 그런 속에서도 웃고 사는 서로서로가 기대 사는 힘이 되어주기 때문이 아니겠는가!!

세상살이 순리대로 살다 보면 그 순리를 잘 받아들이게 돼 어느 날 나도 모르게 슬슬 잘 풀리는 실타래로 어렵지 않게 되는 때도 온다는 사실이다.

인생항로에 정답이란 저 멀리 내려다보이는 반짝이는 등댓불처럼 '희망의 빛'을 따라 이정표를 찾아가는 날이 올 것이다.

27. 한번만 더 사랑해 주는 사랑
날개 없는 천사의 봉사정신

오래전 어느 봉사단체에서 어렵고 힘든 이웃을 돕느라 일주일에 세 번씩을 무료로 도시락을 나눠주는 행사를 개최한 적이 있을 때 생긴 일이었다.

그날따라 영하 10도가 넘는 몹시도 추운 날이었는데, 어렵고 힘들었던 시절이라 그런지 급식소를 찾아오는 사람들이 제법 많았다.

봉사자들은 도시락에다가 따뜻한 국물을 따로 담아 포장지에 싸서 한 사람에게 한 개씩을 나눠 주었다. 한 사람에게 한 개를 주는 것이 정해진 규칙이었다.

봉사자들이 열심히 급식을 하고 있는데 남루한 옷차림인 어느 남자 아이가 급식대로 다가와 도시락 세 개를 집어 자신의 가방에다 얼른 담았다. 그때 아무런 죄의식 없이 절도행위를 저지르는 아이를 지켜본 사람이 있었다. 무료급식소를 처음 나온 초등학교 선생님인 여자 봉사자였다. 봉사자는 아이가 너무나 자연스럽게 절도행위를 하는 것을 본 순간 그만 화가 머리 끝까지 치밀어 올랐다.

"얘! 어디서 도둑질을 하는 거니? 한꺼번에 그렇게 많이 가져가면 다른 사람이 먹지를 못하잖아! 왜 어린 나이에 그런 나쁜 짓을 하는 거야! 좋은 말 할 때 빨리 이곳에 도로 갖다 놔라! 그러지 않으면 혼을 낼 테니까!"

봉사자는 형사가 범인을 현장에서 체포해 추궁하듯이 사람들 앞에서 아이를 큰 목소리로 꾸짖었다. 아이는 얼굴이 뻘게진 채 가방 안에 넣었던 도시락을 모두 꺼내 탁자위에 내려놓고는 쏜살같이 그곳을 빠져 나갔다. 아이는 한 손으로 흘러내리는 눈물을 훔치고 있었다.

그때 주방에서 일하고 있던 아주머니 한 분이 밖으로 나와 아이를 쫓아낸 봉사자에게 조용히 말했다. "이곳은 가난한 동네예요! 그리고 오늘같이 추운 날은 일이 없어 부모들이 일을 못 나갑니다! 그래서 아이가 가족을 대신해서 아빠와 동생을 먹이려고 도시락 세 개를 챙긴 거예요. 저 아이의 아버지는 일하다 사고를 당해 방에서 누워 지내고 엄마는 파출부 일을 하러 다니느라 가족을 돌볼 여유가 없다 보니 장남인 저 애가 도시락 세 개를 챙긴 거라고요! 선생님 때문에 이 추운 겨울날에 가족들이 꼼짝없이 굵게 생겼네요." 선생님은 그 말을 듣자 가슴이 철렁 내려앉았다.

"저 애가 얼마나 효심이 깊고, 착한 아이인데요. 가끔씩 이곳을 찾아와 청소도 해주고 심부름도 해주고 심지어 설거지도 도와주는 너무나 착한 아이거든요. 앞으로 한번만 더 생각을 해주시고 나무라 주세요." 다른 아주머니의 말이 선생님의 가슴에 날카로운 비수처럼 꽂혔다.

순간 부끄러움과 미안한 표정으로 가방에 넣었던 도시락을 꺼내는 그 아이의 서럽고도 슬펐던 눈망울이 생각나자 선생님은 그 자리에 주저앉아 울고 말았다.

마음을 추스른 선생님이 아주머니에게 그 아이의 집이 어디인지 알아냈고, 도시락 네 개를 챙기고 사비를 들여 과자와 빵과 라면 등 먹을 것들을 잔뜩 사갖고 아이의 집을 찾아갔다. 입김이 솔솔 피어나는 추운 방안에서 세 식구는 이불을 덮은 채 떨고 있었다. 그 모습을 본 순간 봉사자는 그 아이를 끌어안고 한참을 말없이 울었다.

"정말 미안해~~ 내 생각이 짧아서 너에게 큰 상처를 준 것 같아 너무 미안해…." 뜨거운 눈물이 목을 타고 솟구쳐 오르자 더 이상 말을 할 수가 없었다.

아이도 아이의 동생도 그리고 누워 있는 아빠도 함께 울었다. 모처럼 방안에는 아이의 가족들과 선생님의 사랑이 뒤엉킨 채 따뜻한 사랑의 온기를 뿜어내고 있었다. 그 뒤로 선생님은 그 아이의 정신적 후원자가 되어 온갖 정성을 다해 물심양면으로 도와주어 마침내 날개 없는 천사로 인정을 받았다.

누군가의 잘못을 자신의 판단으로 지적을 하기 전에 먼저 한번만 더 생각하고 이해해주려고 노력하는 것이 진정한 사랑이 될 수 있다는 것을 깨닫게 해주는 이야기였다. 남의 허물은 내 눈에는 잘 보이지만, 나의 허물은 자신은 볼 수가 없다. 그래서 우리에겐 내 자신을 들여다볼 수 있는 거울이 필요하다.

될 수 있으면 착하고 겸손한 사람과의 만남을 통하여 그 사람의 선한 행실을 보고 느낄 수 있는 작은 감동 하나가 바로 그런 거울이 될 수 있지 않을까?

이제는 얄팍해진 교만함과 점점 더 흐려지는 세상 인심의 판단력을 과감하게 벗어버리는 가운데 남의 허물과 잘못을 서둘러 지적하기보다는 한번만 더 생각해 주고 슬쩍 덮어주는 배려의 삶을 살아감으로써 우리 모두 이 험한 세상 속에서도 한쪽에선 빛이 빛나는 모습들로 자리할 것이며 그런 마음으로 살아감으로써 우리 모두가 함께 행복을 나누는 복지사회로 거듭날 수 있기를 소망해 본다.

28. 어느 국밥집 할아버지와 어머니의 김밥

4년 전 내가 다니던 고등학교 앞에 나이 지긋한 할아버지 홀로 꾸려가는 국밥집이 있었다. 경기가 어려워도 국밥은 3천원이고, 할아버지도 인자하셔서 늘 손님이 많았다.

　그러던 어느 날, 여느 때처럼 국밥으로 허기를 채우는데 계산대에서 이상한 광경이 벌어졌다. 곁에 친구들이 국밥을 먹고 5천원을 냈는데 할아버지가 거스름돈으로 1만 원짜리 지폐를 주시는 게 아닌가?

　그런 광경을 지켜보면서 나는 적지 않은 아이들이 국밥 값보다 더 많은 돈을 거슬러간다는 걸 알았다. 나는 울화통이 터졌지만, 그렇다고 그 친구들에게 뭐라 할 수도 없었다. 우연히 들은 이야기로는 할아버지가 눈이 어둡고 셈을 잘 못한다는 거였다. 그렇게 몇 개월이 지났다. 등굣길에 할아버지 국밥집을 보니 조등(弔燈)이 걸려 있었다.

　많은 사람들이 국밥집에서 대성통곡했는데 그들 중에는 우리학교 선생님들과 학생들도 보였다. 더 놀라운 일은 그날 아침 조회시간의 일이었다.

　교장선생이 단상에 올라와 말씀하셨다. "오늘 새벽 학교 앞 국밥집 할아버지가 돌아가셨다. 그분은 우리학교 선생님이셨다. 정년 퇴임하시고 20년 동안 학생들에게 따뜻한 희망을 주셨다. 가난한 학생들에게는 일부러 계산을 틀리게 해서 돈을 더 주시고 학교에 장학금도 기부하셨다." 순간 모두가 숙연해지며 여기저기서 울음소리가 흘러 나왔다. 나는 때때로 국밥집 할아버지가 생각나 괜스레 마음이 슬퍼진다.

　또 하나 실화 사연 속의 주인공인 그는 장애가 있으신 부모님을 뒤로하고 의무경찰로 입대했다. 그는 힘든 훈련소 생활을 하며 지내다 마침내 부모님과 첫 면회를 가질 기회가 생겼다. 면회 당일 아침 부모님께 늠름해진 모습을 보여드리고 싶어 아침부터 분주하게 군복을 다리고 군화까지 닦으며 면회 시간만 오기를 기다렸다.

　드디어 면회 시간이 왔고, 한참 동안 어머니를 기다리고 있는데 이상하게도 어머니 모습은 보이지 않아 초조해졌다. 시간이 흘러 어느덧 면회 끝날 시간이 왔고, 무슨 일 때문이지는 몰라도 어머니가 오시지 않아 결국 쓸쓸하게 생활실로 돌아가야만 했다.

　그날 밤 어머니께서 면회에 오시지 않았다는 사실이 너무도 서러웠던 그는 동기들 몰래 원망의 눈물을 흘리다가 잠이 들었다. 다음 날 아침, 갑자기 교관이 허겁지겁 생활실로 달려오시더니 어머니가 새벽에 오셔서 기다리고 계신다고 전했다.

　깜짝 놀란 그는 어리둥절한 표정으로 면회실로 갔고, 그곳에서 아들을 반기시며 눈물을 터트리시는 어머니 모습에 놀라 눈물이 흘러내렸다.

　아들을 본 어머니는 부랴부랴 집에서 손수 싸오신 김밥과 닭

고기를 황급하게 꺼내 테이블 위에 올려놓으셨다. 그런데 이상하게도 김밥에서 코를 찌르는 듯 쉰내가 나는 것이 아닌가? 어머니가 자신을 먹일 생각에 싸오신 김밥이었기에 아무 말 없이 어머니가 싸오신 상한 김밥을 먹었다. 한참 상한 김밥을 먹고 있는데 어머니가 면회하러 오시던 길에 역에서 지갑 소매치기를 당하셨다는 이야기를 꺼내셨다.

가지고 있던 돈을 통째로 잃어버리신 어머니는 지나는 시민들을 붙잡고 경찰학교로 가는 길을 물어봤지만, 장애로 인해 의사소통이 쉽지 않아 포기하셨다. 결국, 어머니는 아들을 보기 위해 이틀 내내 걸어서 오셨고, 이 사실을 알게 된 그는 상한 김밥을 입에 문채 엉엉 눈물을 흘릴 수밖에 없었다.

어머니가 직접 싸오신 상한 김밥을 먹으며 "어머니가 만든 음식이 최고예요! 정말 맛있어요."라고 말했다. 아들 면회 오는 동안 김밥이 쉬었다는 사실을 모르시는지 어머니는 맛있다는 아들 말에 환하게 웃으실 뿐이었다.

이 사실을 들은 교관은 특별히 어머니가 경찰학교에서 하룻밤을 지낼 수 있도록 배려해 주셨다. 그렇게 경찰학교가 생긴 이래 부모님과 같이 잔 최초의 의경이 됐다. 그리고 다음 날 아침 정말 놀라운 일이 눈앞에서 일어났다.

어머니가 소매치기를 당해 경찰학교까지 직접 걸어오셨다는 사연을 들은 동가들과 조교, 교관이 팔을 걷고 나서서 돈을 모아 어머니의 차비를 마련해 주었다. 자그마치 300만 원이 넘는 돈이었다.

교관은 동기들이 모은 돈을 어머니께 전해드리며 "어머니, 역까지 모셔다 드릴게요."라며 "조심히 가세요."라고 인사를 드렸다.

이후 시간이 흘러 어느덧 제대한 지 8년이 훌쩍 넘었다. 아직도 그때 훈훈했던 정과 어머니의 상한 김밥 맛을 결코 잊지 못한다고 고백했다.

오늘 어머니께 김밥을 만들어 드리려고 한다면서 "어머니 사랑보다 부족하지만, 정성을 담아 만들어볼 생각"이라고 글을 마무리했다.

29. 세월이 덧없는 거라 여기지 마소

한세상을 살다 보니 오랜 세월이라 여겨졌는데 한순간이었다. 세월이 가는 건지 오는 건지도 모르는 날들에서 거울 앞에 서서 찬찬히 바라보니 진짜 폭삭 돼버렸다!!

어린 시절엔 한 살 더해져 반겼는데, 자꾸 가는 날들에 졸아 꽉 찬 날들만 남았다. 되찾을 수 없는 세월, 조급해진 마음, 후들후들 떨리는 발, 디딜 곳 없어도 마음 다독거리며 오늘 이 순간이나마 낭비하지 말고 열심히 걸어야 한다.

세월이 덧없는 거라 말하지 마소. 내가 이제껏 산 것만도 참

대견한 일이라 여기니 그 파란만장한 날들을 이겨낸 산 증거 아니던가? 하니 늙어 봐야 진짜 참맛을 알게 되는 게지!! 당신이나 나나 남은 시간 덤으로 사는 축복의 날들이라 여겨야 한다. 나무가 비록 늙었어도 피어난 늙은 꽃이 더 아름답듯, 밥도 뜸이 들고, 된장도 숙성돼야 제맛이라 늙어 봐야 그 맛을 느끼게 되는 게지.

가만히 생각해 보니 잠시잠깐 다니러 온 이 세상, 머물다 간 시간들을 왜 부질없는 욕심들로 채우려 했던가? 인간의 탐욕엔 끝이 없다지만, 자루가 터져도 쑤셔넣고 봐야 직성이 풀리는 그 심리가 어디에서 오는 걸까? 가진 거야 적든 많든 그저 감사로 자기 분복이라 여기고 살아가자.

한더위 죽을 시간이 촉박한 매미는 새벽부터 울어대고, 여생이 얼마 남지 않은 노년인생 할 일도 산더미 같아 초조하고 심란하다. 악한 자는 큰 죄를 지어서도 태연하지만, 선하게 살아온 인생이야 작은 죄라도 혹여 또 지을세라 걱정부터 한다네.

감정이 메마르면 몸부터 먼저 늙어져 웃음이 사라지고, 눈물이 메말라 버리고, 아름답다는 생각이 없어지고 매사 흥이 없어져 기(氣)가 빠진 인간이 돼버리니 제발 기죽지 말고 사는 날까지 당당해야 한다. 좋은 사람 만나 좋은 말 나누고, 따뜻한 사람 만나 따뜻한 정 나누면 그게 잘 사는 거 아니겠는가!!

여자가 남자보다 더 오래 사는 이유가 감성이 뛰어나 우아하고 싶다는 차분함이 더 많기 때문이지! 곱게 늙는 여인은 머리

엔 하얀 서리가 내려있지만, 그 모습이 어진 현모양처로 은은
하게 참 아름다워 보임은 축복의 모습이지.

　노년 인생을 보람 있게 산다는 것은 대단한 일이라네. 노년의
행복을 남에게 빼앗기지 말고, 비록 늙어도 내 인생을 내 뜻대
로 살아가야지! 세상사는 순리를 거스르지 말고 원숙한 마음 그
대로 즐기는 지혜로운 노정이야말로 어스름한 호수에 비친 달
무리가 찰랑이듯 곱게 늙은 당신의 황혼길 여운이 될 것이다.
　실상, 그런 세월이 늘 당신 곁에 머물러 있는 것 같지만, 어느
날 뒤돌아보니 모두가 내 곁을 떠나버려 지금은 90줄에 들어서
니 허전한 생각뿐, 사랑할 수 있을 때 미루지 마시고 하루하루
를 마지막 날처럼 만끽하며, 아직 내 곁에 있는 사람들이 그 얼
마나 소중한 사람인지를 깨달아야 한다. 잃고 나서야 후회하지
말고 오늘이 마지막 날처럼 정말 한결같이 따뜻이 대하자. 세
상에서 가장 값진 것은 사랑을 나눌 줄 알고, 베풀 줄 아는 넉
넉한 마음에서 온다 하지 않는가?
　가끔 생각나는 것은 먹을 걸 앞에 두고도 이가 없어 못 먹는
딱한 분들이나, 그보다 더 딱한 것은 자기 짝을 두고도 정(情)
없이 떨어져 사는 그런 사람이 더 안쓰럽다네.
　한겨울 추운 날 보내고 난 뒤 꽃피는 춘삼월에 남은 친구라도
있으면 봄 향내 함께 맡으러 나서자고 불러내 보소. 저마다 사
는 게 다르겠지만 그래도 더하기 빼기를 잘하는 사람은 좋은

생각을 더하기에 복이 자기에게 되돌아온다는 것을 안다네.

인덕이나 인복은 내가 별로 잘난 것도 없지만 주변에서 기억해 주는 그런 사람이 많을 때 당신은 행복함을 느낄 줄 알아야 한다네. 그러기 위해서라도 알게 모르게 남에게 먼저 표 내지 말고 베풀 때 돌아오는 후덕이 많다네. 세상을 바르게 사는 사람은 더하기만 잘하는 것이 아니고 빼기도 잘하는 사람으로 이웃을 먼저 생각하며 나누어주기를 잘하는 사람이지! 그게 세상사 모두가 더불어 사는 모습이니까!

그리고 꼭 남겨야 할 말은 늘 하루하루를 감사하며 살아가자고.

아침에 일어나선 무조건 감사하고, 죽은 듯 잠들었던 이 몸이 이렇게 다시 눈을 떠 살아있으니 감사하고, 밥상을 앞에 놓고 또 한 번 감사하고, 건강한 나의 육신으로 직접 식탁에서 수저로 맛있는 식사를 할 수 있으니 그게 감사한 일이지.

인간에게 가장 중요한 거라면 아무래도 돌이킬 수 없는 시간이라 늙어 봐야 시간의 가치를 알게 되듯 늙어갈수록 시간을 잘 음미하란 말일세. 가령 내가 가는 그 길이 제대로 잘 가고 있는가를 스스로 점검해 볼 필요가 있다네. 그리하여 멋진 오늘을 위해 최선을 다해야 한다네.

나와 아내는 70줄에 들어서부터는 아침 식탁을 임금님 밥상처럼 맛있게 먹고, 낮엔 과일종류로 적당히 넘기고 저녁은 되도록 일주일에 한두 차례 배를 비워서 뒷날 아침이면 변이 바나나 색깔로 상쾌한 아침의 몸놀림을 맞는다네. 그런 후 아침 산행을 아직껏 두 발로 걸을 수 있어 감사하고, 아직도 건강이 있어 당신과 대화를 나누며 웃을 수 있어 감사한다네. 그건 다 내가 지금 살아서 숨을 잘 쉬고 있기 때문이며 대자연에 순응하며 살아있는 기적에 감사이고. 고마움이고. 사랑이며, 우리 인생이 만남이 있으니 헤어짐도 있듯 언젠가는 자연으로 돌아갈 우리 몸이라 사는 게 다 무상(無常)하듯 구름처럼 흐르고 흘러서 가다 어느 날 흙으로 돌아갈 우리가 어느 시점에 머물지? 연연하지 않기로 우린 다짐했다네. 진정으로 세상구경 잘했으니 말일세!!!

30. 80줄 인생이면 덤으로 사는 행운이다
늙음은 자연의 섭리(攝理)

  필자가 서울 박석고개 넘어 벽제화장장에서 한 줌의 선친 재를 받아들고 나와 잘 가시라며 하늘에 흩날려 뿌렸던 작별의 순간이 어제같이 눈에 선한데 내 인생도 세월이 흐르고 흘러 그날이 다가온 느낌이 든다. 마치 박목월 시에 "너도 가고 나도 가야지"라는 삶의 넋두리를 푸념같이 불러보는 그 가곡의 의미와 먼저 간 동갑내기 최희준의 '인생은 나그네길' 어디서 왔다 어디로 가는가? 노래 가사를 새삼스럽게 음미해 보는 날이다. 우리 인생이 한세상을 살아오며 중요한 게 있다면, 내게 주어진 분복(分福)을 얼마나 잘 소화하고, 나이에 걸맞도록 살아온 여운(a lingering sound)을 남겼느냐이다.

결국, 살아온 날들이 허탈한 날들이지만, 화내도 하루, 웃어도 하루, 어차피 똑같은 24시간이라면 불평 대신 감사하고, 부정한 생각 갖지 말고, 절망 대신 희망과 긍정, 우울함 대신 햇볕 나는 날들로 바꿔 살아간다면 더 좋지 않을까 싶다.

우리 인간들이 이 세상에 태어나 온갖 아픔과 슬픔, 보람과 우정, 사랑 같은 거 다 겪어오는 동안 아직도 남은 것이 있다면 마음을 잘 비우는 일이 더 우선이다. 매사 하고 싶거나 갖고 싶은 거 많아도 욕심 부리지 않는 차분한 마음이 중요하다.

요 최근 70대 후반의 한 부부가 폐암과 위암을 조기 발견하여 수술로 완치된 후 건강하게 살아가던 어느 날 가진 재산 80억 원을 서울대 의대에 기부했던 분이 그것도 표 내지 않고 익명으로 기부해 우리들 가슴에 여운을 남겼다.

그같이 나이가 짙어 가는 늙음이란 하늘의 뜻이고 섭리이기에 노년의 삶을 축제의 마음으로 나날을 받아들여 매사를 지족상락(知足常樂)하는 소박한 마음의 부자가 돼야 한다. 그러려면 부질없는 아집(我執), 욕망(慾望), 탐욕(貪慾) 같은 거 다 버리는 일이 급선무이다. 지금의 평안에 만족하고 즐기며 사랑의 눈으로 세상을 바라보며 소박하게 만족하며 없는 것에 연연(戀

戀)치 말고 현재에 만족하고 감사하게 살아가야 한다.

80줄에 들어서면 노인들에게 예외 없이 무서운 적은 무료(無聊)함이다. 그럴 땐 우선 쥐뿔도 아닌 자존심 같은 거 다 버려야 한다. 가장 무서운 적이 우울증이니 무료함을 오래 가지면 병이 되므로 주위를 정리하고 가까운 곳들에 하루 반나절이라도 길을 나서보시라. 집에만 앉아 있는 꽁생원이 되지 말아야 한다. 각종 통계자료에 의하면 노인들 70% 이상이 밖에 나가기 싫어 하루 종일 TV 앞에서 벗어나지 못한다. TV가 노인들에게는 '바보를 만드는 암상자'라고 한다. 나중에는 운동부족, 근력부족으로 영영 걷지 못하게 된다. 또 자력으로 자기 머리를 쓰지 않기에 몸과 함께 정신도 병들어 간다.

자신의 생각만 바꾸면 긍정적인 방법이 떠오른다. 가령 자신이 선호하는 취미생활이나 복지관들에 가서 회원으로 등록해 교육프로그램이나 걷기운동 등을 할 수 있는 요령이 생긴다. 그중에서도 걷기운동은 필수로 가장 쉬운 일이다.

그리고 뇌의 활력을 돕는 일상의 독서공부나 글쓰기나 취미생활 등 뇌에 생기를 불어넣어 주고, 가능하면 컴퓨터와도 친해져라. 이메일이나 검색창을 열어보면 의문스러운 것들에 대해 쉽게 답을 제공해 준다. 블로그는 물론, 온라인 쇼핑과 인터넷 뱅킹도 할 수 있다. 필자의 경우는 글 쓰다 피로할 때면 인터넷 넷마블 바둑게임(아마 5단)을 자주 즐긴다. 신앙생활이 늦은 말년에 제일가는 축복의 길이다. 조용한 음악 감상이나 악기를 택해서 배울 수도 있고, 화초나 텃밭을 만들어 시간을 보내는 방법도 건강에 도움을 준다.

관건은 하나, 절대 우두커니 앉아 있거나 무료함이 생겨나지 않도록 하는 것이 중요하다. 노인들에게 가장 무서운 적이 무료함이다. 서양 격언에 "늙는 것을 걱정하지 말라. 녹스는 것을 걱정하라."고 했다. 하루하루를 감사하게 살아갈 때 100세가 보장된다.

31. 말투가 바뀌면 운명도 바뀐다
말 중에 가장 좋은 말은 "감사"다

인간이 생각하는 영향력이란 참으로 엄청나게 크다. 그래서 내가 했던 말의 95%가 다시 나에게로 돌아온다는 사실이다.

그같이 자신의 말버릇을 고치면 운명도 변하고, 말투를 고치면 인생도 바뀐다. 죽겠다는 소리를 자주하면 죽을 일만 생기고 "아이고 죽겠네."라고 습관적으로 입에 달고 사는 사람치고 편한 사람을 보기 어렵다. 내가 생각하고 무심코 던지는 말의 영향력이란 엄청나다.

성공은 습관이다(Success is a habit)란 말같이 습관의 중요성이야말로 대단하다. 그냥 말해도 될 일을 말속에 욕(辱)을 양념으로 가미시키면, 처음에는 그냥 하는 행위가 되지만, 나중에는 그 습관이 자기를 만들어 간다. 같은 말이라도 좋은 말을 쓰는 습관의 사람과 나쁜 말을 쓰는 사람의 차는 엄청난 인격을 나타낸다.

품성이란 하루아침에 형성되는 게 아니라 자신이 쓰는 입놀림에 따라 달라진다. 가령 부부끼리도 우리 서로 존경어로 말하자며 행동에 옮긴 사람과 그에 반해 아무렇게나 상대를 얕잡아 너, 나, 이래, 저래, 왜 그래? 그래 해봐? 왜? 등등 저질의 언어가 결국 가정 파탄으로 가고 만다. 그 언어행위 차란 참으로 커 말투가 바뀌면 운명도 바뀐다.

성품이란 어진 습관들의 복합체이기에 좋은 습관들이 쌓여 비로소 운명마저 바뀐다. 습관과 버릇은 분명한 차가 있다. 습관은 좋은 말, 좋은 생각, 좋은 마음을 갖고 살아가려는 실천이지만, 버릇은 유전적인 면이 커 나쁜 것들을 그대로 두면 천성적 버릇으로 고정돼 자손들에까지 이어진다.

남에 대한 배려는 주로 말투(a tone of speech)에서 나타난다. 통명스러운 말투는 자기에게 들어온 복을 차 버린다. 평소에 자신의 입버릇 발성 연습을 하라.

가령 호수에 돌을 던지면 파장이 점점 멀리 커져가듯 운명도 그와 같다. 상대에게 존경하는 말투로 '고마워요 감사해요'를 계속했던 어떤 말기 암 환자가 한순간 암세포가 사라졌다는 실례와, 만년 꼴찌 학생에게 "잘할 수 있어" 칭찬교육을 계속시켰더니 우등생이 되었고, 10년간 적자로 허덕이던 기업이 직원들 상호간의 덕담 훈련으로 위기를 넘겼다는 예들이 많고 많다.

참고로 잠이 많았던 필자의 경우 목표했던 글쓰기를 남이 자는 한밤중에 3시간만 하자는 마음 작정의 실천이 적중해 15년이 넘도록 지금껏 습관을 길렀더니 그게 오늘날 많은 책을 출간하는 목표를 달성할 수 있었다. 이혼 부부 150쌍에게 언어 고침 습관을 교정시킨 결과 놀랍게도 146쌍이 다시 결합해 행복하게 사는 게 실 증거다. 서로 존경하는 말, 좋은 습관, 공경하는 말씨의 태도는 자신을 좋은 방향으로 유도하는 성공의 지름길로 이혼이란 말 자체를 사라지게 만들었다.

좋은 말을 하다가도 어느 날 나쁜 말 한마디로 인연이 끊기는 도로아미타불인 경우는 우리 생활주변에서 흔한 일이다. 바른 처신이란 바른 언어 구사에 따라 바뀌어진다. 세상 이치와 순리를 저버리면 언젠가는 실패의 수렁에 빠지게 마련이다.

세 치 혓바닥을 조심하라. 첫째 더러운 말을 입 밖에 내지 않는다. 둘째 덕(德)이 되는 선한 말 쓰기, 셋째 듣는 사람에게 감사 은혜가 되는 말의 훈련이다. 말투를 바꾸면 당신의 운명도 바뀐다는 사실을 명심하시라.

가령 일본인은 어딜 가나 어디서나 자신이 잘못한 일도 없는데 상대에게 먼저 "스미마센(죄송하다)"이란 말을 달고 산다. 심지어는 자기 자식에게까지도 존경어를 쓴다.

우리나라 언어는 세계 공용어로 발탁될 정도로 자랑스러운 언어라 욕지거리만 빼고, 덕담을 가급적 많이 구사하는 요령도 배워 쓰면 세계에서 가장 으뜸의 언어가 될 것이 분명하다. 부부간에도 존경어를 써야 가정도 사회도 평화스러워질 것이다. 덕담도 아주 많이 쌓이면, 세계 으뜸으로 한국인이 존경받을 것이다. 항상 상대를 존경하는 자세와 어진 말솜씨를 잘 구사할 때 당신의 처신술은 만점을 받을 것이다.

우리 인간은 오늘 이 시간 이 순간 내가 살아있음에 감사해 보라. 그리고 감사한 눈으로 세상을 바라보라. 그러면 자연스럽게 감사로 삶이 물들여지게 되고 자신이 칭찬한 일들로 인생에서 가장 멋들어진 선택이었다고 자부할 것이다. 감사는 우리 말 중에서 제일 좋은 보약의 언어 표현이다. 감사하다는 말을 달고 살자. 아침 눈뜨자마자 감사합니다라고 말하면 말속에 당신의 정의감을 실어주는 힘의 마력이 생겨난다. 오늘 내가 어떤 일을 하든, 어려운 곤경에 처하든 무조건 감사해 보라. 자기 스스로를 칭찬할 때 위기에서 다시 감사의 길로 돌아설 것이다.

내가 이 세상에 태어나 내 이름값을 하고 가야 한다. 자손에게 천추의 누가 되는 이름을 남기지 말아야 한다. 가령 정치판 국회의원들의 저질 언어 구사는 집안 후대에까지 씻을 수 없는 오점으로 남을 것이다.

어려운 고비를 넘기며 수고했어, 잘 견뎠어, 대견하다고 칭찬해 주라. 당신은 충분히 할 수 있어라고 하면 부정에서 긍정으로 전환되며 감사함을 발견하게 되고 그 위치에 선 당신은 벌써 우대받는 사람이 돼 있을 것이다. 어디서나 누구 앞에서나 욕지거리나 거짓말이나 천추에 자손에까지 누를 남기는 말은 말고, 배려와 사랑과 감사로 덕담을 많이 해주며 상대방의 기를 살려주는 격려의 멋진 당신의 처세술이 존경받을 것이다. 말투가 바뀌면 당신의 운명도 반드시 바뀔 것이니까.

32. 최선을 다하는 오늘의 삶

중국 남북조시대 남사(南史)에 보면, 송계아(宋季雅)라는 고위관리가 정년퇴직에 대비하여 자신이 노후에 살집을 보러 다닌 이야기다.

그는 천백만금을 주고 여승진(呂僧診)이란 사람의 이웃집을 사서 이사를 했다. 백만금밖에 안 되는 그 집을 천만금이나 주고 샀다는 말에 여승진이 그 이유를 물었는데 송계아의 대답은 간단했다.

백만매댁(百萬買宅)이요, 천만매린(千萬買隣)이라 백만금을 집값으로 지불하였고, 천만금은 당신과 이웃이 되기 위한 프리미엄으로 지불한 것이다. 그건 좋은 이웃과 함께하려고 집값의 10배를 더 지불한 송계아에게 여승진이 감동하지 않을 수 없었다.

예로부터 좋은 이웃, 좋은 친구와 함께 산다는 것은 인생에 있어서 무엇보다도 가장 행복한 일로 여겼다.

화향백리(花香百里)라고 꽃의 향기가 백리 가고, 술의 향기는 천리를 간다지만, 인간의 향내는 만리(萬里)를 가고도 남는다고 한다. 그같이 좋은 사람과의 인연은 가장 소중하고 또 오래가기 때문이다. 당신도 그런 사람과 이웃되시길 기원한다.

험하고 믿을 수 없는 인생살이에서 진짜 중요한 것은 사회적인 지위가 아니라 삶을 어떤 사람들과 좋은 유대를 맺고 살아가느냐가 중요하다. 다시 말해 무엇을 가졌는가가 아니고 남에게 얼마나 베푸느냐인 것이며, 그런 좋은 사람과 이웃하며 친구나 친지를 두었느냐가 인생의 값진 나날이 될 것이다.

참으로 한세상을 살아가는 동안 "만남"같이 중요한 건 없다. 만남이란 남과 남이 만나 내가 가진 것과 당신이 가진 것을 더하면 그게 참 만남이고, 내가 가진 것에 당신이 가진 것을 빼면 "그리움"이 될 것이며, 내가 가진 것과 당신이 가진 것을 곱하면 그게 "행복"이 되고, 또 내가 가진 것에 가진 것을 더하고, 빼고, 곱하고, 나누어도 '하나' 남는 것 그것은 바로 "사랑"이다.

"사랑"은 살아가면서 가장 따뜻하고 믿음직한 인간관계이며, 한 사람이 다른 사람을 아끼고 서로 염려해 주는 관계로 발전시켜 주는 둘만의 유대다. 당신이 건강하려면 제일 먼저 나쁜 생각은 머리에서 지우고 좋은 생각만을 가슴에 새기시라. 돈의 노예가 되지 말고, 자유로운 인간이 되라.

필자의 경우를 한번 기억해 본다. 이민 가 이민알선 업자에게 전액 사기를 당해 오갈 데 없이 앞이 캄캄해 죽음의 약봉지만 보였지만, 거기에서 해방되며 마음 비우고 낚시를 시작, 남태평양 한바다에 나가 매일 넓은 창파 먼 바다를 바라보며 이렇게 좋은 세상인데 내가 왜 죽어 살아야지 했지만, 그 생각이 며칠을 못 갔다. 그 이유를 솔직히 말해 보면 나에게 딸린 아내와 자식들 때문이었다. 이후 마음을 다잡고 살아야겠다고 마음먹으니 못할 것이 없다는 걸 알았다.

그런 이후 고국 땅에 뼈라도 묻으려는 각오로 귀국했지만, 나를 반겨줄 곳은 한 곳도 없었다. 돈 없으면 거지 취급당하는 곳이 한국 사회다. 말 그대로 처음 4개월은 산지옥이 따로 없었다. 우선 살 거처를 찾아 전국을 헤집고 다니던 어느 날 전라도 해남 땅 끝까지 갔다가 다시 순천 쪽을 가던 도중 옆자리에 앉은 분의 말에 귀가 쫑긋하여 무작정 내린 곳이 '강진'이었다. 마침 당시 군수(황주홍)이시던 분의 도움으로 거처를 마련, 남은 여생 신앙생활로 건강한 나날을 살아가게 됨은 하나님의 은혜이다.

가정의 행복은 기둥인 가장이 좋은 남편, 좋은 아버지, 좋은 할아버지로 모범된 행동을 보여주는 넓은 아량의 자세가 무엇보다 중요하다. 아침에 눈을 뜨면 가족 간에 잘 잤어요. 안녕히 주무셨나요. 가족의 웃는 인사에서 하루를 시작하면 남과도 좋은 관계의 하루가 될 것이다. 미래를 위해 작은 돈이지만, 아껴 저금통에 넣어뒀다가 은행에 넣어두면 그게 참 쓰일 때가 많다. 적은 돈일수록 절약하는 정신이 돈 모으는 좋은 비결이다. 하루를 기쁜 날로 만들려는 사람은 행복의 주인공이 되고, 나중에라고 미루는 사람치고 좋은 기회를 놓치는 불행의 하수인이 된다.

지금 당신 앞에 만나는 사람은 참으로 중요한 인연이다. 함부로 대하지 말고, 한마디라도 정중하게 나누고 믿음을 잘 유지하는 것이 참 중요하다. 내가 먼저 상대에게 베풀고 나면 마음에 부담이 없고 흐뭇하다. 만남의 장소에서 돈이 적고 많음을 가리지 말고 먼저 베푸는 정신은 당신의 처신을 더욱 값지게 해 줄 것이다. 먼저 준 다음에는 기억을 버리고 생각 마라. 그건 상대에 덕을 심어 둔 훌륭한 자산이다. 살아계신 부모님이 계시다면 온 정성을 다해 효도하라. 그게 일생일대에 가장 큰 덕 쌓는 길이다. 못생긴 굽은 나무가 오래도록 선산을 지키듯 배우지 못하고 가난한 자식일수록 가장 오래도록 부모 곁에 남아 효를 다하는 효자 자식임을 알게 될 것이다.

진정으로 내 삶이 힘들 때 당신의 마음을 깊이 보듬어 주고 이해하며 함께 울어주는 그런 참된 친구 셋만 있다면 당신은 이 세상에서 가장 축복 받은 사람이다. 거센 물줄기를 타고 올라갈 줄 아는 당신(즉 그런 큰 시련의 한계를 겪어 본 사람)은 언젠가는 반드시 성공이란 영광의 반석 위에 설 것이다. 거센

회오리바람이나 험악한 삼각파도에 주저앉지 마시고 당당히 일어서는 당신이 되라.

가난하지만 마음이 부자인 사람은 행복의 주인공이 될 수 있지만, 부자라도 돈만 쫓아다니며 돈의 노예가 되는 불행한 인간은 말로가 불쌍하다. 재산이 많다 해도 죽어 가져갈 방도는 전혀 없다. 부자들은 그 사실을 필히 명심해야 한다. 그리고 세상에 독불장군이란 없다. 남을 배려하는 삶을 살며 나보다 더 어려운 사람을 먼저 도우라. 그런 덕을 쌓은 뒤 절대 자랑치 말고 꽁꽁 숨겨두면 훗날 후손에게 큰 값진 열매가 주렁주렁 맺어질 것이다. 그러면 하나님이 다 아시고 지켜주시리라 확신한다.

33. 이 세상에 머물 시간은 너무 짧다

하나님의 섭리로 만들어진 이 세상은 무한히 넓고 너무너무 아름답다.

세상이 열리는 여명(daybreak)의 아침, 산 위에 올라앉아 아득히 모습을 감추는 배를 바라보고, 밤이면 달이 뜨니 뭇별들이 드넓은 하늘을 온통 은하수로 가득히 수놓으며 반짝이고, 하루도 쉬지 않고 이글거리던 태양도 하루의 일과를 다 마치고 산과 바다로 빠지는 저 붉은 낙조(the glow of the setting sun)의 장엄한 모습을 바라보며 지구가 둥글다는 사실을 깨달으며 하나님의 섭리와 우주 자연의 질서에 놀란다.

그러나 우리 인간들은 우리가 살아가는 지구덩어리를 너무 오염시키고 있다. 최근 2025년 4월 중동 아랍에미리트 두바이에 75년 만에 난데없는 폭우로 공항까지 마비돼 버렸다고 한다. 하나님이 만든 세상을 인간의 대기오염이 이미 한계선을 넘어섰다.

인간의 몸속에는 수백억 개의 세포와 혈관이 지구 두 바퀴 반을 돈다는데 자기 위치에서 질서 있게 기능을 다하고 있다. 그런 우리는 대자연의 신비로운 조화에 감탄하며 광대무변(廣大無邊)한 대우주야말로 진리의 바다이며 무한한 하나님의 자애로운 은혜로 충만함을 깨닫게 한다.

봄이면 수많은 꽃을 피게 하고, 가을이면 낙엽 되어 흩날리고, 겨울이면 하얀 눈이 하늘에서 펑펑 쏟아지는 대자연의 4계절의 순환법칙 속에 나 한 존재가 살아가며 그저 감탄할 뿐이다. 이런 우주의 오묘한 질서 속에서 해바라기도 태양을 향해 피고 지며 나무의 잎과 뿌리까지도 물과 태양을 향해 매달려 있듯, 모든 존재가 자연법칙에서만이 가능하다. 바다의 조개나 굴(石花) 또한 만조시각(음력 8일과 23일 조금)에 맞춰 입을 벌려 하품하는 순간 작은 모래 알맹이가 들어가 아픔을 감쌀 때 거기서 영롱한 진주가 탄생한다. 필자가 이민 갔던 곳 FIJI에서 경비행기로 3시간 거리에 있는 타이티 섬나라는 해수 온도가 흑진주 양식에 가장 적합하여 일본인들이 그곳에서 흑진주를 양식하는데 세계 생산량의 65%를 차지한다고 한다. 필자도 직접 답사해 본 적이 있다.

  이 지구상에는 살기 좋고 경치 좋은 곳이 끝없이 널려 있다. 돈 많은 부호들은 이 멋진 세상에서 하루하루 가는 것을 아쉬워하며 죽기 싫어 몸부림친다. 또 산악인이나 여행으로 일생을 즐기는 그런 사람들이나, 직업에 귀천을 가리지 않고 살아가는 그런 사람들도 이젠 해외여행에 눈을 떠 이민해 살러 가거나 여행하는 사람이 수백만 명에 달한다.

  프랑스 작가 알베르 카뮈(1913~1960년)는 유명한 말을 남겼다. "눈물 나도록 살아라."(Live to the point of tears)라며 하루하루 최선을 다하라고 했다. 오늘 최선을 다하는 것이 그 얼마나 소중한 것인가를 아는 사람은 진정으로 감사할 줄 알며 내 주위를 사랑하며 살아가기 마련이다. 내일이 어찌될지 알 수 없기에 오늘을 위해 눈물 나도록 열심히 살아야 한다.

  필자가 무역업을 할 당시 일본 중국과 동남아 등지 10개국 이상을 다녔고, 마지막 적도구역 FIJI에서 이민생활을 하다가 다시 고국 땅에 돌아와 노년을 즐기고 있다.

  FIJI는 사철이 여름이라 야자수, 코코넛, 망고, 파파야, 파인애플, 바나나, 빵나무 등 풍부한 열대식물들이 하늘을 찌를 듯 바람에 흩날리는 천혜의 관광지에 부호들이 줄지어 찾아오고, 또 늙어가는 인생이 아쉬워 노년을 즐기려고 부부가 함께 손잡고 걸어가는 모습을 보면서 이 지상천국에서 살아가는 의미를 실감케 한다.

수십억 원 가는 호화요트로 오대양육대주를 누비며 생의 마지막을 즐기는 이들이 필자가 거주했던 FIJI 요트정박지 싱가토카 "퍼스트랜딩"이란 곳을 찾는다. 유럽인들이 주로 오는데 대부분은 젊을 때 열심히 돈을 모아 마지막 여행으로 인생을 마감하는 것이 꿈이라고 했다. 만일, 내 인생이 시한부 선고를 받고 있다면, 이승을 떠나고 싶지 않아 얼마나 몸부림칠까? 필자의 선친께서는 오랫동안 류머티즘 관절염으로 10여 년을 고통 받으시던 임종 사흘 전 안락사를 시켜 달라시던 그 탄식을 아직도 생생히 기억한다. 그때를 못 잊어 남긴 필자의 시 한수를 적어본다.

"님의 영전(靈前)

이 애도의 밤에 살아 떨어지는 것은 오직 눈물뿐입니다./헌 옷가지 고리타분한 내 육신이/산 같은 대죄(大罪)로 엎디어/깊고 진한 눈물을 흘립니다.//

내 부실한 현실에 하필이면 부음(訃音)이 전해졌는지?/아니면 뼈마디마디 고통을 못 이겨 안락사를 바랐던/ 사흘 뒤 말날 소시 택일하여 가신 당신/ 박석고개 너머로 넘어가신 먼 아득한 바다/하늘빛으로 살아남은 당신/ 날마다 불러도 찾아도 울어도 올 수 없는 당신// 전생에 허무한 모습만이 남았다 헤어진 인연이야 가히 없지만/ 불효자는 현고학생부군 경주이씨 재혁(在爀)님의 영전에 끝없는 한이 되

어/ 향불을 피웁니다.//

　이 세상 창조주께서는 셀 수도 없는 많은 꽃을 키우시고, 성장시켜 주며 또 그 모양과 향기, 쓴맛, 단맛을 가려준다. 다만 인간은 그 맛과 색상을 보며 감탄할 뿐이다. 이런 좋은 세상에 살게 하여 주신 하나님의 사업에 우리 인간은 꼽사리 끼어 봉사한 것에 지나니 않는다. 다만, 하나님의 뜻에 따라 바르게 따르고, 살아가고자 노력하는 종(a slave)일 뿐이다.

　사람에겐 밤낮이 있지만, 태양에는 밤낮이 없다. 태곳적부터 지금까지 이글거리고 있다. 비가 억수로 퍼붓는 날, 하늘이 흐리다고 여기지만, 태양에는 한 점의 구름도 없다. 구름은 지구 표면에 있는 것에 지나지 않는다. 비행기를 타고 하늘을 날아갈 때 발아래 끝없이 구름이 펼쳐져 있다. 멀리 태양은 찬란하게 빛나고 그 빛은 장관이다. 그러나 지상에는 비가 오는 때도 있다.

　대자연은 공평하다. 이 세상 창조주 앞에서는 누구나 차별 없는 은혜를 받을 수 있지만, 나쁜 씨앗은 나쁜 대로 돋아날 뿐이다. 아무리 극악한 살인범이라 해도 형장으로 끌려가는 그 순간에는 가장 선한 인간으로 바뀐다고 한다. 우리가 살아가며 살생이나 자연의 이치를 짓밟는 짓만은 말아야 하고, 순리에 따라 살아가야 한다. 마지막 우리인생이 너무나 짧고 허무하다는 사실이다(Life is but an empty dream). 잠깐 쉬어가는 이승이 너무 짧은 인생길이라서 끝없는 유랑객 같은 신세로 비유한다.

두 번 다시 돌아올 수 없는 이 순간을 소중히 여기며 살아가야 하는 우리네 인생. 내가 살아있는 동안 남에게 원한 사지 말고, 좋은 일 많이 하며 편안하게 눈을 감을 수 있어야 한다. 천국과 지옥은 우리 가까운 곳에 언제나 함께하고 있다는 사실이다.

34. 인생길엔 정답이 없다

인생길을 살다 보면 비 오는 날도, 구름 낀 날도, 갠 날도 있게 마련이다.

오늘 내 몸에 안긴 갈바람도 내일이면 또 다른 바람 되어 오늘의 나를 외면하며 스쳐갈 것이고, 지금 나의 머리 위에 두둥실 떠가는 저 구름도 내일이면 또 다른 구름 되어 나를 반기거나 그냥 무심하게 떠나갈 것이다.

인생길에 무슨 정답이 꼭 있을까? 없다. 그것은 저마다의 흔적을 남겨둔 판도라상자들을 간직한 채 저 구름같이 무심히 스쳐가는 추억들의 기억들을 담아놓은 날들인 저장고일 뿐이다. 그 깊고 깊은 사연들이 저마다 스크린처럼 지울 수 없는 흔적들로 희비를 되뇌어 보는 파노라마 인생에 울고 웃을 뿐, 누가 당신의 역사를 묻거든 한마디로 일장춘몽(an empty dream)

이었다고 말할 것이다.

당신이나 나나 한 번 왔다 가는 인생길은 되돌릴 수 없는 바람이고, 구름이고 세찬 칼바람이었다고 말하리라. 결국 우리가 사는 인생사 모두가 잡을 수 없는 뜬구름 같은 한 찰나였기에 결국 인생길엔 정답이 없다는 사실을 알게 됐다.

삶의 길 위에서 누구나 성실하고 바른 삶을 엮으려고 노력하지만, 때론 자신의 생각과 동떨어질 때가 많다. 죄 많은 인간이라 회개의 길에서 자신에게 쌓인 먼지를 매일같이 털어야 한다. 그것은 자연의 바른 순리로 인간이 지닌 양심의 뉘우침인 삶이다.

그러나 세상을 흔들림 없이 살고자 하지만, 때로는 서로 미워하고, 질투하면서 자신도 모르는 과욕으로 악업을 쌓으며 살아가게 된다.

그러나 오늘을 사랑하는 것은 아름다운 내일로 가는 길목이 된다. 비록 고달프다 하더라도 결코 주눅 들지 말고 오늘을 사랑하라. 짧은 인생길 시간을 낭비하지 말고 늘 새로운 모습으로 세상을 바라보라. 오늘은 누구에게나 공평한 "오늘"이다. 자신의 삶을 사랑하라. 행복의 기준이란 특별한 게 아니라 아무 탈 없이 하루를 잘 보내고 있으면 그게 산 증거다. 오늘의 기적을 주신 하나님이야말로 축복이고 하늘의 선물이다.

매사를 감사와 사랑의 눈으로 바라보는 삶이야말로 원망과 아픔을 넘어 당신을 기적으로 만드는 바른길이 될 것이다. 노인의 사랑은 동적인 사랑보다는 정적인 사랑이 더 중요하다. 늙은이가 마음으로 깊이 사랑하고 행복해질 수 있다는 정신은 참으로 아름다운 일이며, 즐거움의 묘약이다. 그거야말로 설렘이요, 자신을 사랑하는 기쁨이다. 그 기쁨이 용솟음치는 노년은 사랑이고, 진정한 축복이고 은혜이며, 하나님이 주시는 특별한 선물이다. 이 귀한 선물을 가는 날까지 멋진 노인으로 남아 그 심오한 경지에 다다르도록 마지막 인생 최고의 걸작품을 자신이 승화시켜야 한다.

70계단, 80계단, 90계단 층층이 흠뻑 젖은 땀방울 인생, 70줄에서 다시 여든으로, 아니면 아흔에서일까? 하늘나라에 오라는 날이 몇 계단 아직도 남았을까? 힘들게 걸어온 길 당신이나 나나 이제 덤으로 살아온 날을 하나님께 무릎 꿇어 그 은혜의 감사를 만끽해 보면서 잠시 쉬어가는 찰나에 까마득한 지난날을 되돌아보자.

빈곤의 어린 시절, 방황하던 젊은 시절도 이젠 주마등처럼 아련한데 이제 마지막 종착지에서 멋들어지게 장식해야 한다.

아직도 할 일이 가득해 미완성인 공부가 산더미처럼 쌓여 있다. 그러나 조급한 마음 버리고 최선을 다해 종지부를 찍어야 한다. 필자와 동갑내기로 서울대 국문학과 출신의 이어령 교수가 암 선고를 받고 했던 말이 기억난다. "어쩌다 아직도 글 쓸

게 그리도 많이 남았는데 쓰고 싶은 글을 쓰고 죽어야지. 글 쓰는 사람이니 죽음이 다가오더라도 죽음을 글로 쓸 수 있어 행복하다." 그 말을 필자도 엇비슷해 공감을 느낀다. 과거 대장암 악성 3기와 장 중첩수술 등, 배를 5번이나 째며 생사를 오갔던 때의 나와 이 교수는 진배없는 처지라는 운명임이 동시에 느껴진다.

삶이 그러하듯 남은 생애 동안 꼭 찾아야 하고 꼭 만나보고 싶어지는 그런 애절한 분들이 아직도 남아 있어 몸이 허락한다면 아내와 서둘러 길을 떠날 채비를 해 본다. 그런 많은 분들과 이승에서 살아가며 잊을 수 없는 추억을 한 번 더, 고향 같은 포근한 정을 심어두고 떠나면 얼마나 행복할까 싶다.

제 2 부
인생이란 시련(試鍊)의 연속이다

1. 그치지 않는 비는 없다

유난히도 2021~22년 우직한 소띠해의 마지막 동장군이 기승을 부리던 두 해였다.

송년을 앞두고 추위가 전국을 강타하며 눈보라와 매서운 추위가 영하 15~20도를 오르내리며 온몸이 꽁꽁 얼어붙고 있었다. 다사다난했던 그 두 해를 접으며 코로나의 엄청난 어려움을 겪으면서 많은 고통을 당해야 했던 자영업자나 소상공인 그리고 종교인이나 직장, 학생들에 이르기까지 세계가 온통 하늘길조차 끊긴 엄청난 수난을 근 3년여 견뎌오면서도 끊이질 않던 변이 바이러스로까지 확장되며 전 세계에서 수백만 명이 죽어가 그 수를 헤아릴 수조차 없었다.

필자의 어린 시절에 듣기로 1348년 여름 피렌체에서 발생한 흑사병이 당시 유럽인구 약 1억 명 가운데 25%인 2500만 명의 목숨을 앗아가, 인간의 무력함을 보여줘 흑사병이야말로 공포 그 자체의 바이러스였다고 했다. 한마디로 흑사병으로 중세 봉건제도가 무너지고, 신(神) 중심에서 사람 중심으로 패러다임이 바뀌던 때이다. 따라서 이때 르네상스가 태동하며 동시에 코페르니쿠스와 갈릴레이 같은 과학자들이 우주를 바라보는 근원적 시각 자체를 바꿔 놓았다.

이후 1918년 초여름의 기록에 의하면, 당시 프랑스에 주둔하던 미군 병영에서 독감환자가 나타나면서 사망자가 나타나기 시작하더니 그 스페인독감이 급속도로 옮겨지면서 30일 만에 2만 4000명의 미군이 독감으로 죽어갔고, 이어 50여 만 명의 미국 시민이 사망했다.

1919년 봄엔 영국에서만 15만 명이 목숨을 잃었고, 이후 2년 동안 전 세계에서 스페인독감에 700만 명이 감염되고 그 가운데 14만 명이 사망했다는 기록이 남아 있다. 이런 바이러스는 끝없이 변이되었다는 사실이다.

과연, 현대과학이 이런 바이러스를 극복할 수 있을 것인가? 이 질문은 아직까지도 의문스러운 과제로 남아 있지만, 인간이 생존하는 한 영원히 극복할 수 없을 것이란 답이다. 그러나 이 세상은 날로 변하고 어려웠던 날들은 다 지나간다. 결국, 그치지 않는 비는 없기 때문이다.

그러나 세상은 날로 크게 달라질 것이다. 설령, 코로나 전염병상태가 크게 진정된다고 해도 인류가 출현하기 전부터 존재했던 전염병은 인간의 운명과 함께할 것이며, 앞으로도 인간에 영향을 미치는 변수이자 결정 요인으로 작용할 것이다.

그러나 세상도 늘 지나가면서 다시 열리며 변하고 있다. 그래서 이젠 캄캄한 밤에서 화창한 아침이 다시 열리듯 임인년 새해가 또다시 2022년을 맞고 2023년이 지나 2024년도 저물더니 2025년 뱀의 해를 맞았다.

세상 사람들이 사는 방식은 저마다 크게 다를 바 없다. 행복한 사람은 행복에 겨워 사는 것이고, 불행한 사람은 불행한 마음가짐에서 오는 저마다 살아가는 생각 차이일 뿐, 그 속에는 지나친 욕심과 분노와 반항심들이 깊숙하게 자리하고 있기에 세상만사를 바르게 살아가지 못한다. 그러나 우리 인간 저마다는 무엇을 하든지 사는 재미에 파묻혀 사는 것이다.

어릴 적엔 비에 젖은 채로 뛰놀던 그런 날들도 잠깐이지만, 나이 드니 작은 바람에도 한두 방울 비에도 젖을세라 몸을 사린다. 그런 늙음도 잠깐이다. 가는 시간을 잡아놓을 힘은 인간에겐 없다. 그저 가고 있구나! 라고 인식할 뿐, 그 이상도 그 이하도 아니게 우리는 하루하루를 살지만, 나이가 더 들기 전에라도 이 순간을 소중하게 살아가야 한다. 무엇을 위해 살아가야 할까? 그건 저마다의 생각이겠지만, 남을 배려하고 돕고 살아간다면 세상이 얼마나 더 밝아질까? 진정 사랑이야말로 온유한 것이기에 교만하거나 무례하지 않는 깊은 유대의 인간미로 즐거워질 수 있기 때문이다.

필자가 2020년 말에 저술한 '물처럼 바람처럼 살리라' 책 208쪽 내용 속에 일본의 유명했던 이큐 스님(우리나라 원효 스님에 버금가는)은 "걱정은 다 지나가는 바람이다."라고 설파했다. 세상살이 걱정근심이야 누구나 없을 수 없지만, 나를 힘들게 하고 때로는 삶 자체를 파괴한다. 근심걱정은 마음의 작용일 뿐 해결의 실마리는 만들 수 있는 게 아니라서 근심한다고 해결되는 것은 아니다. 걱정하지 마라. 어떻게든 된다. 치러야 할 일은 치러야 한다. 그치지 않는 비는 없다. 어쩌면 지금 걱정할 일조차도 별로 걱정할 일이 아닐지도 모른다. 다 지나고 나면 우습게 여겨지는 일로 노심초사하며 몸까지 힘들게 한다. 걱정은 피를 말린다. 그치지 않는 비는 없기에 영원할 것 같은 시련도 시간이 지난 후엔 결과가 나타나듯 비는 그치기 마련이다.

우리는 한세상을 살아가며 얽히고설키는 수많은 시련과 상처를 받지만, 그 한 해도 저물어 제야의 종소리는 어김없이 울리기 마련이고, 새해 아침이면 찬란한 여명의 해가 솟아날 것이다. 비바람을 맞지 않고 자라는 꽃과 나무는 없다. 우리 인간도 마찬가지, 살아가며 수많은 비와 바람과 태풍이 몰아치고, 모진 비바람에 가지가 꺾어지는 과정을 견디는 속에 커 가는 것이다. 그런 아픔 속에 더 곧고 단단하게 더 다져지고 성장된다. 우리는 인간이기에 곁에 누가 아플 때 따뜻이 위로로 도와가며 살아가는 공동운명체가 아니던가?

내가 쓰러져 있을 때의 아픔에서 인생은 더욱 다져지고 단단하게 단련돼 갈 것이다. 비와 바람은 지나가는 한때임을 기억하자. 그 비바람을 견디고 핀 꽃이 유난히도 아름답듯 우리네 인생도 사는 게 매번 아픈 게 아니라 아름답게 피어나는 그런 날이 더 많을 것이다. 그치지 않는 비가 없듯, 정치판이 아무리 거짓으로 요동쳐도 새 해는 또다시 떠올라 악은 선을 절대 이길 수 없다는 역사적 사실로 기록돼 후대까지 도도히 흘러가고 있기 때문이다.

2. 초심을 잃지 않는 정신

초심이란 처음 먹은 마음이며 그 초심을 잃지 않고 변함없이 전진하는 정신이다.

진정으로 싸워 이겨야 할 대상은 남이 아니라 내 자신이다. 내가 나 자신을 이기면 세상을 이길 수 있듯, 나 자신과 싸워 진다면 세상과의 싸움에도 이길 수 없다. 자기 자신이란 최고의 자산이기에 최대로 활용할 줄 알아야 한다. 모든 문제의 원인도 내 안에 있기에 그 초심의 정신인 나를 잘 다스려야 한다.

훌륭한 인물이 되려면 우선 마음먹는 일이 중요하고, 그 과업을 성취하기 위해서는 초심을 잃지 않을 것이며, 그 초심을 향해 열심히 노력 정진하는 것이요, 마지막 성공을 위해 뒷심을 발휘해 끝을 잘 맺을 일이다. 그러므로 초심 속에는 열심과 뒷심이 동행한다.

초심에는 어떤 목표가 결정되면 그 품은 마음이 변덕 부리지 않고 한길로 열심히 정진하여야 한다. 변덕을 부리는 사람에겐 초심이란 없다. 첫사랑의 마음으로 순수하고 순결하며 겸손한 자기 마음을 올곧게 지키는 마음이다. 그런 후 끝을 잘 맺기 위해 온 정성을 다 쏟아야 한다. 가장 지혜로운 삶은 영원한 그 초심의 마음이 변치 않게 잘 유지하며 이끌어 가는 한결같은 정신이다.

진정으로 우리가 무엇이 되고, 무엇을 이루었다고 생각할 그 때가 중요한데, 이만하면 되겠지 하는 자만에 겨워질 때가 위험한 순간으로 교만이 싹텄다는 증거다. 겸손하게 노력하려는 마음이 중단되지 않게 정기적으로 자신의 마음을 점검해야 하고 관찰하는 일이 절실하다. 그러기 위해서는 변함없이 초심을 관찰하고 뒤돌아볼 줄 알아야 한다.

그런 말이 있다. 사랑은 전등이 아니라 촛불과도 같다고 했다. 전등은 돌보지 않아도 되지만, 촛불은 돌보지 않으면 쉽게 꺼져 버린다. 변덕이 심하고, 약속을 밥 먹듯 어기는 그런 자는 가까이하지 말아야 한다. 약속은 곧 생명이다. 언제 어느 때 또다시 변덕을 부릴지 알 수 없다. 이런 자를 기회주의자라 하는데 필자의 경우도 그런 인간을 접촉해 본 적이 있는데 이후 다시 접촉하려 하기에 과감히 연락을 끊어 버린 일이 생각난다.

세상을 오래 살아가다 보니 한편으로 단순하게 사는 것도 행복의 지름길임을 알게 됐다. 주위에 얽히고설켰던 일들을 정리해 버리고 나니 근심걱정에 잠 못 이루던 일도 없어지고, 일상에 복잡하게 찌들던 머릿속이 텅 비듯 맑아지며 편한 느낌이 든다.

도심의 생활에서 벗어난 지도 오래되다 보니 조용한 시골에서 단순하게 산다는 것은 늘 마음이 편해져 헐렁한 바지에 캐주얼 차림으로 나들이하고 다녀도 별 부담을 느끼지 않는 마음으로 만족하며 살아가 좋다.

또한 그저 건강한 지금에 자족하며 허세 같은 거 없이 살아갈 수 있는 여유가 있어 좋다. 위를 바라보거나 사치스러운 삶을 생각할 필요도 없어 이 행복을 오래도록 이어갈 수 있다면 그 이상 바랄 게 없고, 그걸로 자족하리라. 일상의 나의 삶이 산비탈에 피어 있는 야생화 같은 소담한 행복감에 이 마음이 죽는 날까지였으면 하는 바람이다. 그러다가도 덤으로 사는 이 나이에 무서워지는 게 하나 있다면 가는 세월 앞에 항우장사가 없듯 노인들에겐 고장도 없이 가는 천적(a natural enemy)의 시간 앞에 오늘도 허탈한 마음으로 무릎을 꿇어 버린다.

유난히도 오래갔던 더위가 추석 한가위 대보름이 지났는데도 계속되더니 어느새 가을 서늘한 기운이 드는 추분을 넘기니 하늘빛이 천고마비라 한 점의 구름도 간 곳 없고 싸늘한 바람에 내 옷깃을 여민다. 오후 아내와 둘이서 향긋한 강진녹차잔속에 그윽이 녹아나면서 이야기가 먼저 가 버린 이들의 환영(a phantom)에 젖어 아픈 그리움에 잠겨 본다. 새벽 보은산길에 아내와 둘이서 7년 넘게 쌓아뒀던 돌담이 지난 태풍에 허물러져 다시 쌓기 시작하다 보니 몸이 전 같지 않음을 실감했다.

산등성이 가에 은빛 억새들이 초라하지도 않으면서 자연 그대로를 뽐내듯 나풀대고, 먼발치 마량 항구가 아침 햇살에 출렁이는 때 전어 잡이 배들이 산허리를 돌아서 간다.

올해도 어김없이 결혼한 지 63주년을 맞으며 아직은 몸이 성해 처음 신혼여행 갔던 날을 못 잊어 연초에 부산 해운대 온천장을 찾았다. 아내와 집을 떠나 보성까지 갔다가 거기서 무궁화 완행열차편에 몸을 싣고 산천을 구경하며 하동 진주 창원을 지나 부산 해운대 온천호텔에서 여장을 풀었다. 이름난 복국집에 가 까치복으로 배를 채운 뒤 다음 날 동틀 무렵 모래사장 해변을 거닐 때 하얀 물거품이 일었다 깨어진다. 아내와 손잡고 걷는데 오륙도 수평선 끝자락에서 붉게 물든 여명의 아침이 열린다. 그런 날을 뒤로하고 다시 경주까지 둘러보고 사흘 뒤 강진으로 돌아오니 많이 기다렸던 보수가 꼬리 치며 반가워 어쩔 줄을 모른다.

3. 내 몸은 내가 만드는 것이다

우리 인간의 몸은 자기 자신이 만드는 것임을 알게 됐다. 그 이유는 이 세상 섭리 주 하나님께서 주신 나의 몸을 일생 동안 감사하게 쓰다 마지막 돌려드려야 하지만, 한평생을 살아가다 보면 오만 오염된 자연재해나 먹는 음식물 등 얽히고설킨 일들로 하여금 자신도 모르게 몸이 만신창이로 망가지게 된다. 그리하여 온갖 질병에 시달리다 제명을 다하지 못하고 생을 마감하게 된다.

결론적인 대답은 자연조건 속에서 "잘 먹고 잘 자고 잘 싸면 된다." 그러나 그러지 못하는 이유 모두가 내 병 내가 오염되게 만들어 명을 재촉하게 되었다는 사실이다.

무엇보다 물불바람인 수화풍(水火風)의 영향인 자연 재해 때문이고, 세상사 얽히고설키는 인간사에 시달리다 생기거나 먹는 음식물에서다.

첫째는 물이 오염되지 않아야 하고, 좋은 공기를 마셔야 하나 그러지 못한다.

둘째는 살아가는 동안 얽히고설킨 일들에 지쳐 심신이 허약해져 병든다.

셋째는 몸을 산성체질로 만드는 화공약품의 식생활을 하고 있기 때문이다.

우리 인체는 좋은 공기를 마시지 않으면 한시도 살지 못하듯, 오염된 물을 마시면 병이 생긴다. 오염된 공기, 오염된 물, 오염된 음식을 먹고 있기 때문에 병이란 원인인자가 발생해 결국 빨리 죽게 된다. 아무리 현대의학이 발전했다 해도 이상의 세 가지를 다 알고 있는 병원이야말로 저들도 인간이기에 어쩔 수 없이 병 주고 약 주는 의사라는 결론이다.

2023년 2월에 저술한 필자의 책 '걸을 수 있을 때가 내 인생이다' 가 6쇄까지 돼 많은 분들이 건강에 관심을 갖고 있지만, 어떻게 주의하며 실천해야 하는지를 모르고 질병에 시달리다 명을 재촉하는 분들이 많다는 사실이다. 이제라도 깨우치고 식생활을 어떻게 해야 되나? 자신의 몸을 곰곰이 점검해 봐야 한다.

책 서문 8쪽에 하나님은 인간이란 최고의 걸작품을 만들어 내주셨다(창세기 1장 26절). 이 귀한 몸을 죽는 날까지 고맙고 감사하게 잘 사용해야 할 의무가 있다. 신생아에겐 조상의 유전에 얽힌 병 이외는 없다고 했다. 그러므로 "당신이 먹는 음식이 바로 당신이다."라는 사실은 식습관이 당신의 명줄을 쥐고 있다는 것이다.

우리 인간은 나서부터 죽는 날까지 한시도 쉬지 않고 숨을 쉬며 먹어야 한다. 그 쉬는 숨이 공기다. 필자의 어린 시절에는 무공해로 하늘에 솜털구름이 떠다녔고, 언제나 산속 같은 피톤치드 가득한 자연 그대로의 환경에서 성장했지만, 지금은 인간들의 지혜가 성장하면서 잘 먹고 잘살기 위하다 보니 대기오염으로 인해 전에 없던 미세먼지에서부터 오만 석유화학 산성식품과 제품들로 인한 공해로 지구 덩어리가 우리 인간에게 숨을 쉴 수 없도록 병들게 만들어 죽어가도 어쩔 수가 없이 살아가야 한다.

그러면서 우리 인간들이 먹지 않으면 하루도 살아가지 못하는 오만가지 물질을 인간이 만들어 놓고 인간이 그걸 먹다 보니 자연스럽게 병들이 발생해 죽어가고 있다. 결국 그 원인 제공자가 바로 인간이란 사실이다. 그러므로 마음이 건강을 지배한다.

우리 인간의 육신은 5장 6부이듯 지구 덩어리도 5대양 6대주로 인간이나 지구가 한 덩어리라는 사실을 증명하고 있다.

의학계에 의하면, 인간의 육신은 산성 체질과 알칼리성 체질로 구분한다. 이 두 체질 중에서 몸은 알칼리성 체질로 만들어져야 잘 유지할 수 있으나, 산성 체질로 몸이 만들어지면 각종 병을 유발시켜 빨리 죽게 된다는 사실을 알게 됐다.

알칼리성 체질을 만드는 식품으로는 자연 채소나 단백질인 생선이나 콩 등 인체에 유익한 먹거리를 들 수 있다. 산성 체질을 만드는 식품으로는 밀가루 음식이나 화학조미료 음식, 달콤한 설탕류 음료 등등을 대표로 들 수 있다. 요는 식생활 습관 하나가 우리 인간 삶의 명줄을 쥐고 있다 해도 과언이 아니다.

건강한 몸은 자기 자신이 만드는 것이며 건강한 생각이 마음을 만든다고 카네기가 말했듯이 살아가며 인간의 마음속에 자리한 스트레스가 만병의 원인도 된다. 화를 내지 말고 마음을 언제나 평안(平安)토록 유지하는 것이 중요하다.

의학계 발표에 의하면, 인간의 몸은 약 60조 개의 세포로 구성돼 있는데 그 하나 속에도 수천 개의 원소로 구성돼 있고, 그 원소(元素) 속에 수백 수천 개의 분자(分子)로 이루어져 그 분자 속에 소립자(素粒子)가 수천 개의 쿼크(Quark)로 이루어졌다. 그 쿼크는 수를 헤아릴 수 없는 끈으로 이루어져 있다는 게 양자물리학의 이론이다.

그건 미시세계(微視世界)다. 그래서 기(氣)는 이 미시세계의 원자가 파동하기 시작해 우주만물이 움직인다고 했다. (필자의 저서 '걸을 수 있을 때가 내 인생이다' 33쪽 참조)

내 몸은 내가 만드는 것이다. 내 몸과 싸워서 이기는 과정이다. 그만치 마음의 중심이 뚜렷하게 서는 정신력이다. 그러나 인간의 마음이란 조석변개한다. 마음을 잘 다스리는 자만이 건강해질 수 있다. 그같이 인간이란 뭔가가 모자라는 것을 채워가면서 살아가는 것이 인생이듯 개성이 뚜렷하고 진취적인 사람만이 성공확률이 높다. 행복한 인생을 살려면 우선 마음이 평안해야 만사 OK다. 소중한 오늘을 열심히 살아가려면 우선 내 몸을 무리하지 말고 잘 챙기며 자신을 지킬 줄 알아야 한다. 김종호(83) 의학박사는 관절부위 손바닥 누르기와 제2의 심장이라는 발바닥 누르기 그리고 귓바퀴 마사지하기를 반복하라며 몸 혈관 림프가 통과하는 곳이기에 열심히 주물러주면 돈들이지 않고 건강해지는 비결이라 했다.

내 인생의 가을이 오면 어떤 아름다운 빛깔의 모습으로 물들어 있을까? 그리고 또 난 어느 곳에서 마지막 황혼의 만찬인 영면(永眠) 속에 영원히 잠들어질까?

한세상을 살아가는 동안에는 건강이 제일이라 조심해야 하지만, 건강도 나이와 함께 저물어 간다. 당신의 나이에 걸맞게 살아가야 하지만, 그러지 못하고 억지로 몸을 다스리다 외려 병을 더 크게 유발하는 경우가 많다. 그러기에 몸을 무리하지 말고 순리(順理)대로 차분하며 낙천적인 마음으로 종착점에 이르도록 잘 걸어가야 한다. 남이 잘사는 걸 부러워도 말고 나만의 현실에 자족하며 살아가는 즐거움을 만끽해야 한다.

돈이란 돌고 도는 거다. 돈돈돈 하다가는 진짜 어지러워 돌아가 버린다. 하루 파지 주워 만 원 버는 사람이 천만 원 버는 사람을 모르듯, 그저 만 원으로 족하게 살아가면 그게 진짜 잘 사는 거다. 옛말에 "뱁새가 황새걸음 따르려다 가랑이가 찢어진다."는 속담에 비유된다. 돈에는 반드시 자기 분복(分福)이 있다. 자기 분수에 맞게 살라는 의미다. 분에 넘치면 반드시 탈이 난다. 오직 돈만을 많이 벌자고 남을 울리고 등치면 하나님이 가차 없이 어느 날 비참하게 빈손이 되게 하거나 생명까지 앗아가 버린다는 사실이다. 갈 때가 되면 다 가는 게 인생이니 사는 동안 궁상맞게 살다 가지 말고 그분 참 존경할 분이었다는 말을 듣고 가야 한다.

4. 내 몸을 위한 나에게의 충고 12가지

1) 정신이 먼저라고 생각하지 마라.

 대부분의 현대인은 머리 쓰는 일에만 많은 시간을 할애한다. 그러나 필자는 그 반대가 되어야 한다고 생각했다. 그것은 우선 먼저 자기 몸을 잘 관리하면 정신과 마음은 자연스럽게 따라올 수 있기 때문이다. 그 반대로 정신적인 부분만 잘 관리하다 보면 몸이 자신도 모르게 서서히 망가지고 있다는 사실을 나중에야 느끼게 된다, 그러므로 노인들일수록 머리보다 몸이 먼저라는 사실과 자기 몸은 자기가 제일 잘 알기에 몸을 먼저 만들어야 하기 때문이다.

 2) 일찍 자고 일찍 일어나자.

 숙면을 취하려면 밝을 때 일어나고 어두워지면 잠자리에 드는 것이 좋다. 일본말에도 하야 네무 하야 오키와 있쇼노 다카라다(빨리 자고 빨리 일어나는 것이 건강에 제일이다)라는 말이 있다. 전문가들은 잠자리에 드는 시간에 따라 잠의 품질이 달라지니 너무 늦게 자는 것은 피하라고 조언한다. 낮에 몸을 최대한 많이 움직이고, 되도록 9시 전후에 잠자리에 들자. 필자는 초저녁잠이 많아 일찍 잠이 들어 새벽에 일어나 글 쓰고 새벽 3시 반경에 다시 잤다가 5시 반경에 일어나 산에 간다. 잠이 많은 편이라 1분 내로 잠든다.

 3) 다이어트는 몸무게를 줄이는 게 아니다.

 몸무게만 빼는 방법은 간단하다. 며칠 굶었다 사우나에서 땀을 쭉 빼 버리면 된다. 하지만 이렇게 하면 빠지지 말아야 할 수분과 근육이 다 빠져 버린다.

장기적으로는 같은 양을 먹어도 살이 더 찌는 '불량체질'이 된다. 뺄 것은 빼고, 늘릴 것은 늘리자. 필자의 경우 젊을 적엔 85~90kg까지 몸무게가 나갔으나 65세 이후부터는 키 178cm, 평균 몸무게 77kg을 계속 유지하고 있다.

4) 바쁠수록 운동하라.

일본말에 바쁠수록 돌아가라(이소게바 마와레)라고 했듯 한 번 더 생각하고 행동하라는 뜻이다. 분초를 쪼개 살 만큼 바쁘고, 높이 올라간 이들의 공통점은 운동에 일정한 시간을 반드시 투자한다는 사실이다. 사는 게 힘들고 체력이 고갈되어 쓰러질 것 같다면 당장 운동을 시작하라. 그래야 버틸 수 있다. 운동이야말로 최고 보약이다. 필자의 경우 젊을 적엔 사업한답시고 술자리가 잦아 폭음으로 몸이 만신창이로 망가지고 난 뒤부터 정신을 가다듬고 술 담배를 끊고 운동을 시작해 몸을 만들었다.

5) 의사에게 몸을 다 맡기지 말고 몸에 대해 공부하고 내 몸을 내가 만들어 보자.

우리는 몸에 대해서 너무 무지할 뿐 아니라 자기의 건강관리를 의사 등 전문가에게만 전적으로 의존하지만, 이는 권장할 만한 방법이 아니다. 건강하고 싶은가? 그렇다면 내 몸에 대해 공부하고 몸을 만들어라. 절대로 하루아침에 만들어지지 않기에 꾸준한 노력이 필요하다. 걷기운동은 최고의 체력단련이다.

내 몸을 내가 사랑하라.

6) 녹차(茶)를 꾸준히 마셔라.

차수(茶壽)라는 말이 있다. 차수는 108세를 말한다. 한자의 차는 모양 상 ++(20)에 八+八(88)을 보태어 108이 되듯 평소 즐기는 녹차는 피를 맑게 한다. 평소 기분전환을 하며 곁들일 만한 나만의 차를 즐겨 보라. 머리도 맑아지고 몸에 좋은 수분도 섭취할 수 있어 일석이조다. 우리나라 녹차는 공복에 따뜻한 물에, 황칠원액 차는 보약 중의 보약이다. 커피를 마실 적엔 가끔 계핏가루와 벌꿀을 섞어 마시면 암 예방에 최고다.

7) 소식(小食)하라.

현대인의 질병은 못 먹어서 생기는 게 아니라 너무 많이 먹어서 생긴다. 암(癌)이란 한자는 입구(口)가 셋이다. 집 엄(广), 얼음 빙(氵), 입 구(口), 뫼 산(山)으로 이루어져 찬 얼음이 집 안에 산같이 쌓였음을 표하듯 찬물을 피하고 따뜻하게 마셔야 한다. 그리고 음식이 맛있다고 배가 터지도록 과식함은 절대 나쁘니 적당함이 좋다. 배고플 때 나는 꼬르륵 소리가 최고의 건강 비결이자 동안 비결이라고 했다. 필자의 경우는 아침은 임금님 밥상처럼 먹고 낮엔 과일류나 적당히 넘기고, 일주일에 한두 번은 저녁에 배를 비워 버려 위의 부담을 던다. 그리고 나면 아침에 대변(大便)은 바나나 모양으로 누는 것이 최고로 좋다.

8) 의도적으로 자주자주 많이 웃어라.

긴장하면 근육이 수축되고 얼굴 표정이 굳어진다. 일할 때는 그래도 되지만, 계속 긴장해 있게 되면, 건강을 해친다. 긴장을 풀기 위해서는 매사 일을 즐거운 마음으로 얼굴 표정 자체의 근육을 풀어줘야 한다. 그러기 위해선 가능하면 많이 웃어라. 의도적으로라도 웃는 것이 마음의 평안을 갖는 길이다.

9) 쉬는 것도 능력이다.

매사 일을 잘하는 건 능력이다. 하지만 쉬는 것 역시 능력이다. 무엇이든 그칠 줄 모르면 문제가 생긴다. 쉬지 않고 일만 하는 것은 몸에 계속 비상을 거는 거나 진배없어 결국엔 몸을 망가지게 만든다. 스트레스가 쌓이지 않도록 시간적 여유를 가져라. 그것은 나를 위하는 길이고 회사를 위하는 일이다. 일할 때 일하고 쉴 때 쉬자.

10) 호흡하고 명상하라.

물보다 더 중요한 것이 호흡이다. 그래서 수화풍(水火風)이라 한다. 이 세 가지가 인체에 제일 중요하다. 좋은 물(정수된 물), 좋은 공기처럼 좋은 환경이 생명과 바로 직결된다. 명상은 우리의 몸과 마음을 정화시키고 자신의 방향 설정을 살피게 하는 산실이고 인생길 바로미터 길잡이를 만들어 준다, 오직 자신의 건강만이 자신을 만들기 때문이다. 살아있는 한 모두모두 건강하게 장수하자.

11) 발바닥(한가운데)과 장딴지 주무르기와 뜨듯한 물로 족욕하기, 손바닥 전체 주무르기와 귓바퀴 전체 마사지, 하루 물 최소 2리터 이상 마시면 치매 예방에 좋고, 노인들일수록 찬 거

나 찬 음식을 피하는 것이 좋다.

　12) 내가 오늘 살아있음이 감사이고 기적이다.

　기적이란 내가 그냥 숨 잘 쉬고, 잘 걷고, 잘 먹고, 잘 자고, 잘 싸고, 오늘도 변함없고, 탈 없이 잘 살아가고 있음이 바로 그게 살아있는 기적이요 천국이다.

5. 바다같이 깊고 넓은 어머니의 마음
모성애(母性愛)가 부성애(父性愛)보다 위대하다

　아침에 일찍 일어나 오늘 할 일을 떠올리고, 하루에도 몇 차례나 시계를 바라보며 바쁘게 살아간다면 그거야말로 잘 살아가는 모습이며 행복이 아닐까?

　추운 겨울이 가고, 새봄이 오거나, 무더운 여름이 가고 가을이 짙어 가는 날 흩날리는 대자연을 바라보며, '아! 이 한 해도 저무는구나?' 라며 인생무상(the frailty of human life)을 느끼는 당신이야말로 진정 보람 있게 살아온 행복한 사람이다.

　어느 날 마음이 답답하여 친한 분에게 찾아가 이야기라도 나누고파지는 그런 분이 머잖은 곳에 산다면 당신이야말로 행복한 사람이며, 하루 일을 다 마치고 집으로 가는 설렘이야말로 진정 오늘을 잘 살아가는 보람이며 행복일 것이다.

하루하루를 살려주신 하나님께 감사의 기도를 하라. "고맙습니다. 사랑합니다."를 하루 20번 이상 하면 더없이 행복한 기분을 느낀다.

그리고 당신 곁에 사랑하는 아내와 자식들과 함께 맛있는 음식을 차려놓고 오순도순 이야기꽃을 주고받을 수 있는 날이 날마다일 때 그것같이 큰 행복이 또 어디 있을까? 어린 시절 바람이 불면 자빠질세라 추운 겨울이면 떨세라 금이야 옥이야 길러주신 어머니의 그 깊고 애틋한 사랑이 지워지지 않고 멀리 떨어져 있어도 그리워지는 것 이상 행복이 이 세상 또 어디에 있을까?

가정이야말로 오만 사랑이 다 깃들어 있는 곳이라서 영어에도 Father and Mother I Love You로 표현하듯 Family야말로 사랑이 듬뿍 담겨 있을 정도로 포근히 안기는 그런 곳으로 가정을 잃으면 다 잃는 것이다.

한 젊은이가 스님에게 다가가 당돌하게 묻기를 스님! 어딜 가야 살아계시는 부처를 만날 수 있을까요? 그 물음에 스님은 빙그레 미소를 지으며 말하길, 내가 알려준 말을 깊이 명심하게나! "저고리를 뒤집어 입고 신발을 거꾸로 신은 이를 만나거든 그분이 바로 살아있는 부처님인 줄 알게"라고 말해줬다지요.

젊은이는 그 부처를 찾아 꼬박 3년 반 동안, 산을 넘고 물을 건너 하루같이 온 세상을 누비듯 찾아보았지만, 그런 사람을 찾을 곳이 없었다. 그러다 지쳐 버릴 대로 지친 젊은이는 어느 날 할 수 없이 어머니가 홀로 살고 계시는 고향에 3년이 넘어서야 정든 집에 당도하여 목메는 소리로 '엄마' 하고 큰 소리로 불렀더니 어머니가 아들의 목소리를 듣자마자 너무나 반가워서 엉겁결에 뒤집어 벗어놓은 저고리를 그대로 걸치고 밖에 벗어놓은 신발까지 거꾸로 신은 채 달려 나와 '아이고 내 새끼야!' 그 어머니를 보는 순간 오매 "살아있는 부처가 비로 우리 집에 계셨네." 하며 가슴에 안겨 끝없이 엉엉 울었다지요.

불가에서는 부처와 중생은 둘이 아니라 하나라고 말한다. 인생길이 바람이며 구름이듯 왜 우리는 내 곁에 가장 가까이 두고 계시는 부모님의 참되고 진실한 모습을 모르고 살아가는 걸까? 잘나고 못나도 내 부모요, 없어도 내 부모다. 날 낳아주신 부모가 아니던가!! 필자가 나이가 깊이 들어 보니 지금의 자식들을 비교해 보며 지난날의 불효가 자꾸만 떠오르는데 지금의 자식들은 그 시절과 너무 다르다. 바쁘다는 핑계로 멀리 둔 부모의 건강은 생각지도 않고, 전화라도 자주해서 음성이라도 들어야 하는데 그러지도 않는다. 진정 부모에 효도하는 자식이 복 받는다.

한여름 논두렁에 서식하는 우렁이는 어미가 알만 낳고 어디론가 떠나가 버린 그 자리에 아빠우렁이만 남아 새끼들이 다 자라도록 몸을 다 뜯어먹힌 뒤 녹갈색 빈껍데기만이 물위에 둥

둥 떠다니는 모습을 필자는 이곳 강진에 살면서 오산마을 이장님 논두렁에서 많이 봐 온다. 그러나 모성애(母性愛)가 부성애(父性愛)보다 더 강한 예는 고릴라 모자(母子)를 골방에 가두어 놓고 30분 동안 불을 때 방바닥을 뜨겁게 만든 뒤 문을 열어 보니 엄마 고릴라는 아이를 머리에 이고 안절부절못하고 있었고, 대신 아버지 고릴라는 아이를 깔고 앉아 있었다. 부성애가 모성애에 KO패했다. 그러나 우리나라 부모들은 자식들 사랑이 유다르다. 어렵게 살아갈망정 자식 출세를 위해 한창 즐겁게 살아가야 할 40대에 엄마랑 유학을 떠나보낸 아빠는 유학비 생활비 마련에 억척스레 기러기 아빠들로 변한다.

그런 자식들이 자기 혼자 노력해 출세한 양 부모의 고생한 뒷바라지를 잊고 불효막심한 짓들을 많이 한다. 어떤 요양병원에 누워 있는 한 할머니는 아들자식들 다 가르쳐 시집, 장가보냈는데 부모 알기를 종 부리듯 하고 가뭄에 콩 나듯 얼굴도 볼 수 없다며, 피땀으로 가르쳐 놔봐야 아무 소용없더라고 하소연했다.

동족상잔의 6·25사변 이후 세상이 너무 어려웠던 시절 필자는 부모의 덕으로 대학에 진학해 1954년 서울 돈암동 종점 냇가 천주교 성당 곁에 하숙하던 때다.

당시에는 전쟁 직후라서 살아가기가 무척 흉흉하던 시절이라 강도, 절도 사건이나 눈물겨운 사연들이 많았던 때 반야월 선생이 작곡 작사한 대중가요 '울고 넘는 박달재' 나 '단장의 미아리고개' 등 애절한 애창곡이 있었다.

#미아리 눈물고개 임이 넘던 이별고개/ 화약연기 앞을 가려 눈 못 뜨고 헤매일 때/ 당신은 철사 줄로 두 손 꽁꽁 묶인 채로/ 뒤돌아보고 또 돌아보고/ 맨발로 절며 절며 끌려가신 이 고개여/ 한 많은 미아리고개// 아빠를 기다리다 어린 것은 잠이 들고/ 동지섣달 기나긴 밤/ 북풍한설 몰아칠 때/ 후렴….

당시 이 미아리고개는 서울에서 공동묘지 망우리고개나 신촌 언덕고개, 서울역 고갯길 너머 공덕동도 있었지만, 성북동 미아리고개 길이 더 가팔라 버스가 고갯길을 넘는데 매연도 많이 나고 힘들게 넘어 애간장이 다 녹아내렸다는 눈물고개의 전설로 유명한 곳이다. 필자도 당시 대학교 등하교 시 디젤 버스가 노후하여 매연과 함께 눈 비올 때 고갯길 넘기가 어려워 차 뒤에서 밀어주기까지 했다.

전쟁 당시 많은 사상자가 생겼던 자리로, 부모가 한 자식을 잃은 설움에 9·28 수복 이후 시신이라도 찾기 위해 여러 곳을 파헤쳤던 애절한 장소로, 지금은 옛날 모습은 흔적도 없고, 그 고개 정상에 노래비만 새워져 있을 뿐이다.

필자의 어린 시절에는 굶기를 밥 먹듯 했고, 배고파 시래기 풀떼죽으로 허기를 채워야 했던 시절이라 그런 고생을 모르고 자란 지금의 젊은이들은 행복에 겨워 산다.

6. 남루한 한 할머니의 보따리 두 개
자식은 부모의 속을 너무 모른다

거리를 헤매는 남루한 행색의 한 할머니가 보따리 두 개를 들고 길거리에서 한 시간이 넘도록 왔다 갔다 조급해하는 모습을 이상하게 보던 한 분이 파출소에 가 신고를 했다. 할머니 곁에 와 이것저것 여쭤봤지만, 할머니는 자신의 이름도 딸의 이름도 기억하지 못하고 보따리만 꼭하니 껴안고 조급해하고만 계셨다. 얼마 후 할머니는 "우리 딸이 애를 낳고 병원에 있어."라는 말만 반복했다. 경찰관들은 할머니가 슬리퍼 차림인 것으로 봐 인근에 사는 주민일 것으로 판단하고, 할머니의 사진을 찍어 동네에 수소문을 해 보고 있던 중 마침내 딸이 입원했다는 병원까지 알아내 순찰차로 모시고 가게 됐다.

갓난아이와 함께 침대에 누워 있던 딸이 작은 목소리로 눈이 휘둥그렇게 되며 어마! 엄마라고 부르니 할머니는 말도 없이 주섬주섬 보따리부터 풀어 제쳤다. 그 속에서 다 식어 버린 미역국과 나물반찬 흰밥이 나왔다. 어여 무라 어여 무라. 핼쑥해진 얼굴의 딸은 엄마를 보고 가슴이 미어지며 말없이 두 줄기 눈물이 흘러내리며 훌쩍거리기만 한다. 치매를 앓고 있는 엄마가 기억하는 단 한 가지가 오직 자기였기 때문이다.

주변 병실 안 모두가 눈물바다가 되고 말았다. 기억을 잃어버린 속에서도 오직 딸자식 하나의 출산만을 잃어버리지 않고 있었다는 사실이다. 내 딸이 니 새끼를 낳았구나! 라며 머리를 쓰다듬어 준다.

친정어머니의 사랑이란 이런 것이 아닐까요? 죽음 직전, 혹은 죽음의 순간까지도 사랑하는 자식을 못 잊고 걱정하는 것! 그것이 부모와 자식들 간 끊을 수 없는 천륜(Natural Law)일 것입니다. 헨리 워드 비처는 내가 부모가 됐을 때 비로소 부모가 베푸는 사랑의 고마움이 어떤 것인지 절실히 깨달을 수 있었다고 했다.

부모의 마음이란 뉘나 마찬가지지만, 언제나 못사는 쪽 자식에게 걱정이 깊어지기 마련이다. 막내로 장가보낸 아들에게 남아 있는 논 밭뙈기까지 팔았으나 그 이상은 도울 수 없게 되어 고심하던 어느 날, 그 아들로부터 전보가 오길 "당신 아들 굶어 죽어감"이란 글귀를 아버지가 받고 온 밤을 잠 못 이루다 못해 답하길 "그래 굶어 죽어라, 죽어" 그러다가 아버지는 시름시름 앓다가 몸져눕게 되고 말았다. 이후 아들이 부모님을 멀리하고 이를 악물고 노동판에서부터 시작해 열심히 돈을 벌어 서둘러 부모님 찾아보았지만 두 분이 유서 한 장씩을 남기도 돌아가시고 말았다.

"아들아! 내 아들아!! 네가 언젠가는 오리라 생각되나 이제 아빠 엄마는 먼저 간다. 네가 소식을 끊은 뒤 하루도 고통스럽지 않은 날이 없었다. 언제나 우리 자식을 사랑했다. 부모의 정이란 밖으로 나타내지 않지만, 자나 깨나 걱정하는 부모 속을 어찌 알겠냐? 아들아! 부모의 깊은 속을 알아주기 바란다. 너희들도 이제 자식 낳고 키워보면 알 때가 올 거다." 이상의 유서를 읽다 말고 묘소를 찾아가 나란히 누운 묘소 앞에서 자식이 통곡하여 본들 아무 대답이 없어서 불효자는 울고 또 울었다.

필자의 경우 낯선 타국에서 자식 하나 잘되길 바라며 가산을 다 정리하고 FIJI라는 곳에 이민 갔으나 그 알선업자에게 전액을 사기 당한 이후 아들도 우리도 고국에 빈손으로 돌아와 돈 없으면 천대받는 우리나라에서 많은 수모를 겪었다. 부모의 말 못하는 심정을 겪어 보지 않은 사람은 모른다. 그런 아들 자식은 막노동판에서부터 안 해 본 일이 없었다는 말에 가슴이 미어졌고, 혼기를 놓쳐 결혼도 못하고 홀로 살아가나 부모에 대한 효심만은 지극정성이다. 사람 사는 것이 마음먹은 대로 안 되는 것이 인생사인가 보다.

7. 황혼이어라
어떤 요양병원 의사가 쓴 글

우리는 나이가 들고 정신이 서서히 빠져 나가면 어린이처럼 속이 없어지고, 결국 원하건 원하지 않건, 마누라 자식이 있건 없건, 마누라 남편이 있건 없건, 세상 감투를 썼건 안 썼건, 요양원이나 요양병원에서 생의 마지막을 보내게 된다.

고려시대 60이 넘어 경제력을 상실한 노인들은 밥만 축낸다고 모두들 자식들의 지게에 실려 산속으로 고려장을 떠난다고 하는데, 오늘날에는 요양병원이나 요양원에서 노인들의 고려장을 생에 한번 자식들에게 떠밀려 그곳에 유배되면 살아서 다시는 자기 집으로 돌아가지 못하니 그곳 요양원이 바로 고려장 터가 아니고 무엇이랴!!

백수의 왕 사자도 나이가 차면 자식에게 자리를 자연스럽게 물려주고 허허벌판 마지막 길을 떠나 하이에나의 먹이가 된다고 한다. 요양원이란 그곳은 자기가 가고 싶다고 해서 갈 수 있는 곳이 아니라 자식들에 떠밀려 가는 곳이다. 자식들과 대화가 단절되기 시작하면 갈 곳은 그곳밖에 없다, 산 사람은 살아야 하니까!

아래 글은 요양병원에 근무하는 어떤 의사분이 쓴 글이다.

요양병원에 면회 와 서 있는 가족 위치를 보면 촌수가 딱 나온다. 침대 옆에 바싹 붙어 눈물 콧물 흘리면서 이것저것 챙기는 여자가 딸이다. 그 옆에 뻘쭘하게 서 있는 남자가 사위다. 문간쯤에 서 있으며 먼 산 보고 서 있는 사내는 아들이다. 복도 밖에서 휴대전화만 만지작거리는 여자는 며느리다.

요양병원에 장기간 입원하고 있는 부모들. 그리고 이따금씩 찾아와서 살뜰히 보살피며 준비해 온 밥이며 반찬이며 죽이라도 떠먹이는 자식은 오직 딸뿐이다.

대개 아들놈들은 침대 모서리에 잠시 걸터앉아 딸이 사다 놓은 음료수 하나 까먹고 이내 사라진다. 아들이 무슨 신줏단지라도 되듯이 아들 아들만을 원하며 금지옥엽 키워놓은 벌을 늙어서 받는 것이다. 딸 하나 열 아들 부럽지 않은 세상인 것을 왜 몰랐을까? 요양병원 요양원이 오늘도 우리 늙은이의 미래다.

노년의 수많은 그들이 창살 없는 감옥에서 의미 없는 삶을 연명하며 희망 없는 하루하루를 보내고 있다. 그들 자신이 그렇게 될 줄은 전혀 몰랐을 것이다.

자신과는 전혀 상관없는 남의 이야기로 믿고 싶겠지만, 그것이 자신만의 희망사항일 뿐, 결코 남의 이야기가 아니라는 것을 두고 보세요.

그래도 어쩌랴. 내 정신을 가지고 사는 동안이라도 돈 아끼지 말고, 먹고 싶은 것 먹고 가고 싶은 곳 가보고, 하고 싶은 것 하면서 지내시라고요.

좋은 친구들과 즐겁게 재미있게 살다 가야지 조금이라도 남은 인생 최선을 다해 헛되이 보낼 수 없지 않은가?

필자가 이 시대의 우리 할아버지 할머니들이 처한 실상을 한 번 써 본다.

우리 노인들은 실로 빛 좋은 개살구 신세로 대접받고 살아간다. 나라에서 보조해 준다는 노령연금만 해도 그렇다. OECD

국가에서 10위권에 든다고들 말하지만, 우리 노인들 복지정책이 남의 선진국에 비해 통계자료가 보여주듯 추한 대접을 받고 있다. 노인들 인구는 급속도로 늘어 가는데, 복지 혜택은 더 급급하니 이게 될 일일까? 이 나라를 이토록 잘살도록 만들어 놓은 사람들이 과연 누구인가? 70대 이상 나이 먹은 분들에게 이렇게 지나친 푸대접 이게 될 일인가?

과거 김일성의 남침으로 우리나라가 완전히 폐허가 된 허허벌판의 거지 나라를 우리 할아버지들은 피땀 흘려 불과 76불에서 3만 5000불로 잘살도록 오늘날을 만들어 났다.

공산주의 빨갱이가 그 얼마나 악독한 인간들인지 체험해 보지 못한 이 시대 젊은이들이 왜 깨우치지 못하고 국가관이 없는지? 참으로 안타까워 분통이 터진다. 왜 우리가 이렇게 살아야 하나? 오늘날의 대한민국은 한마디로 정치는 국회가, 경제는 노조가, 사회는 좌파 공산주의 빨갱이들이 나라를 망해 먹고 있다. 이게 될 일인가? 대한민국 5000년 역사상 가장 위대했던 이승만 박정희 두 영웅을 왜 우리는 잊고 살아가야 하는가?

1961년 11월 15일 박정희 대통령이 방미 당시 케네디 대통령과 대화 중에 '한국에는 민주주의가 있습니까?' 라는 물음에 박정희 대통령은 "우리는 한국적 민주주의를 합니다."라고 당당하게 말했다.

필자가 2019년 10월에 '벼랑길 굴러가는 대한민국' 책을 출간했는데 어느 날 광주라며 전화가 오길 "늙은 놈 밤길 조심하라."

며 협박조의 전화를 받아 필자가 대답하길 "난 초저녁잠이 많아 밖에 나갈 일이 없으니 걱정 붙들어 매두세요."라고 해줬다.

우리 대한민국은 굳건한 한미동맹과 철통같은 방위산업 무장으로 이젠 튼튼해져 세계가 놀라고 있다. 현무5,6으로 김정은 지하 벙커 100미터 아래까지 당장 박살낼 수 있다.

나라가 있어야 내가 있다. 과거 월남이란 나라가 왜 망했는가? 기억해 보라. 나라 없는 설움을 알아야 한다. 우리 민족은 수많은 수난과 위기를 극복한 정신력이 단단하게 무장돼 있는 민족이라 지금의 좌파와의 대결도 반드시 승리를 확신한다.

8. 대속죄(代贖罪)

10여 년 전 미국에서 있었던 일이다.

공군 대위로 전역하고, 현대자동차에 입사하여 차장으로 고속 승진했다. 당시 대졸 초임이 2만 원일 때 자신은 15만 원을 받았다. 좋은 직장을 퇴사하고 아들 둘, 딸 셋을 데리고 미국으로 이민을 갔다.

그런데 중학 2학년이던 큰아들이 교도소에 가게 되었다. 자식을 잘 키우겠다고 이민을 갔는데 아들은 학교에서 동양인이라며 따돌림으로 왕따를 당했고, 미국 아이들에게 놀림감이 되었을 때마다 이들을 상대로 반격을 가했고, 이 때문에 교장에게 여러 차례나 불려가 체벌을 받았다.

불만이 쌓일 대로 쌓인 아들은 어느 휴무일 이틀 동안 다른 미국인 친구와 함께 학교에 들어가 건물 이곳저곳을 쑥대밭으로 만들어 버렸다. 이 사건은 그 지역 신문에 났고, 온 가족은 좁은 응접실 구석에 모여 앉아 통곡했다. 한국인의 얼굴에 먹칠을 했다는 비난은 기본이었고, 등하교 때 그 집 때문에 피해자라는 한인들까지 생겨날 정도로 따돌림을 당했고, 같은 교육구 아이들을 전학시키는 부모들까지 생겨났다.

같은 동포인 나이 젊은 어떤 한인은 동정하는 말보다 "당신 자식 교도소에 갔다며?"라고 빈정거리기까지 했다. 또 열심히 섬기던 교회에서조차도 성도들의 눈길이 예사롭지 않아 아예 출석도 끊어 버렸다. 교장은 세상에 이렇게 학교 기물을 때려 부순 사건은 처음이다. 카운티(county자치주) 내의 어떤 학교에도 진학 불가능하다. 안녕히 가라고까지 말했다.

그의 아버지는 "아들 죄가 내 죄"라 생각하고 속죄를 위해 매주 주말에 온 가족을 동원하여 학교청소를 하겠다고 했고, 교장은 별난 아버지라며 허락했다. 이 별난 행동은 나중에 다시 또 한 번 플로리다주 사회를, 아니 전 미국을 뒤흔들었다.

교도소에 간 중 2아들의 속죄를 위해 부부가 유치원과 초등학교에 다니는 네 아이와 함께 주말마다 학교에 나와 청소하는 장면과 운동장 청소하는 장면까지를 AP통신 기자가 '가족의 명예와 아들을 위해 부모는 모른 체하지 않았다'는 제하의 기사 보도다.

기사에는 "내 아들이 죄를 지었으면 내가 죄를 지은 것이다. 내 아들이 저지른 행위에 대해 변상은 물론 어떤 일이든 하겠다."라는 그의 말이 들어 있었다. 미국 전역의 신문들이 AP통신의 기사를 받아쓰면서 아들이 다니는 학교에는 며칠 만에 수백 통의 편지가 날아들어 왔으며 변호사비로 쓰라며 5불,10불짜리 수표와 현찰을 동봉하기도 했다지요. 미국 신문들은 아버지는 "아들 죄가 바로 내 죄"라는 고백을 들어 "미국인 부모들도 본받아야 한다.'고 하거나 미국 교육계도 동양의 유교적 가족관계에서 이뤄지는 독특한 교육철학을 배워야 한다."라는 논지의 기사와 논평을 내보냈다.

며칠 후에 반가운 소식이 가족에게 전달됐다. 법정에서 아들을 방면한다는 소식이었다. 교육청에서는 다니던 학교로는 되돌아갈 수는 없지만, 멀리 떨어진 다른 학교에는 갈 수 있다는 서한도 보내 왔다.

그 후 말썽꾼 아들은 변하여 센트럴 플로리다 대학(UCF) 학사와 플로리다 인터내셔널 텍(FIT) 석사학위를 받은 후 미 우주항공국(NASA) 산하 방산 업체에 근무하며 고위 우주선 탑재 전문가가 되었다.

우주선을 쏘아 올릴 때 수십 명이 달라붙어 점검하는데 그 가운데 최고참으로 일하고 있다. 미국은 물론 전 세계에서 오는 VVIP(Very Very important person)들에게 직접 브리핑하는 유일한 한국계라고 한다.

'기름때 묻은 원숭이의 미국 이민 이야기' 라는 책을 쓴 송석춘 씨 이야기다.

큰아들 송시영은 사고를 쳤을 때만 해도 "아이고 저놈이 자라서 뭐가 될까? 하고 걱정이 태산이었는데 지금은 가장 가까운 곳에 살면서 자신이 좋아하는 낚시를 시도 때도 없이 함께 가준다고 한다.

선 트러스트 은행 부사장으로 일하고 있는 큰딸도 명절 때마다 제법 큰 용돈을 보내주고 있다. 한 아버지의 대속으로 사고뭉치 아들이 새로운 삶을 살게 되었고, 자녀들 모두가 스스로 제자리를 찾아 우뚝 일어선 아름다운 가정이다.

세상은 누군가를 위해 대속해 주지 않는 냉정한 사회이기에 스스로가 일어나야 한다. 아버지는 사랑하는 아들자식을 위해 대속할 수 있었기 때문이다.

여기저기서 많이 접했던 글이겠지만, 현재 우리나라 안에서도 그런 말 못하는 자식들의 일로 인하여 고심하는 부모님들도 많다는 사실이다. 가령 자식이 상습도박이라든지 마약 흡연에 휘말렸다든지, 나쁜 친구들과 어울려 말 못하는 고민을 안고 살아가야 하는 부모님들이 의외로 많다는 사실이다. 그런 사실을 신문이나 방송에 도배를 해도 '아들은 남이다.' 라고 생각하는 당국의 위정자들이 많으나 서둘러서라도 인간교육 인성을 위해 나쁜 길에서 구제될 수 있도록 손길이 아쉬운 현실이다

9. 인간은 삶의 끝마무리가 중요하다

인생이란 무엇일까? 이 세상에 태어나 살아가다가 누구나 죽는다. 사는 동안 생로병사의 어려운 시련을 겪으면서 마지막 가는 날엔 그냥 쉽게 가는 사람도 있지만, 고통스럽게 가는 사람도 많다. 그런 우리가 한 번 낳으니 한 번 죽는 것은 정한 이치다.

한세상을 사는 동안 누구나 많은 친구나 지인을 만난다. 그러나 참되고 진실하게 흉금을 터놓거나 생사의 기로에서 진실을 나눌 수 있는 그런 사람은 드물다.

공자님 말씀 중에 익자삼우(益者三友)라는 표현이 있는데 정직한 사람, 신의(信義)가 있는 사람, 견문(見聞)이 풍부한 사람 즉 그릇이 큰 사람을 말한다. 반면 해(害)로운 사람도 있다. 손자삼우(損者三友)라고 하여 아첨하는 사람, 줏대 없는 사람, 겉으로 친한 척하며 호박씨 까는 사람이나 간사하다거나 기회주의자 같은 자를 일컫는다.

세계적인 재벌이었던 월마트의 창업자 샘 월튼이 임종을 앞두고 자신의 삶을 뒤돌아보니 자기에겐 옳은 친구가 한 사람도 없었다고 솔직히 고백했다. 그 이유는 다른 사람에게 진실을

열어주지 못한 때문이며 모두가 자신을 돈으로 대했기 때문이라고 고백했다. 자신에게 진실 되게 마음을 열어주는 데서만이 신뢰라는 믿음이 생겨난다는 뜻일 게다.

필자가 큰 위기에 처했을 때 아낌없이 수술비를 보내줘 구출됐던 막내매제 수근이를 잊을 수 없고, 또 대장암 악성 3기로 사경을 해맬 때 신문칼럼의 애독자이시던 강진 부산상회 김동복, 김미언 내외분이 김포 뉴 고려병원과 그리고 아내가 위암 3기 때 일산백병원(인제대학)에서 위 70%를 도려내고 살아나도록 도와주신 그 은혜를 지금까지도 잊지 않고 깊은 유대를 이어가고 있다.

그리고 낯선 이국 땅 피지(FIJI)라는 곳에서 이민 알선업자에게 나의 전 재산을 사기당해 오갈 데 없을 때 나를 도와주신 분도 많았고 다시 고국으로 돌아와 거처를 찾아 전국을 헤집고 다니던 어느 날 전라도 강진이란 곳에 정착할 수 있도록 당시 황주홍 군수의 도움으로 정착하여 20여년 넘게 살아가고 있다. 큰 여식 내외는 교직생활의 박봉에도 물심으로 헌신했다.

이런 나의 고난의 길을 끝까지 지켜주신 하나님의 은혜에 감복한다. 지금은 다행히 가까운 강진 중앙교회가 있어 신앙생활에 심취하고 있다.

우리 인간이 한세상 먼 길을 걸어오다 보면 어느 누구나 한스러운 그런 시련 없는 사람은 이 세상에 한 사람도 없을 것이다. 그래서 인생이란 고행이라 하지 않았던가!!

　이제부터라도 당신도 무거운 짐 다 내려놓고 남은 여생이라도 아프지 마시고 좋은 세상 활기차게 꽃길만 걸으시길 바라네요.　여기에 비유되는 우리 고유의 흘러간 노래 낙화유수(落花流水)노래를 함께 불러 보자고요.

　#이강산 낙화유수 흐르는 봄에/ 새파란 젊은 꿈을 엮은 맹서야/세월은 흘러가고 청춘도 가고/ 한 많은 인생살이 고개를 넘자//사랑은 낙화유수 인정은 포구/ 보내고 가는 것이 풍속이러냐/ 영춘화 야들야들 피는 봄날에/시들은 내 청춘은 언제 또 피나/ 한 번간 내 청춘은 언제 오려나//

　우리 인생 인고(忍苦)의 세월을 견디시느라 참 고생도 많았네요. 이제 당신도 남은 여생 건강 잘 챙기시고 즐겁고 행복한 나날 되길 기원 드린다.

　영국 런던의 캔터베리 교회 니콜라이라는 한 집사는 17세에 교회를 관리하는 청소와 종치는 일을 시작해서 자기 몸처럼 사랑하며 평생을 헌신했다. 그의 아들은 케임브리지와 옥스퍼드 대학 교수가 되었다. 아들이 아버지에게 이제 일 그만하세요. 그러나 니콜라이는 단호히 거절하고 76세까지 종을 치며 교회를 사랑하고 관리하였다.

　그는 노환으로 세상을 떠나게 되었을 때도 말렸으나 임종을 앞두고 옷을 챙겨 입더니 비틀거리며 나가 종을 치다 종탑 아래서 세상을 떠나고 말았다.

이 이야기를 들은 엘리자베스 여왕이 예배당 종치기에게 왕실의 묘지를 내주었으며 그의 가족들을 귀족으로 대우해 주었다고 한다. 하찮게 보이는 예배당 종치기가 왕실의 묘지에 묻히는 영광과 자기가 죽은 날이 공휴일이 되는 영예도 함께 얻었다.

우리 인간에게는 자기가 하는 일에 하찮은 일이란 없다. 어떠한 일이든 참되게 노력한다면 그 일이 세상에서 가장 고귀한 일이 될 수 있다. 하늘은 스스로 돕는 자를 돕듯 하늘도 감동할 수 있다. 어떻게 사느냐보다 어떻게 죽느냐가 더 중요하다.

인간에게 행복의 비밀은 자신만이 좋아하는 일을 하는 것이 아니라 자신이 하는 일을 좋아하는 것이라고 엔드루 매튜스가 강조했다.

10. 사랑의 어진 마음으로 세상을 바라보라
오늘 하루하루에 감사하며 평안하고 행복하십시오

산다는 것이 비슷비슷한 것만 같다. 하루 세끼 먹는 일과 일어나는 동작, 출퇴근하는 규칙적인 시간관념 속에서 오늘이 가고 또 내일이 온다. 때로는 사랑하고 미워도 하거나 후회도 하면서 인생이란 강을 건너다 보니 할아버지가 돼 버렸다. "다람쥐 쳇바퀴 도는 인생길"이란 말이 그럴싸한 정답이다.

오늘 하루가 평안하고 행복하면 그게 참 잘 사는 길이다. 비록 내일 절망적이고 힘든 일이 생겨난다 해도 오늘이 행복했기에 내일의 힘든 시간을 견디어 낼 수 있는 힘이 생겨날 것이다. 오늘의 웃음이 있기에, 내일의 힘든 일이 있어도 감사하고 행복해야 한다.

불교계의 거목 묵연 스님은 사랑이 아무리 깊어도 산들바람이고, 오해가 아무리 커도 비바람 눈보라일 뿐이라며. 폭풍이 지난 뒤엔 고요해지듯 지독한 사연도 지난 뒤엔 쓸쓸한 바람만 맴돌 뿐, 이 세상에 온 내 육신도 바람처럼 왔다가 바람처럼 사라질 것이니, 굳이 무얼 아파하고 번민하며 잡히지 않는 바람에 그리 집착하느냐는 것이다. 세상은 끝없이 생성(be created)하고 변화하는 생명의 현상이므로 저마다의 의지를 담은 노력 여하에 따라 당신의 인생도 얼마든지 달라질 수가 있기 때문이다. 일일시호일(日日是好日)이듯 고통을 견딘 뒤에 새로운 날이 올 거라는 표현이고, 또 일본의 이름난 이큐 스님은 "걱정하지 마라. 걱정은 다 지나가는 바람이다. 세상살이가 다 마음의 작용일 뿐, 걱정한다고 해결되는 것이 아니다. 근심 걱정은 스스로를 파괴한다. 걱정하지 마라. 그치지 않는 비는 없다. 걱정은 다 지나가는 바람이다."라고 말하며 해불양수(海不讓水)같이 살라고 한다. 넓은 바다는 강물이나 더러운 오물 등 모든 것을 넓은 도량으로 받아준다고 했으며 우리나라 법정

스님도 조고각하(照顧脚下)라며 "발밑을 살피라."라고 했다. 현재 자신의 존재를 먼저 잘 살펴보라는 의미다. 불교의 자비심이란 곧 자신이 서 있는 곳에 존재한다는 뜻이다. 우리 인간에게 베풀어 준 자비심을 일깨워주는 이는 바로 내 앞에서 만나는 사람이 제일 먼저임을 깨닫는다.

세월은 마냥 나를 기다려주질 않듯, 내가 정의롭고 바르게 바라볼 때 하나님은 그런 충만한 사람에게 한량없는 사랑과 은혜의 베풂을 심어주실 것이다.

살아가는 이 세상은 혼자 살아가는 것이 아니라 많은 인연들과 더불어 살아간다. 그 만나는 인연들이 후사가 없는 값진 인연들로 남아야 한다. 원한이나 상대의 가슴에 대못을 치거나, 피멍이 들지 않게 매듭을 잘 이어가라는 뜻이다.

인연 병이란 후사에 엄청난 결과로 후손에게 넘겨진다. 그러므로 인연이란 끈은 자르는 게 아니라 푸는 거기에 살아가며 절대로 원한을 사지 마라.

어느 날, 젊은 며느리에게 포장이 몹시 꼼꼼하게 된 소포가 왔다. 가위를 찾아 포장된 끈을 자르려고 할 때 시어머니가 말렸다. "애야! 끈은 자르는 게 아니라 푸는 거란다." 며느리는 포장 끈의 매듭을 푸느라 한동안 끙끙거리며 가위로 자르면 편할 걸 별걸 다 나무라신다고 속으로 구시렁거리면서도 결국 매듭을 풀었다. 다 풀고 나자 어머님의 말씀이 "잘라 버렸으면 쓰레기로 버려 버렸을 텐데 예쁜 끈으로 나중에 다시 써먹을 수 있겠구나! 라고 천진하게 웃으며 말을 덧붙이셨다.

"인연도 잘라 내기보다 푸는 습관을 들여야 한다. 혹시나 얽히고설킨 삶의 매듭들이 있다면 하나하나 풀어 나가라." 필자와 우리 인연의 분들 내 글 읽으시고 그렇게 많고 많은 우리 인연의 고리들을 간직하고 계시다면 하나하나 풀어가며 오늘도 밝은 세상을 바라보는 사랑으로 맺어지길 충심으로 기원한다.

11. 나의 몸값은 얼마나 될까

프랑스에서 고령자 할아버지가 코로나19에 감염돼 병원에 이송됐다. 할아버지는 24시간 동안 호흡기로 산소를 공급받았다.

그 후 상황이 좋아졌다. 병원에서 할아버지에게 50만 프랑의 진료비 계산서를 내밀었다. 그러자 할아버지가 갑자기 눈물을 흘렸다.

그것을 본 의사는 할아버지를 달래면서 의료비 때문에 너무 괴로워하지 말라고 했다. 그러자 할아버지가 말했다. "나는 지금 내가 돈을 줘야 할 금액을 보고 눈물을 흘리는 게 아니오. 치료비는 충분히 다 줄 수 있어요. 다만 내가 흘리는 눈물의 이유는 24시간 산소 공급을 받은 금액이 고작 50만 프랑밖에 안 되는데 의아심이 생겨서입니다.

나는 지난 93년 동안을 살아오며 하나님께서 주신 산소를 마시면서도 돈을 한 번도 줘 본 적이 없습니다. 그러니 하나님께 얼마나 많은 빚을 지고 살아왔느냐란 사실입니다. 50만 프랑을 환산해 보니 거의 1억 원이나 됩니다. 24시간 산소 공급 비용이 그렇게 비싸다는 말이지요. 이번 코로나 사태를 통해서 하나님이 우리에게 주시는 메시지가 무엇인지 생각하게 하는 대목입니다.

우리는 감사를 입으로만 하나님께 내뱉었지만, 매일 우리가 공짜로 숨 쉬고 있는 것을 감사하고 살지 않았습니다. 안구(眼球) 하나만을 사려 해도 1억 원, 눈 두 개를 바꾸려면 2억 원, 신장을 바꾸는 데는 3000만 원, 심장을 바꾸는 데 5억 원, 간(肝)을 이식하는 데 7000만 원, 팔다리 없어 의족을 끼워 넣으려면 또 큰돈이 듭니다.

인체의 신비를 가리켜 표현하길 뇌는 전구 한 개를 켤 수 있는 만큼 전기를 만들고, 몸은 75%, 뇌는 80%의 물로 채워져 있다고 하지요. 우리의 인체는 지구를 세 바퀴를 돌 수 있는 12만 킬로미터의 혈관을 갖고 있으며, 매일 씹어 먹는 치아는 상어 뼈만큼 단단하다고 합니다. 장은 용광로 같은 곳으로 어떤 박테리아도 녹일 수 있고, 얼굴은 7만 가지의 표정을 연출할 수 있다고 하며, 눈은 1억 200만 화소로 카메라보다 정확하고, 인간의 지문은 77만 가지로 다 다르다고 합니다. 그래서 인간이 눈으로 볼 수 없는 것은 모두 마음으로 볼 수 있다고까지 합니다.

두 눈을 뜨고 두 다리로 건강하게 걸어 다니는 멋들어진 의복에 벤츠 승용차를 타고 다니는 몸값을 가정한다면 51억 5000만 원이 넘는 재산을 갖고 살아가는 것과 진배없다는 것입니다. 구급차에 실려 가면서 산소 호흡기를 쓰면 1시간에 36만 원이라 치면, 하루에 860만 원의 공기를 공짜로 마신다는 계산입니다. 그러니까 최고 비싸다는 벤츠 1대 값이 5억 원으로 친다 해도 10대 값이 굴러다닌다는 값진 몸뚱입니다.

　우리 인간은 그동안 이 대자연을 섭리해 주신 분께 너무나 감사하지 못하고 살아왔습니다. 오늘날 코로나19 발병 이후 2년이 넘도록 공기 중에 떠다니는 보이지 않는 바이러스가 무서워 마스크 없이는 나가지 못하는 현실 앞에서 인간은 그동안 최첨단과학이라고 자부하던 생각이 얼마나 교만했는지 비로소 깨닫게 되었습니다.

　바이러스의 영향으로 지구촌 전체가 멈춰 버렸다는 사실에 경악을 감출 수 없습니다. 세상이 적막강산이듯 하늘마저도 조용해져 버렸지요. 그러나 조금 더 깊이 생각해 보면 그 멈춤은 전부 인간이 하는 것들의 멈춤뿐입니다. 사람이 해야 할 일을 멈추면 큰일 날 줄 알았던 것들을 모두 멈추게 했지요. 이젠 인간이 대기오염으로 인한 지구 온난화로 빙하가 녹아내리며 온도 상승으로 인하여 2024년 여름 태풍과 폭우로 지구가 큰 재앙을 맞았습니다. 모두가 인간들의 재앙 때문이지요. 한마디로 지구가 말세 같아 하나님이 인간들의 하는 행위를 보시고 그 주인이신 섭리 주께서 분노하고 계십니다. 그래도 우리 인간은 아직도 깨닫지 못하고 살아갑니다.

12. 빌려 썼다 돌려 드려야 할 내 몸뚱이

  나의 몸이 이 세상에 태어날 때 무슨 계약서를 쓰거나, 내 심장의 박동이 끝없이 뛰어 100살이 넘도록 아무 탈 없이 살다 오라고 보장받아 온 것도 아니며, 어떤 대가를 주고 물건같이 사서 온 몸도 아니라는 사실이다. 하지만 이 세상에 태어난 이상 즐겁고 멋들어지게 살다 가야 할 의무와 책임감을 스스로가 깨닫는다.

  바람이 인간 눈에 보이지 않는 것처럼, 이 세상을 창조하시고, 대우주 질서와 진리를 주관하신 그분이 우리 곁에 언제나 살아 계시다는 것을 아신다면 내가 살아가는 지금의 은혜야말로 하해와 같다. 그런 우리 인간은 결과적으로 내가 지닌 이 몸뚱이가 내 것이 아니요, 하나님이 빌려주셨기에 이 세상을 떠나는 날 다시 돌려드려야 할 대물차물(貸物借物)의 존재라는 사실이다. 그러니 죄 많은 내 몸을 잘 썼다가 돌려줘야 하는데 그러지 못하고 만신창이가 돼 돌려드린다. 그래서 그 죄의 하중에 따라 천국과 지옥으로 갈라진다. 하나님은 우리 인간에게

이러한 사실을 구분해 신상(身相: 몸에 나타나는 오만가지 질병)과 사정(事情: 세상사 얽히고설킨 사건들)으로 구분해 벌을 주신다. 그런 우리네 인생을 냉철하게 한번 비판해 보자.

오늘 내가 자유롭게 숨을 들이마시고 내 쉴 수 있는 것도, 곡식을 자라게 하여 마음껏 먹을 수 있는 것도, 부모님의 몸을 빌려 이 세상에 태어나게 하여주신 것도, 이 세상을 살아가는 데 아무 탈 없이 의식주까지 넉넉하게 주신 그 은혜들을 우리 인간들은 그저 그러려니 잊은 채 당연하게 생각하며 착각하고 살아간다는 사실이다.

만일 그와 반대로 당신이 지금 당장 공기가 없어 숨을 쉴 수 없어 죽기 일보 직전일 때나, 눈앞에 먹을 양식이 없어 굶어 죽게 되었을 때 당신은 지금이 그 얼마나 감사한 삶인가 비로소 깨닫게 될 것이 아닌가?

그같이 농부가 사과나무를 만드는 것이 아니라 키우는 것이다. 커가고 있는 것을 지켜보고 있는 것에 불과하다. 처음 만든 것과 커가는 과정인 '설계의 이치'는 창조주 하나님이시다. 다만, 우리 인간은 하나님 사업에 꼽사리로 끼어들어 봉사한 것에 지나지 않고, 그저 커가는 과정을 지켜보며 탄복할 뿐이다. 이 세상 속에는 무한히 많은 전자와 파장이 인간의 눈에는 보이지 않지만, 존재하는 것처럼, 하나님은 우리가 생각하는 인식 너머에 존명(存命)하고 계시다는 사실이다. 그러기에 인간은 유한의 존재지만 하나님은 무한하시다.

불교에서는 이 우주를 가리켜 시간과 공간으로 표시하고 "무량수(無量壽) 무량광(無量光)으로 나타낸다."하여 그 본원을 관세음(觀世音)으로 표현했다. 참으로 이 세상을 창조하신 하나님의 존재 가치는 헤아릴 수 없이 위대하다. 만일, 내 존재가 지금 시한부 선고를 받고 하루하루를 산다면 그 얼마나 이승을 떠나고 싶지 않아 몸부림칠까를 한 번 생각해 본다.

어느 한 늙은 노인분이 쓴 기도를 아래에 옮겨 본다.

제가 늙은 것이 참 행복하다고 느낍니다. 어떤 사람은 소년시절에 요절했고, 어떤 사람은 청년시절에 일찍 갔고, 또 어떤 사람은 문지방을 넘다 넘어져 뇌진탕으로 갔는데도 지금의 나야말로 하늘이 저를 돌봄이니 한없는 감사이고 은혜라 느낍니다. 오늘의 저는 늙었지만, 오늘이야말로 남은 인생 중에 가장 젊은 날입니다. 오늘을 꽉 붙들고 오늘을 건강하게 살고, 멋있고 우아하고 여유롭게 살다가 권능의 성령이 부르시는 날까지 값어치 있게 쓰이는 혼의 지팡이가 되게 하소서.

지금 늙었어도 배가 고프면 먹고, 졸리면 자고, 생각나면 전화하고, 보고 싶으면 약속하고, 좋아하면 사고, 어디 가고 싶으면 달려가고, 어떤 땐 정말 시간이 길게 느껴지기도 하지만, 이 모두가 하나님이 허락하신 은총입니까?

이제부터는 남의 입에 오르내리지 말게 하시고, 세상에 빛과 소금이 되어 늘그막에 하나님의 일을 모세같이 아론의 지팡이 같이 써 주십시오. 오직 영과 육은 하나님의 중심에 두고 인생을 살게 하소서. 이것이 값진 인생인 줄 믿습니다. 태어나는 것도, 죽는 것도, 영생하는 것도 모두 하나님의 주관이시니 제 마음이 편합니다.

내 인생에 주인이신 하나님!! 그리고 내 안에 언제나 함께 존명하고 계시는 하나님!!

이제 내 마음 안에 들어 있는 오만가지 오만한 죄 덩어리를 사해 주시고, 당신이 원하는 참된 인간으로 거듭나도록 살아있는 동안까지 온전히 당신께 맡깁니다. 그리고 세상살이가 정말 괴로워 답이 전혀 없을 때, 또 내가 암의 선고를 받고 앞이 캄캄할 때, 외롭고 고독한 심정을 달랠 길 없어 먼 데만 바라보고 있을 때, 자식의 고난을 함께하지 못할 때, 우울한 불면증에 시달리는 내 마음을 주체하지 못할 때, 나라의 앞날이 캄캄하게 여겨질 때, 이 모든 일련의 사실의 판도라 상자를 풀 수 있는 열쇠로 주여 살펴주소서. 이 모든 말씀 예수님의 이름으로 대신합니다.

13. 삶의 종착역(終着驛) 물음표 앞에서

삶의 마지막 순간에 인간은 무엇을 생각할까?

이 세상을 떠나면서도 미련을 못 버린 에밀리라는 분이 살아 생전 지극히 평범한 '어느 하루'로만 돌아가게 해 달라고 간청했는데 그 소원이 이뤄졌다. 잠깐 하루 동안 이승으로 돌아간 에밀리는 살아서 바쁘게 움직이는 사람들이 일상의 모습이나 모든 것들을 그저 평범하고 당연하게 여긴다는 사실을 알게 되면서 그 안타까움을 혼자 독백으로 풀어낸다. 어느 한 극작가가 아래와 같이 표현했다.

내가 살았을 땐 주변에서 일어나는 일들을 전혀 깨닫지 못했어! 아무도 그런 점에 관심을 갖지 않더라. 종일 그런 모습만 보다가 노을이 짙어지면서 이제 작별인사를 하게 될 시간….

세상이여 안녕! 길거리의 나무들 안녕! 그리고 아름다운 저녁 달빛과 반짝이는 별빛 은하들 안녕! 아빠 형제들 안녕! 째깍거리는 시계 소리. 멀리 짙어가는 가을 들녘의 해바라기들 안녕, 흩날려 뒹구는 낙엽송들, 나뭇가지에 주렁주렁 매달린 감과 그 곁 벤치에 앉은 한 사람이 들고 있는 샌드위치와 구수한 커피 한잔의 내음. 그리고 새로 다림질해 둔 드레스와 뜨거운 목욕 시간, 잠을 자고 깨어나는 일 등등 이 모든 일상의 사람들이 저리도 아무렇지 않게 어떻게 저런 멋진 환경의 짓들에 겨워 있을까? 아~아~ 왜? 난 이토록 멋있는 짓들을 미처 몰랐단 말인가? 살아있던 그 순간순간들 그리고 행복한 것들 전부 말이야. 아! 아! 나는 세상을 진정 헛살았었구나!

이제 난 다된 시간의 종점에서 떠나야 하는 시계 소리만이 째

깍째깍 안타까운 마지막 때가 닥치고 있구나!!

　이상의 연극처럼 우리 인간이 살아가는 생존의 사실이 그저 평범한 일상이지만, 죽어 본 사람만은 그 평범함이 그 얼마나 값진 것었던가? 하는 물음 앞에 거듭나야 한다는 교훈이다. 참고로 필자가 2016년 1월 25일 출간한 책 '평범한 일상의 행복' 과 2017년 9월 8일 출간한 '삶에 공짜는 없다' 를 되뇌어 본다.

　인도의 유명한 드레스 제작자 크리시다 로드리게스라는 여성이 말기 암 선고를 받고 임종직전 자신이 걸어온 날을 아래와 같은 글로 남겼다.

　1) 나는 유명한 차(車)를 갖고 있었다. 그러나 나는 지금 병원 휠체어에 앉아 있다.

　2) 나의 집에는 비싼 다양한 옷과, 신발 장신구 등이 쌓여 있다. 그러나 나는 병원의 하얀 환자복만을 입고 있다.

　3) 나는 은행에 아주 많은 돈이 있다. 하나 지금은 그 돈으로 내 병을 고칠 수 없다.

　4) 나의 집은 왕궁처럼 크고 대단하다. 하지만 나는 침대 하나만 의지하고 있다.

　5) 나는 별 5개짜리 호텔에 머문다. 하나 지금의 나는 병원을 옮겨 다니고 있다.

　6) 나는 유명한 옷 디자이너다. 하나 지금은 병원의 검사지에만 사인하고 있다.

7) 나는 귀금속보석 장식품이 널려 있다. 하나 지금은 보석을 장식할 수가 없다.

8) 나는 자가용 비행기로 어디든 갈 수 있다. 하나 지금은 휠체어에만 앉아 있다.

9) 나에겐 비싼 코냑 등이 많다. 그러나 지금은 병원에서 약 먹을 물만 있다.

10) 보석, 옷, 돈, 차, 비행기 다 있지만, 지금 나를 보호해줄 것은 그 아무것도 없다.

우리 인생은 너무 짧다. 이 한생에 비싼 물건들은 결국 장식품에 불과하다는 사실이다. 타인의 행복을 위해 도움을 주는 것뿐이다.

살아오며 함께 나누지 못했던 것이 너무너무 후회로만 남는다. 당신들도 나와 같은 사람이 되지 말기를 간절히 바란다. 이 재벌의 마지막 가는 유언 같은 말은 남을 돌봐야 한다는 글이었다. 그리고 후회의 뉘우침을 갖게 됐다.

인간의 수명이 비교적 길어지면서 새로운 걱정거리가 있다면, 노년을 어떻게 보내는 것이 유익한 것인가? 하는 문제다. 어떤 사람은 인간의 일생을 '여행'이라고 표현한다. 그 말도 일리는 있다. 하지만 사람들은 일생 동안 모두 제 나름의 가는 길을 설정하고 있기 때문이다.

무엇을 먹을 것인가? 무엇을 입을 것인가? 이런 문제는 성실하게 살아온 이들에게는 그리 중요하지가 않다. 저마다 어떤 삶의 흔적들을 남겼느냐가 중요한 issue이다.

실제로 필자가 건강만 잘 유지한다면, 생각보다 돈이 그렇게 많이 들지 않는다. 고급옷의 치장이나 고급 식탁이 필요 없고, 그저 평상시에 편한 옷이나 토속적인 음식에 더 손이 가고, 복잡한 것보다는 단순하고 헐렁하고 간편한 것이 외려 편해 좀 뒤처져 가도 다 갈 수 있다는 마음에서다.

필자는 복잡한 곳의 모임은 일체 정리하고, 그저 조촐하게 집에서 글 쓰며 시간적 여유가 날 땐 인터넷 바둑(넷마블 아마추어 5단 내외)을 즐기다 보면 노소가 구별 없이 대국이 가능해 두뇌 회전을 할 수 있는 즐거움을 만끽하기 때문이다.

과거 선친께서 나이 들어 살아가며 건전한 오락 한 가지로 바둑을 권장해 주셨다. 그림 그리기는 절벽이나 조용한 클래식 음악을 아내와 함께 즐기는 편이다. 그러나 내 막내여식은 그림이 프로급이며 훌륭한 단편소설 작가로 전자책에서 대단하다.

필자는 세상사 만고풍상을 다 겪어 본 탓이라 남달리 아는 사실을 놓고 자랑하거나 먼저 나서지 않는 편이라서 괴로워할 일도, 사서 걱정할 일도 만들지 않는다. 단 태생이 어릴 때 바닷가에서 자란 탓인지 해변을 걷는 날이 많아 아내와 언제나 함께 걸으며 뜻을 같이하는 즐거움을 갖고, 그저 평범한 둘만의 행복에 젖어 본다. 우리 서로가 평소 걷는 데 익숙해져 노년의 휴식을 위해 하루이틀 가까운 민박여행을 즐기기엔 그나마 절호의 기회라 놓치지 않는다.

인생 후반기 70~80대는 마무리 시간이 아닐까? 하나하나 모두를 정리하고, 우선 마음부터 내려놓고 단순하게 닥치는 날들을 뜻있게 즐기는 마음가짐이 중요하다.

내 주장만 내세우지 말고 상대를 가르치려 들지 말아야 한다. 당신이 그 나이가 되도록 비록 이뤄 놓은 것 하나 없다손 치더라도 당당히 살아온 날들이었기에 기죽지 말아야 한다. 한평생 마라톤 긴 코스로 친다면 이미 완주를 눈앞에 두고 있음을 스스로 깨닫자.

바르고 성실하게 나날의 즐거움으로 살아가는 노년이야말로 하나님이 내려주신 특별한 선물로 천복(Heaven s blessing)임을 느끼자. 절약이 결코 미덕이 아니라 여유 있을 때 어느 곳에서나 먼저 지갑을 열면 대접받는다. 돈은 즐거운 마음으로 쓸 줄 알아야 따르는 사람도 많다. 연장전에서 결승점 숫 골은 후배들에게 양보하는 멋진 마무리로 '유종의 미'를 장식하는 찰나인 것이다.

14. 빈손

내 몸은 생사유전(生死流轉)의 삼계를 돌고 돌아 하나님의 한

없는 축복으로 인연의 은혜를 입어 이승에 온 것이다. 그런 내 몸을 깨끗이 썼다가 갈 때도 깨끗이 되돌려드려야 하는데 그러지 못하고 함부로 쓰다가 만신창이로 되돌려드리면 하늘의 형벌로 심판을 받게 된다,

불가에서는 인생 삶을 심은 대로 거둔다 하여 인과응보(因果應報)에 비유했고, 예수님은 "내가 곧 길"이라 하셨다. 고진감래(苦盡甘來)란 심지도 않고 공짜로 바랄 수 없다는 의미로 고생 끝에 낙이 온다는 의미로 한세상을 살아가며 근면성실하게 열심히 씨를 뿌려 두면 훗날 값진 밀알을 거둘 수 있다는 삶의 진리를 밝혀 두셨다.

아무리 아름다운 꽃도 열흘 못 가서 시든다는 뜻으로 화무십일홍이라 하고, 화려했던 한 시절의 진시황도, 일본을 통일했던 도요토미 히데요시도 죽으면서 하룻밤 꿈이었다며 일장춘몽(一場春夢)이라 표현했다. 그 모두가 한 시절을 구가하며 떵떵거리던 사람도 언젠가는 이슬같이 사라진다 하여 우리 인생을 불교에서는 제행무상(諸行無常)으로 형태 있는 것 그 모두는 언젠가는 반드시 소멸한다는 뜻이다.

한세상을 살아가며 자신에게 쌓인 연륜이란 젊음과는 또 다른 선물로 나타나 어떤 빛깔의 보석으로 만들어 가야 하는지는 오직 지금에 감사하는 일로 자신에게 주어진 삶에 최선을 다해 후회 없이 살아가는 여행길이라야 한다. 그러나 인생사 누구나

한 치 앞을 알 수가 없듯 마음먹은 대로 되지 않기 때문이다.

인생의 전환점에 들어서면 온갖 종류의 찌꺼기가 자신을 짓눌러 오지만, 어떻게 잘 정리하느냐? 하는 것은 살아온 삶이 경험을 총 점검하는 마음의 중심이어서 참으로 중요하다.

그러기 위해서 살아가는 인생 농사를 아름다운 동산 위에 값진 씨앗을 심어둬야 복을 받는 사람이 될 것이다. 남을 울려서 잘된 인간은 우선은 잘살겠지만, 언젠가는 하늘의 무서운 형벌이 자손들에게까지 돌아온다는 사실이다. 그 형벌이란 신상에서나 사정에 얽히고설키는 일들로 나타나 종말이 비참하게 되는 경우가 많다.

단 한번뿐인 우리네 인생! 사는 동안 꼭 지켜야 할 세 가지란 첫째 이 세상에 보내준 하나님과 부모님에 감사하고, 둘째 혹독하게 배고팠던 가난에서 벗어나 잘살게 해준 나라님에 감사하며, 마지막으로 평생토록 내조하면서 처진 당신의 어깨를 곁에서 어루만져 주며 함께 아파해 준 아내에게 감사하는 일이다.

인간의 마음이란 연못처럼 깊고, 하늘처럼 넓은 그릇이라 했듯, 그 그릇 속에 무엇을 담느냐에 따라 인생도 달라질 수 있다. 그것은 자신의 수양을 통해서 마음을 넓히고, 표시 없이 덕을 쌓으며 실천해 가는 삶은 고난의 길이지만, 훗날 자손들이 복 받는 길이 될 것이다. 외롭고 힘들고, 마음의 상처를 받고, 삶의 의욕조차 잃어 숨어서 울고 싶을 때 내가 세상에 나와 해놓은 것 하나 없이 사상누각 같은 모든 것, 이제 다 털어 버리

고 진실의 울림이 와닿을 수 있는 아픔의 시간인 행동이어야
한다,

  그것은 내가 사는 동안 그 빈 잔에 명약을 가득 채워 놓는 일
이다. 채울 수 없는 과욕에 욕심이 넘치면 목마른 사슴처럼 갈
증에 허덕이다가 몸만 망가지게 된다. 이런 땐 하루빨리 마음
을 비우는 일이 급선무다. 쑤셔 넣을 자루가 없는데 채워놓고
봐야 직성이 풀리는 자들은 탈이 나기 마련이다. 노력 없는 성
공이란 없다. 모래성만 쌓다가 포기하는 거야말로 어리석은 패
잔병의 말로다. 어제는 지나간 하루다. 오늘 다시 새아침이 열
리듯 마음을 다잡고 바른길을 찾아야 한다. 행복이란 먼 데 있
는 게 아니라 언제나 당신 곁에 있는 양심이다. 살아가는 세상
사가 그리 호락호락하질 않기에 언제나 마음다짐이 중요하다.
  가령, 어젯밤에 함께했던 한 친구가 갑자기 교통사고로 한 줌
의 재로 당신 곁에 나타날 때 당신은 어떤 생각이 들 것인가?
우린 누구나 단 한 장의 티켓만을 쥐고 가는 여행길이란 사실
을 한번쯤 깊게 생각해 보자. 남들이 저리도 잘산다고 부러워
하질 마소. 살아가다 보면 당신도 볕 들 날이 있을 거고 축복받
는 사람이 될 것이다. 이 밤새도록 졸고 있는 가로등도 뒤뚱뒤
뚱 고단하게 걸어가는 당신을 위로해 주고 있으니 용기를 잃지
말고 힘내 걸으며 살아가야 한다.

어차피 인생은 빈 술잔이 아니던가?

몇 밤을 땅 위에서 살기 위해 매미는 땅속에서 수년 동안 굼벵이로 살다가 화려한 잠을 깨고 이승에 와 비로소 성숙한 매미로 변신, 교접한 뒤 알을 낳고는 하룻밤을 잔 뒤 죽는다고 하듯, 우리들 인생살이도 텅 빈 허공 속을 뛰어다니며 살아보려고 발버둥치면서 아끼고 모으고 움켜쥐려고 소리쳐 보지만, 그 모두가 다 부질없이 지나가는 바람이듯 한 과정의 흔적이라는 걸 알게 된다. 쌓이면 쌓일수록 무거워지는 것, 그것을 법정스님은 '무소유'에서 다 버리는 것이라고 말했더군요.

이 세상 인연 따라 왔다가 하룻밤 잠깐 머물다 가는 여인숙이라고 멋진 표현을 남긴 인도의 테레사 수녀님도 인생길이 마치 아침 안개 같다고 비유했다. 결국 남는 건 빈손뿐, 분명한 사실은 나나 당신도 이 세상에 왔으니 언젠가는 다 두고 빈손으로 간다는 사실이다. 죽는다는 것은 무덤을 향해 오늘도 열심히 가고 있는 여행길이다.

누굴 위해 사는 게 아니라 나 자신을 위해 사는 것이다. 남을 원망하거나 미워하지도 말고, 오순도순 사이좋게 살아가야 한다. 만남의 인연이란 상대적이긴 하지만, 불가에서는 그게 다 전생 인연 따라 얽히고설키는 일들이라 아슬아슬 줄타기하는 모습이다. 마치 바닷가 모래위에 남기는 발자국이나 다름없다.

그같이 인간의 참된 삶의 가치란 어떤 지위나 명예가 아니라 자신만을 위해 얼마나 멋있게 즐기면서 행복의 발판을 잘 만드느냐? 하는 자기와의 싸움인 것이다. 나도 할 수 있다는 신념과 용기만 있다면 얼마든지 가능하다. 우리네 모두가 마지막 빈손으로 갈 인생 흘러가는 세월만 한탄하지 말고 행복의 종지부를 찍어야 한다.

15. 내 인생 마지막 날이 언제일까

이 세상에 태어나 살고 있는 모든 사람치고 아무 목적 없이 살아가는 사람은 없다. 그렇다면 나란 존재는 누구인가? 그리고 산다는 것이 무얼까? 오늘은 내 혼자의 나를 바라보며 지금의 나를 자각(awareness)해 보는 것 그자체가 나의 본질(本質)이다.

삶이란 참으로 복잡하고 아슬아슬하기만 해 하루도 편할 날이 없듯 언제나 뭔가가 부족함을 느끼지 않는 때가 없다. 그게 뭘까? 그것을 채워야 하는 게 인간으로 오늘도 길을 찾아 나선다. 그러나 어느 하나 결정한다는 것 그 자체가 쉽지가 않다.

사람이란 누구에게나 그 힘든 이야기를 때로는 행복하다, 기쁘다고 하지만, 그 속들에는 고뇌의 기나긴 시련의 순간들이 있게 마련이다. 직업도 천차만별이다. 그같이 인생살이가 가지각색의 연속이다. 그걸 극기하고 사는 현실이 살아가는 적자생존의 모습에서나 자신을 단련하려는 고독의 밑바탕에 옥과 돌

을 갈고 닦는 자신만의 절차탁마(切磋琢磨)가 따르기 마련이
다. 그런 시련의 극기에서 나라는 존재가 늙어가면서도 나날이
재탄생해 가는 것이다.

　몇 안 남은 친구 가운데 어저께까지도 멀쩡하게 만나 술잔을
나누던 한 친구가 감기가 심해 못 나온다는 기별이더니 느닷없
이 죽었다는 그 동생분의 전화에 홀로 내 마음을 달래야 했다.
또 돈 많은 한 친구는 늘그막에 새 차를 샀다며 운전하다 터널
안 접촉사고로 중상을 입더니 며칠을 못 가 죽었다는 기별이
고, 또 한 죽마고우는 섬에 들어가기 위해 선착장 길 건너 횡단
보도에 서 있는데 술 취한 젊은 분의 차에 치여 1년여를 병실을
전전하다 하반신 마비로 세상을 떠나고 말았다.
　이런저런 일들로 필자도 이젠 주위를 둘러보면 가 버린 사람
들뿐 우울한 나날로 위태위태하게 살아가는 불안한 나날인지
라 어디다 마음 둘 여유도 없이 단순하게 살겠다는 것 자체가
쉽지가 않다. 주위환경에 매일 잊자고 마음 작정해도 나라 정
치판에서부터 온갖 걱정에 아예 TV를 꺼 버려도 '정신적인 피
로'에 여유로운 마음 갖기가 어렵다.

　기억에 남는 중국 어느 한 노인의 글이 생각난다.
　어떤 사람은 소년시절에 요절했고, 어떤 사람은 청년시절에
일찍 갔고, 멀쩡하던 한 사람은 문지방을 넘으면서 뇌진탕으로

갔고, 어떤 부호는 잘 먹고 잠자다가 요절복통을 일으키더니가 버렸다. 비일비재한 사건사고 속에서도 그래도 난 늙었지만, 하늘이 준 천수를 누리며 무사하게 살아있으니 이는 행운이 날 돌봄이라 여긴다. 비록 늙었지만, 인생 중에 오늘이 가장 젊은 날이다. 오늘을 꼭 붙들고, 오늘을 건강하고 즐겁고, 여유롭게 살다가 예기치 않은 날에 자연으로 돌아가리라.

우울했던 소년시절이나 기세등등했던 젊은 시절도 더러는 많았고, 세상에 많고 많은 일들을 다 겪었으니 인간의 쓴맛, 단맛 다 보았고, 시비곡직의 마음 깨달은 바 있어 다시는 어리석게 모든 것에 맹종하지 않을 것이다. 과거 일은 바람결에 날리고, 이젠 어떤 어려움도 이겨낼 것이다. 정신과 기운을 편히 하여 세상을 바로 보고 나면, 바람도 고요한 물과 같이 요동치지 않을 것이리니….

해마다 지진으로, 혹한으로, 혹서로, 홍수로, 병으로, 폭우로 죽고, 지구의 이런 사고들이 당신을 일깨워준다. 그러므로 나의 삶을 단순하게 순응하며 살아가야 한다. 배고프면 먹고, 졸리면 자고, 생각나면 전화하고, 보고 싶으면 약속하고, 좋아하면 사고, 싫으면 안 사고, 어디 가고 싶으면 달려가고, 초야에 묻혀 그렇게 조용히 살아가야 한다. 여보게! 인생은 이렇게 살아야 그게 잘 사는 걸까?

살기가 힘든 세상에서 하루를 무사히 넘긴다는 것이 기적인 느낌이 들 때가 많다. 당신이나 내가 지금 숨을 들이마시고 뱉을 때마다 삶과 죽음을 반복하고 있는 삶 속에는 죽음의 그림자가 언제나 도사리고 있다는 증거다. 결국, 그런 생명의 기준을 넉넉히 잡아보려 하지만, 그러나 그런 느긋함을 갖기란 쉽지가 않다.

가령, 아무리 돈 많은 부호라 해도 균형 감각부터가 젊은이들과 다르기에 우울해짐과 고독감이 들 수밖에 없다. 늙어지다 보면 수없이 밀려오는 번뇌나 갈등과 경제적 소외됨과 스트레스로 인한 몸의 균형을 극복하며 감당하기가 여간 어렵지 않기 때문이다. 그리고 늙었다고 취급하는 따돌림일 때 어디다 마음 둘 바를 모른다. 지친 영혼의 안식처가 없고 위로받을 그 어느 곳도 없이 소외받기 때문이다.

결국, 인생사 일장춘몽(an empty dream)!! 100세 시대라지만, 이런 노인분들의 마음 깊이 아픈 허무(虛無)한 무상함은 누구나가 느끼게 된다. 삶의 허풍이 아닌 현실적인 나날의 고독한 비극이 아닐 수 없다. 어려운 여건 속에서나마 세상구경 잘하고 가네요. 세상아! 잘 있 거 라. 빠이빠이.

16. 죽기 전 가장 많이 후회하는 다섯 가지
 # 어떤 묘비의 글(the words written on a tombstone)

호주의 한 여성이 우수한 성적으로 대학을 졸업한 후 은행에 들어가게 됐다.

처음에는 평생 먹고살 걱정이 없는 직장에서 엘리트의 길을 걷고 있는 자신이 대견하고 자랑스러웠지만, 매일 반복되는 똑같은 일에 한평생을 보내야 한다고 생각하니까 인생이 너무 무의미하다는 생각이 밀려들었다. 고민한 끝에 그녀는 직장을 그만두고 새로운 꿈을 찾기 위해 영국 여행을 떠났다.

영국 여러 곳을 여행하다가 가지고 간 돈이 바닥나자 그녀는 생활비와 여행경비를 벌기 위해 일을 처음 시작한 것이 노인 전문요양병원에서 병간호를 하는 일이었다. 그렇게 몇 달을 하고 다시 호주에 돌아온 그녀는 영국 여행 중의 경험을 토대로 틈틈이 노인 돌보는 일을 했다. 상냥하고 붙임성 있던 그녀 자신은 사람을 편하게 해주는 재능이 있었다. 많은 노인들이 들려준 가장 후회되는 일들을 노트에 일일이 적어뒀다가 정리하는 과정에서 문득 똑같은 얘기들이 반복된다는 사실을 깨닫게 되었다.

몇 년 후 그녀는 노인들에게 들은 얘기를 요약해서 가장 많이 반복되는 다섯 가지 후회와 그에 얽힌 에피소드를 책으로 썼다. 얼마 지나서 그 책은 베스트셀러가 됐다.

첫째 난 내 자신에게 정직하지 못했다. 내가 살고 싶은 삶을 살지 못하고, 대신 내 주위 사람들에게 보여주기 위한 삶을 살았다.

둘째, 이것저것 일들에 너무 허송한 날들만 보내다 뒤를 돌아

보니 애들은 이미 다 커 버렸고, 배우자와의 관계도 서먹해져 있었다. 다시 살 수 없는 날들이라 생각하고 이 일, 저 일만 끝내고, 더 미루어서는 안 되겠다는 생각을 깨달으나 쉽지가 않다.

셋째, 내 감정을 주위에 솔직하게 표현하며 살지 못했다. 내 속을 터놓을 용기가 없어서 순간순간의 감정을 꾹꾹 누르며 살다 보니 미칠 지경까지 이르렀다. 더욱 중요한 것은 사랑한다고 말해야 할 사람에게까지도 솔직히 말하지 못했고, 용서를 구해야 할 사람에게도 용서를 받지 못했다.

넷째, 친구들과 연락하며 살았어야 했다. 다들 죽기 전 그 친구 꼭 한번 봤으면.

다섯째, 행복은 결국 내 선택이었다. 훨씬 더 행복한 삶을 살 수 있었는데 앞날의 추락이 두려워 변화의 선택을 못했고, 자신을 억제하다 보니 남들과 같은 삶이 반복됐다. 이상의 내용을 읽으며 필자도 마지막 한 가지를 첨부해 본다면 "내가 내게 속거나 감추고 살아온 한세상인 것 같았고, 더욱 놀라운 생각은 절대 내 마음 그대로 세상이 따라주지 않는다."는 사실이었다.

#어떤 묘비에 새겨진 글(#the words written on a tombstone)글이다.

서양인들의 묘지는 한국처럼 저 멀리 산에 있는 게 아니라 동네 한가운데 혹은 성당 뜰에 있다. 거기 가지런히 줄 지어 서 있는 묘비에는 앞서간 이에 대한 추모의 글이나 아쉬움의 인사가 새겨져 있다.

한 사람이 묘지를 돌며 묘비에 새겨진 글을 읽다가 어떤 묘 앞에서 발길을 멈추게 됐다. 그 묘비의 글이 흥미로웠기 때문 이다. 글은 단 세 줄이었다.

"나도 전에는 당신처럼 그 자리에 그렇게 서 있었소." 순간 웃음이 터졌다. 두 번 째 줄이 이어졌다. "나도 전에는 당신처 럼 그곳에서 그렇게 웃고 있었소."

이글을 읽자 그는 "이게 그냥 재미로 쓴 것이 아니구나." 싶 었다. 그래서 자세를 가다듬고 긴장된 마음으로 세 번째 줄을 읽었다. 죽음에 대한 준비만큼 엄숙한 것은 없습니다. 그런데 그 준비는 지금 살아 있는 동안에 해야 합니다. 그 준비는 바로 '오늘' 을 결코 장난처럼 살지 않는 것입니다.

연령별 생존확률을 보면 70세 생존확률 86%, 75세 54%, 80 세 30%, 85세 15%, 90세 5%이다. 즉 90세가 되면 100명 중 95명은 죽고 5명만 생존한다는 통계다. 80세가 되면 100명 중 70명은 죽고 30명만 산다. 확률적으로 건강하게 살 수 있는 평 균나이는 76~78세이다.

언젠가는 말 못할 때가 온다./ 따스한 말들 많이 하세요.
언젠가 웃지 못할 때가 온다/값진 사연, 값진 지식 많이 보시 고 사세요.
언젠가 움직이지 못할 때가 온다./ 가고픈 곳 어디든지 가세요.
언젠가 사람이 그리울 때가 온다/ 좋은 사람 많이 사귀고 만나세요.

언젠가 감격하지 못할 때가 온다/ 마음을 숨기지 말고 표현하고 사세요.

언젠가 우리는 세상의 끝자락에 서게 될 것입니다. 사는 동안 최선을 다해 후회 없는 삶을 사셨으면 좋겠어요. 자신의 마음 늙었다고 움츠러들지 말고, 물처럼 지혜롭고, 쉬지 않고 흐르는 인생으로 늘 웃음 가득한 나날들 되세요.

17. 천국을 소유하는 조건

케냐 나이로비에 존 다우라는 소년이 있었다.

어머니가 죽고 나서 아버지의 심한 학대와 매질로 집을 뛰쳐 나와 거지가 되었다.

소년은 다른 거지아이들처럼 길거리에서 구걸을 했는데, 매일 주린 배를 채우기 위해 지나가는 차가 신호를 받고 잠시 정차한 차에 손을 내밀어 도와 달라고 애걸했다.

어느 날 존 다우는 여느 날처럼 갓길에 주차되어 있는 차로 다가갔다. 사실 이러한 거지 소년들을 사람들이 골칫거리로 여기고 있었다. 그것은 대부분이 아이들을 좀도둑으로 보고 있었기 때문입니다. 그렇지만 한 조각의 빵을 사기 위해 존 다우는 그날도 차안으로 손을 쑥 내밀었을 때다. 그 차에 어떤 여성이 타고 있었다. 그녀는 휴대용 산소 호흡기에 의지해 힘겹게 숨을 쉬고 있었다. 소년은 그녀의 모습에 멈칫하며 놀랐다. 그리고 물었다.

"왜 이런 걸 끼고 있어요?" 그러자 그녀는 이렇게 말했다. "나는 이게 없으면 숨을 쉴 수 없어 살아갈 수 없단다. 사실 수술을 받아야 하지만, 나에게는 그럴만한 돈이 없단다." 그러자 소년의 눈에서 눈물이 핑 돌았다. 이 여자는 글래디스 카만데(Gladys Kamande)라는 여성인데 남편의 심한 구타로 폐를 다쳤다는 것이다.

소년은 거리에서 구걸하며 살아가는 자신보다 더 어려운 사람이 세상에 있다는 사실을 깨닫고, 이 여자에게 "제가 잠깐 기도를 해 드려도 될까요?"라고 제의를 했다.

그러곤 여자의 손을 잡고 가슴깊이 기도를 시작했다. "하나님 제발 이분의 병을 낫게 해 주세요." 기도하는 동안 소년의 눈에서 눈물이 계속 흘러내렸다.

그러곤 그간 구걸해 주머니 속 깊이 넣어둔 얼마 되지 않는 자신의 전 재산인 돈을 그 여자의 손에 쥐여 주었다. 이 광경을 처음부터 계속 지켜보던 한 시민에 의해 사진과 사연이 SNS에 공개되었다.

이러한 이야기가 삽시간에 전 세계로 퍼져 나갔고 이 여자의 수술비가 무려 8000만 달러 넘게 모아졌다. 이 여자는 인도에서 무사히 수술을 마치고 건강을 되찾았다. 수술 후, 이 여자는 곧바로 이 소년을 찾았다. 하지만 소년은 그간 인터넷을 통하여 잘 알려지게 되어 니시라는 마음씨 좋은 어느 부유한 여자분이 이 소년을 아들로 입양했다.

세상 사람들은 마음을 비우면 비로소 보이고, 비우고 나면 다시 무언가 채워진다는 사실이다. 바로 이 소년처럼 마음과 물질이 아닌 심령깊이 모두를 비워내다 못해 자비와 사랑으로 가난하게 되어야 천국을 소유하게 되는 조건이 되는가 보다.

"재물이 부자인 사람은 근심이 한 짐이요. 마음이 부자인 사람은 행복이 한 짐이다."

천국과 지옥은 인간의 마음먹기에 달렸다는 레오나르도 다빈치의 말이다

18. 느린 달팽이에게 충고하지 마소

필자와 아내는 독서를 많이 하는 편인데 오래전에 실린 지나간 옛글 금언 같은 내용들을 주고받으며 독자님들도 우리와 같은 생각일 거라고 느껴져 글을 실어 본다.

카프만 부인이 자신의 책 '광야(曠野)의 샘'에서 이런 경험을 털어났다. 어느 날 그녀는 누에고치에서 번데기가 나방으로 탈바꿈하는 과정을 지켜봤다.

바늘구멍만 한 틈새에서 몸 전체가 비집고 나오려고 한나절을

버둥거리고 있었다. 안쓰러운 생각에 가위로 구멍을 넓혀주었고, 커진 구멍으로 쉽게 빠져나온 나방은 공중으로 솟아오르려고 몇 번을 시도하더니 결국 날지 못하고 땅바닥에서 맴돌았다.

그녀는 나방이 작은 틈새로 나오려고 애쓰는 시련을 거치면서 날개의 힘이 길러지고 물기가 알맞게 말라 날 수 있다는 사실을 뒤늦게 알게 됐다.

사람은 누구나 편안한 삶을 살기를 원한다. 고통을 싫어하고, 기쁨만 가득하기를 바란다. 그러나 고통이 없고 기쁨만 있다면 인간의 내면은 절대 여물어질 수가 없다. 나방처럼 난관을 헤쳐 가는 과정에서 생존의 힘을 기를 수 있게 된다. 아픈 만큼 세상살이도 성숙해 가는 과정이다. 고통에 찬 달팽이를 보게 되거든, 충고하려 들지 말라. 그 스스로 고통에서 벗어나올 것이니까. 당신의 충고가 상대에게 외려 화나게 하거나 상처 입게 만들 수도 있을 것이다.

프랑스 시인이자 영화감독인 장 루슬로가 쓴 '또 다른 충고들' 이란 시다.

#하늘의 선반위로 제자리에 있지 않은 별을 보게 되거든 그럴 만한 이유가 있을 것으로 생각하라/ 강물의 등을 떠밀지 말라./ 물과 돌, 새와 바람/ 그리고 대지위의 모든 것들처럼 강물은/ 나름대로 최선을 다하고 있어야 한다.// 시계추에서 달의 얼굴을 가지고 있다고 말하지 말라/ 그리고 너의 문제들을 가지고 너의 개를 귀찮게 하지 말라/ 그는 그만의 문제를 가지고 있으

니까?/

　사람들은 자식이나 친구에게 충고하면서 "다 너를 위해 그런 것"이라고 말하지만, 실상은 상대를 위하는 것이 아니라 내 생각대로 살게 하려는 욕심일 수도 있다는 것이다. 비록 느린 달팽이일지라도 자연의 흐름 속에 분명히 자신의 속도와 자신의 방향대로 움직이고 있다는 사실이다.

　여기에서 잠깐 필자가 달팽이에 대해서 느끼는 게 하나 있다. 매일같이 아침이면 집 뒤 보은산 길을 아내와 손잡고 걷다 보면 길 한복판에 달팽이가 느리게 기어가는 것을 유심히 관찰하다가 문득 생각하길 혹여나 달팽이가 차에 치일세라 가는 쪽 길가 이슬 맺힌 풀 섶으로 옮겨주면 몸을 움츠리다 한참 후에 안전함을 느낀 건지 다시 가기 시작한다. 그러나 필자가 의문스러운 것은 왜 달팽이가 등에 집을 지고 나들이를 않는 것인지? 몸매가 전에 비해 배나 커 혹 개량종인지? 아직도 의문을 갖고 산다.

　나의 잣대로 함부로 남에게 충고하지 말아야 한다. 다만 따뜻한 시선으로 지켜보는 것이 때론 상대를 돕는 최선의 길일 수도 있다.

　자녀에게도 이렇게 해라, 저렇게 살아가라고 시시콜콜 간섭하는 부모들이 적지 않으나 부모의 잔소리가 오히려 자식들을 별천지로 옮겨줄 마법의 양탄자가 될 수 없음은 자명하다. 삶의 주인공인 자기가 애써 얻은 것만이 진정한 가치를 지니는 것이다.

괴테의 희곡 '파우스트'에서도 주인공 파우스트는 신비한 약을 먹고 젊어진 후, 마법의 도움으로 모든 영화를 누리지만, 마법에 의존한 쾌락은 결국 허상이라는 사실을 깨닫게 된다. 마침내 자신의 삶으로 되돌아온 그는 생의 황혼녘에 이렇게 외친다. "자유도 생명도 날마다 싸워서 얻으려는 자만이 그것을 누릴 자격이 있다." 삶은 휘황찬란한 마법은 있지 않았다. 오늘 하루 내 삶을 당당히 살았으면 그것으로 족한 것이다. 달팽이도 자기 속도대로 기어간다. 지금까지도 희생의 욕심으로 살았다면 잎으로는 내 몸 추스르며 살아가야 한다.

필자가 여기에서 시 한수를 지어 읊어 본다.

가는 가을 어느 날 쌓인 낙엽을 한주먹 쥐어보니/그게 가버린 세월이었네/나에게 걸맞게 사는 넋두리를 읊어보니/ 푸념처럼 가버린 날들의 탄식일세./사는 게 뭘까 되뇌어보니/건강하게 사는 날까지 탈 없는 거였네//

건강한 거지가 병에 걸린 부자보다 행복하듯/어쩌고저쩌고 간에/ 노후엔 건강이 제일이라/부질없는 짓 다 치워 버리고/나에 걸맞게 내 몸 추스르며/ 남은 세월 달팽이처럼/
뒤처져 가도 사푼사푼 다 갈 수 있걸랑요.//

19. 알뜰한 사랑과 용서(容恕)

가정이란 가장 평안하고, 알뜰한 안식처(安息處)다

한우를 많이 키우던 40후반의 한 분이 축산농장이 잘 안돼 쫄딱 망하게 됐다. 많은 빚을 안게 된 그는 죽을까 결심도 했지만, 그것마저도 여의치 않았다. 그는 가족들이 더 많은 고통을 당할까 봐 모든 것을 다 버리고 아무도 연락이 되지 않는 곳으로 멀리 도망쳐 버렸다. 처음에는 막노동판에 나가 일하며 그런대로 견딜 수 있었지만, 점점 더 힘들어지다가 결국에는 노숙자 신세로까지 전락하고 말았다. 낮에는 추해진 모습에 걸인 행색이 되어 배가 고파 구걸을 일삼았고, 비가 많이 오는 날에는 처마 밑에서, 밤에는 산에서 움막에서 자야 하는 처참한 생활을 20여 년 동안이나 했다.

노숙자 생활이란 여름에는 그런대로 견딜 만했지만, 추운 겨울에는 엄청난 고통을 감내해야만 했다. 얄팍한 담요나 때로는 비닐이나 신문 한 장 또는 빈 종이박스만을 덮고 혹한에서 견뎌야 했던 밤이란 참으로 고통스러운 나날이었다.

주로 지하철역에서나 지하도 바람막이 같은 외딴곳에서 살을에는 추위가 닥친 어느 겨울날 구걸도, 거동조차도 어려워 맥이 빠져 몸도 꼼짝 못하고 물만으로 5일간이나 굶어 본 적도 있다. '이러다 죽는 거구나?' 라는 생각이 들 때 눈이 자신도 모르게 스르르 감기면서 기력이 축 늘어져 버렸다. 과거 빠삐용 영화 생각이 언뜻 떠올랐다.

그때 그는 다시 죽음의 마지막 힘을 다해 살아놓고 봐야겠다는 한 가닥 생각만으로 이를 악물며 일어나 정처 없이 걸으며 수차례나 자빠지면서 걷고 또 걸어 어느 한 마을을 지나다가 소를 키우는 축사가 눈에 띄었다. 그 옛날 생각이 불현듯 떠올라 거지행색이지만, 있는 용기를 다해 무작정 축사 쪽 한 분에게 마실 물과 먹을 것을 달라고 통사정을 하다가 기력이 쇠잔해져 쓰러져 기절해 버렸다.

한참 후에 집주인인 듯한 분이 깜짝 놀라며 손발을 주물러 주니 한참 후에야 깨어나 먹을 물과 따뜻한 밥을 보더니 자신도 모르게 수년 만에 먹어 보는 하얀 쌀밥에 펑펑 떨어뜨리는 눈물이 밥숟갈 반 눈물 반이었다. 그걸 본 주인은 사정은 모르겠으나 잠자리는 걱정 말라며 지낼 장소까지 마련해 주셨다.

그는 그곳에서 예전의 기억을 가다듬어 겨울 동안 소를 정성껏 돌봤다. 그가 돌보던 소는 날이 갈수록 모두 우량종으로 자라며 성장했다. 그러자 주인은 더 오래 머물 것을 권유했고, 거기서 3년을 더 지내며 열심히 일을 하고 지냈다. 노숙자의 티도 벗어나 주인은 이 사람의 지나온 사정을 알아차리고 암암리에 가족을 수소문했다.

그런 다음 송아지 두 마리를 주면서 자기의 소를 따로 잘 키워 보라고까지 한다. 그 송아지들이 무럭무럭 잘 클 무렵인 어느 날 키가 크고 잘생긴 남자 한 분이 찾아왔다. 그가 바라본 이 남자는 아들이었다. 그러나 아버지는 크게 성장한 아들을 처음에는 언뜻 알아보지 못했다. 둘은 한참이나 얼싸안고 울고 또 울었다. 아들은 20여 년간 아버지만을 찾아 전국 곳곳을 가보지 않은 곳이 없었다. 아버지는 비로소 가족에게 짐이 되지 않으려고 한 것이 가족에게는 도리어 엄청난 고통이었다는 것을 알게 됐다.

그런 고통을 견뎌 보지 않은 사람은 도저히 이해되지 않겠지만, 하던 사업이 쫄딱 망해 실업자로 갈 곳도 의지할 곳조차도 없이 앞날이 캄캄해 떠돌이 신세로 방황을 해 본 사람은 충분히 이해가 될 것이다. 필자도 거액을 사기당한 후 세상 모든 것이 싫어져 죽지 못해 방황하며 목숨만을 부지하면서 몇 달을 그래 본 적이 있다.

필자의 지난 젊은 시절 이야기다. 과거 삼성이나 현대 LG도 없던 시절 대한석유공사는 입사하기가 어려운 큰 회사였다. 가까운 인척의 딱한 사정을 이해하고 회사에서 판매하던 윤활유를 팔아 원금을 입금시키라 했으나 거액을 입금치 않고 잠적해 버려 필자가 감사에 걸려 전 금액을 퇴직금으로 대신 청산하고 사표 낸 적이 있다. 이런 사실을 아내가 놀랄까 봐 한동안 숨기다가 결국 알게 됐다. 방황하고 전전하며 고난을 겪어 보지 않은 사람은 그때의 처지를 이해하지 못한다. 그것도 한 번도 아니고 수차 반복 사기를 당하다 보니 설 자리가 없었다. 한 가장으로 죽기보다 더 힘든 나날이었다.

이런 때 아내의 너그러운 용단으로 남자의 자존심을 끝까지 꺾지 않고, "당신은 할 수 있다."는 용기를 심어준 조강지처의 의지는 참으로 대단했던 과단성이었다.

한번은 목포에서 사기를 당해 거지 행색이 되어(전화하기도 어려웠던 시절) 느닷없이 보성 처가에 들르니 장모님이 내 모습을 보고 깜짝 놀라시며 만 사흘을 염소탕을 고아 먹여줬던 일을 지금까지도 잊을 수 없다. 처음 선을 보러갔을 때 그 부모를 먼저 보라는 말이 생각난다. 아내의 어머님의 인자한 품격에 마음이 끌렸다. 부부란 살아가면서 사랑보다는 서로를 먼저 애정으로 감싸고 양보하며, 이해하고 용서할 때가 훨씬 더 신뢰의 비중이 크다는 사실을 느끼게 했다.

어찌 보면 남자란 단순한 점이 많다. 그래서 남자를 만드는 것은 여자에게 달렸다. 재치 있는 아내의 폭넓은 이해란 한 가정의 내조의 힘이다. 강짜가 심한 아내는 남편의 약점이나 여자관계를 보며 간통죄로 고발까지 해 옥에 처넣는 그런 어리석은 주부도 있다. 이런 여자들은 성이 개방된 일본에 가서 그 모본을 한번 배우고 오면, 세계 제1의 우리나라 이혼율이 10%로 떨어질 것이 분명하다. 가령 비록 남편이 외도를 해도 일본 주부들은 그 남편을 반드시 내 집으로 찾아오도록 만든다.

여생지락(餘生之樂)이란 남은 인생 즐겁게 살라는 뜻이다. 많고 많은 인연 중에 부부의 만남 이상 없다고 2000년 전 공자(孔子)님께서도 말씀하셨다. "인생을 즐기는 사람이 으뜸"으로 가족 화목의 포근함을 웰빙(Well being)이라 표현했다.

20. 100세 인생의 마지막 깃발
늙음엔 연습이 없다

우리나라 노인들 중 80세가 되면 100명 중 70명은 천상으로 가고, 30명만 생존한다. 90세가 되면 100명 중 5명만 생존한다는 통계이고, 확률적으로 건강하게 잘살 수 있는 평균 나이는 75~78세라고 한다. 2023년도 한국인 총 인구통계상 80세까지 사는 것만도 행운이요, 축복이라고 했다.

60대는 늦가을 단풍이고 70대는 초겨울 낙엽의 계절이고 80대는 한겨울 백설의 계절이라면 90대는 남은 날들을 음미하는 축복의 날일 것이다. 인생이 무척 길거라 여겼는데 팔팔하던 그 시절이 야속하게 돌아서 버렸구나.

청춘 경험이 있는 노인은 청춘을 잘 알지만, 노년 경험이 없는 청년은 노년을 잘 모른다. 또한, 청년기는 누구나 반복하고 싶은 꽃 같은 세월이나, 노년기는 거부하고 싶은 세월이다. 찬란하다 해도 그 젊음을 지켜낼 장사 없고, 초라하다 한들 늙음을 막아낼 장사 없다. 늙음이 무슨 연습이 있으랴마는 남은 세월이 우리 앞에 얼마나 될까?

푸른 잎은 언젠가는 낙엽이 되고, 예쁜 꽃도 언젠가는 떨어지더라. 진정으로 영원한 건 없기에 이 시간도 다시는 오지 않을 것이다. 곱게 늙고 싶었으나 후안무치하게 체면불구하기 십상이다. 노인이 미색을 탐하면 개망신당하기 십상이라 수치심도 무뎌진다. 하나 아무리 늙었다 해도 자존심 자부심만은 포기하지 말아야 한다.

한편으로 나이를 먹어도 언제나 밝은 얼굴이 있는가 하면 일부러 얼굴을 찡그리고 다니며 성깔이 있어 보이는 그런 사람도 있다. 나이가 들어갈수록 얼굴을 펴고 웃고 사는 노인이면 청춘보다 더 아름다운 황혼이 될 수 있다.

이별이 점점 가까워지는 고적한 인생길에 서로서로 안부라도 전하며 마음 달래며 쓸쓸하지 않은 나날들로 무뎌지는 공포심을 쉼터에서나마 달래 보자.

늙었다 해도 마음은 늘 꿈 많은 소년이고 소녀이고 싶다. 비록 늙었다 해도 원로대접만은 받고 싶은 법이지. 아무렴 신품이라 뽐내도 견고한 중고가 더 볼품 있더라.

비록 가방 끈은 짧아도 효도하는 자식 있어 보람이나, 잘 배우고 잘난 자식 불효하기 십상이다. 있는 자가 병들면 흩어졌던 자식들이 눈에 불 켜고 찾아들지만, 없는 부모 병들면 자식들도 먼 산 보기 십상이다. 계절을 잃은 매미는 울음소리도 처량하나 젊음 잃은 노인의 웃음소리는 서글프기 짝이 없다.

허파에 바람이 든 영악한 인간은 중죄를 짓고도 태연한데, 순박한 서민은 하찮은 일에도 가슴이 떨려 불안해진다. 비록 늙었다 해도 당당한 노인이 돼야 하나, 도학성인군자라도 늙음은 싫어하기 마련이다. 재산이 많다 한들 죽어 가져갈 방도가 없고, 인물이 좋다 한들 죽을 때 젊어지고 가질 못한다.

인생의 결실은 마음가짐에서 나타난다. 마음을 비우면 세상이 넓어 보인다. 늙은이는 하루하루 가는 시간을 황금같이 여기며 살아가야 한다. 세상은 행복하게 살기 위해 온 거지 불행하게 살기 위해 온 것이 아니기에 인생은 오직 나하고의 싸움이다.

늙음에는 연습이 없다. 잘 걷던 다리도 갑자기 후들거리거나 눈길에 자빠져 골절되기도 한다. 절대 노인들일수록 건강하다고 자만치 마소. 자기 몸을 지키고 만들어야 한다. 인생의 최고 행복은 나이가 짙어가도 걸을 수 있을 때가 행복한 인생이다.

이 세상에 영원한 건 하나도 없다. 이별은 쌓여 가는 고적한 인생길이다. 서로서로 끼리끼리라도 자주자주 안부 물어보는 때가 가장 좋은 때다. 어디로 향해 가느냐고 묻지 마소. 문지방 넘으면 이별이라는 사실이니까!!

인생이 돌고 도는 물레방아 같아 살아있는 한 실컷 만나 보는 것이 노년의 행복이지. 세월도, 인생도, 기쁨도 슬픔도 사람도,

돈도, 너도 나도 모두가 함께 잘도 돌아가는 물레방아 인생이 아니던가? 돌아보면 그 모두가 남는 것도, 가진 것도 아닌데 무얼 위해 그리도 가슴에 불 지르며 정신없이 살았는지? 다 부질없는 짓들이라오.

여보시오! 우리 늙은이들!! 고생 끝에 낙이 온다 해도 몸이 성하지 못하면 큰일이고, 설상 복이 온다 해도 종말이 와 죽어 버리면 무슨 소용이 있나요, 그러니 종말이 온다 해도 오늘 당장 한 그루 나무를 심으며 희망의 꿈을 가꿔야 한다.

우리가 긴 인생 마라톤 코스에서 내 앞을 스포츠카를 몰고 먼저 쌩쌩 간다 쳐도 나 거북이 되어 뚜벅뚜벅 쉼 없이 걸어가다 보면 목적지에 다다라 피날레 100세 인생으로 기어코 깃발 꽂고 말 겁니다. 자기 몸은 자기가 만드는 것이니까요.

21. 먼 길을 돌아서 온 노을 진 황혼

낯선 이국에 이민 가 이민 알선업자에 전액 사기를 당해 마음을 달랠 길 없어 남태평양 한바다에 밤낚시 나갔다가 기관고장과 높은 파도에 배가 뒤집히며 표류 중 두 명은 수장되고 둘이 동틀 무렵 곁을 지나던 상선에 구조된 일이 있었던 적도 있다.

필자에게도 그런 일생일대의 위기의 순간 갈피를 잡지 못해 헤매며, 만신창이로 탈진해 쓰러져 있을 당시 뭔가가 내 머리를 두드리듯 온 몸을 전율시키며 흰 빛으로 다가오더니 내 몸을 일으켜 세워주신 한 분이 있었는데 바로 예수님이셨다. 그러던 또 한날 밤 꿈에서도 필자가 거북이 등에 올라타 길을 아장아장 걸으려던 찰나 앞쪽에서 하얀빛이 분명 예수님이듯 한 분이 나타나 내게 뭐라 하시는데 무슨 말인지 알아들을 수 없어 눈을 번쩍 뜬 일이 있었다.

이후 그런 여운을 갖고 지내던 어느 날 한 분이 내게 찾아와 대화를 나누다 보니 고향 통영 곁의 거제도에 사셨다는 기독교 박영일 선교사분이셨다. 피지에서 처음 예수님 믿음생활에 심취하게 됐다(성경말씀 고린도후서 4장 6절). 박영일 선교사분이 목사이시던 그때 한국에서 당시 FIJI로 오신 여주이천 박형국 장로(여주이천정형외과 병원 원장)님까지 피지에 이민 오셔서 필자에게 성경공부 해설로 하나님을 영접시켜 주셨다.

좌절 속에 지내던 그때 예수님이 쓰러지려던 나를 안타까이 보시고 구제의 손길로 일으켜 세워주신 그 은혜를 입어 지금까지 신앙생활에 심취하며 살아가고 있다. 특히 박형국 장로님은 이후 한국으로 다시 돌아오셔서 지금까지도 유대를 갖고 지낸다.

덕이란 좋은 생각, 좋은 마음의 힘이 쌓여 훗날 생겨나는 값진 씨앗이다. 그 후덕한 인품이 보람이요, 값진 은혜로 돌아선다. 그거야말로 인간 누구나 할 수 있는 마음이지만, 실천을 행하는 일이란 그리 쉽지가 않다, 그것은 저마다의 마음 씀씀이에서 나타나는 덕목(德目)의 차다. 그런 덕목을 갖추려면 스스로에게 엄격해야 하며, 정신적 육체적 노력과 용기가 실천으로 용솟음쳐야 한다.

필자는 젊은 시절 그런 실천을 좀 해 본 적이 있다. 당시엔 보험제도도 없었고 통행금지까지 있어 새벽 4시에 해제되던 때라서 여간 어렵게 산 게 아니었다.

서울 산동네에 가 보면 화장실도 서로 먼저 쓰려고 새벽부터 줄을 서 있는 말 그대로 루핑 판자촌들의 생지옥 삶들이 다닥다닥 붙어 살았다. 서울 서대문 홍제동 산동네나 금호동 옥수동 산동네, 관악구 봉천동 판자촌이 즐비했던 곳들에 가 쌀독 채워주는 일이나 어려운 환자 노인분들에게 병원비 봉투를 슬며시 던져주고 오는 일, 지저분한 운동장 공중화장실 청소일들이다. 그렇다고 내가 돈이 많아서 하는 일도 아니고 하루 일용직하며 땀 흘려 번 돈을 나눠주고 집에 돌아갈 때 포장마차에서 쐬주 잔에 오뎅 꼬치로 얼큰해져 흥에 겨워 콧노래를 불렀던 기억을 지울 수 없다.

그런 지난 세월을 더듬어 보니 그게 심어진 값진 씨앗들이었구나 생각이 든다. 훗날의 자손들에게까지 복이 넘치는 것을 들여다보면서 하나님의 한량없는 은혜에 감복할 뿐이다. 나중엔 나의 건강마저도 챙겨주신 후한 상급임을 알았다.

한 예로 일용직 일중에는 서울 한남동 폐수처리펌프장 지하탱크에 들어가 서울 시민이 먹고 싼 더러운 오물찌꺼기를 한강으로 내보내는 분뇨처리장에서 반년 넘게 일했던 기억을 좀체로 지울 수 없다. 한때 또 그렇게 번 돈을 다 털린 적도 있다.

여자든 남자든 어떤 사람을 평가할 때 외양이 아닌 그 사람의 인간 됨됨이를 먼저 살펴봐야 한다. 저마다 지닌 마음씀씀이란 참으로 다양하다. 그러니 살아가다 보면 제일 어려운 것이 사람 만남이다. 내가 도둑놈이요, 사기꾼이요 이마에 써 붙이고 다니는 자는 없다. 그러나 세상 속에는 그런 인간들이 선하게 사는 사람들을 너무 괴롭힌다.

필자는 남의 말에 귀가 엷은 탓인지 진저리나게 사기를 당해 봤다. 세상에서 사기해 먹고사는 자들을 제일 경멸한다. 그로 인해 길거리에 나앉아 본 적도 여러 차례다. 그런 자들 얼굴은 반반하고 멀쩡하며 많이 배운 자들이다. 사람들의 얼굴이 저마다 다르듯 인간마음 또한 천차만별이다.

필자는 낯선 이국에서 하나님을 영접한 이후부터는 마음의 안정을 되찾게 되고 언제나 고난의 길에서 하나님이 동행해 주신다는 확신을 얻었다. 이후 고국에 돌아와 내 집도 없지만 넉넉한 마음의 부자로 나라님의 생활수급비로 흡족히 살아가고 있다.

당신도 어떤 고난에서 헤매며 지금의 어려움을 갈구한다면, 믿음의 산실(産室)인 하나님을 영접해 보시라고 권한다. 따뜻이 안아주실 거라 확신한다. 정의로운 길 앞에는 나이는 숫자에 불과하다. 회개하면 천국과 지옥의 갈림길이 바로 그 길임을 확신한다.

필자는 영화 타이타닉호가 침몰하던 그 순간 두 분의 바이올린 연주를 잊지 않는다.

#찬송가 305장이다. 나 같은 죄인살리신 주 은혜 놀라워/ 잃었던 생명 찾았고 광명을 얻었네.//큰 죄악에서 건지신 주 은혜 고마워/ 나 처음 믿은 그 시간 귀하고 귀하다.// 이제껏 내가 산 것도 주님의 은혜라/ 또 나를 본향에 인도해 주시리// 거기서 우린 영원히 주님의 은혜로/해처럼 밝게 살면서 주 찬양하리라//

22. 노년 처량한 아버지의 눈물

동물 사회에서 평생, 적으로부터 무리를 보호하던 수사자는 사냥할 힘을 잃으면 젊은 수컷에게 자리를 내주고 쫓겨나 '마지막 여행'에서 혼자 쓸쓸히 광야를 떠돌다 하이에나에게 먹혀 일생을 마치게 된다. 늙은 고양이도 이와 같아서 자신이 죽을 때가 되면 스스로가 떠난다. 어느 나라건 '늙은 남편'을 조롱하는 농담은 넘쳐나는데 일본에서는 늙은 노인들을 가리켜 비오는 가을날 낙엽이 바닥에 딱 들어붙어 떨어지지 않는다 하여 "누레 오치바"라고 표현한다. 얼마 전 한국보건연구원은 여성의 72%가 "늙은 남편이 부담스럽다."고 생각한다는 여론조사를 발표했다. 그 발표를 필자가 아내에게 말했더니 "난 그 말에서 제외할 것이다."라고 당당히 말한다. 우리나라도 평균수명이 길어지면서 그만큼 돌봐야 하는 기간도 늘어날 것이라는 여성 쪽 걱정이었다. 늘 듣던 말 같은데 남성들이 점점 더 내몰리는 느낌이다. 우리들 노인들 주변에서 생겨난 실화 하나를 소개해 본다.

　내 지인 A씨는 73세이고, 부인 B씨는 67세다. 어느 날 B씨가 모임에 갔다가 외출에서 돌아오자 곧장 자기 방으로 들어가 버리더란 거다. A씨는 인사말도 없이 들어간 부인이 이상하여 B씨 방으로 가서 밖에서 무슨 일이 있었느냐며 다정하게 물어봐도 아무런 말이 없이 누워만 있으니 반드시 "밖에서 무슨 일이 있었구나?"라고 생각했다고 했다. 한참을 지난 후 B씨가 일어나 앉으며 하는 말이 "다들 싱글인데 나만 싱글이 아니어서 싱글이 부러워서 그런다. 왜 뗩어."라고 말하며 다시 이불을 둘러쓰며 울더라는 것이다.

　즉, 다른 여자들은 혼자 몸이라서 다들 밥 걱정도 안 하고 여행도 며칠씩 같이 다니는데 나만 홀로 남편이 있어서 부자유스럽고 불편해서 그렇다는 것이다.

　이 말을 들은 A씨는 조용히 방을 나와 혼자 생각에 잠겼다. 참 오래 살았나 보구나!! 퇴직 전까지는 오로지 자식들 잘 가르치며 장가 시집보내며 허리가 휘도록 한눈팔거나 친구들 모임마저 변명하며 오직 가정에만 올인하며 한길로만 살아왔는데 아내의 말을 들으니 아 내 나이가 어느 세월에 이렇게까지 돼 버렸단 말인가?

'이젠 아내로부터도 버림받게 되는 신세가 되었구나?' 라는 처량한 자신의 모습을 살펴보면서 잘 자던 잠도 없어지고 불면증에 뒤척이게 돼 버렸다. 직장생활에서 퇴직할 땐 애들 저금 내주고 난 뒤 아내랑 외국 여행이라도 가볼 생각까지 했는데 요놈의 돈이 웬수라 한 푼 두 푼도 아니라 마음먹은 대로 움직여주지 않았다. 이젠 아내에게까지 찬밥 신세로 전락해 버렸으니 기가 차는 노릇이다.

한평생 남자로 태어나 멋지게 살고 싶었던 젊은 시절, 옳은 것은 옳다고 그른 것은 그르다고 떳떳하게 살아왔는데 이젠 이빨 빠진 호랑이 신세가 되어 아내와 자식들 앞에서까지 무릎 꿇어야 하는 처량한 신세로 전락해 버렸다.

남자보다 더 강한 게 아버지였다면 돌아서서 말없이 흘러내렸던 남자의 눈물이 '고작 이렇게 끝나야 하는가?' 라는 생각에 지난 세월 앞에 고개 숙일 뿐이다.

이젠 고독을 삼키다 못해 홀로 밖에 나가 혼자 있는 시간이 잦다 보니 아내와도 전과 같지 않게 말수가 줄어져 멀어지니 마치 세상에 배신당한 것 같은 감정이 북받쳐 고독함이나 우울 증세가 나타나 심하게는 고독하다 못해 자살에 이르려는 생각까지 들어 스스로 궁리해 보나 그 해결책이 쉽사리 떠오르지 않는다.

다음 날 B씨 아내를 조용히 앉혀놓고 감정을 달래며 물으니, 아내가 형식적이지만, 못 이기는 척 "내가 잘 못했어요?"라는 전과 다른 태도로 어정쩡하고 미지근해져 있음을 감지했다.

어느 봄날 가깝게 지내는 한 친구와 술자리를 만들어 자신의 입장을 사심 없이 털어 놓으며 "어찌하면 좋으냐?"고 질문했더니 이 친구 또한 너도 그러냐고 반문하더라는 것이다. 그렇게 입장이 엇비슷해진 둘은 매일 술자리가 잦아지며 서로의 아픈 마음을 이심전심하면서 지내는 나날이 됐다.

우리나라의 전통적인 가부장 문화는 이제 여인들에 의해 물 건너가 버렸다. 고분고분하게 순박하게 시어머니 시누이들을 무서워하던 시대는 지나 버린 지 오래다. 그나마 지금의 80대 이상 분들에게는 그래도 효부시대였으나, 지금의 나이 70대 이하는 효부라는 말 자체가 머나먼 전설 속으로 사라져 버린 지 오래인 것 같다.

그렇다면 이 늙은 수컷들의 갈 곳은 어디란 말인가? 그 편한 대답은 안타깝게도 늙은 수컷들의 엄청난 명제가 아닐 수 없다.

23. 사람이 머물다 간 자리

공자님 말씀 중에 인과유명(人過留名) 안과유성(雁過留聲)이라 했듯 사람은 떠나면서 이름을 남기고, 기러기는 소리를 남긴다고 했다. '다시, 새로운 시작을 위하여'라는 김대중 저서에 "무엇이 되느냐보다 어떻게 사느냐가 더 중요하다."고 했다. 그렇게 본다면 역사에서 이완용은 무엇이 되기 위해 어떻게 사는 것을 무시했고, 안중근은 어떻게 사느냐를 위해서 무엇이 되느냐 하는 것을 포기했던 두 사람은 차이가 있다. 그보다 더한 지금의 우리나라 야당 정치판의 정청〇, 박지〇 이런 자들은 이완용보다 더한 놈들이다.

필자는 자식들에게 남겨준 재산 하나도 없지만, "세상을 바르게 살라"는 정의감을 심어줬고, 자립 정신으로 스스로 일어서야 한다는 교훈을 언제나 일러주고 있다.

인생길에는 누구나 한세상을 살아온 어떤 흔적을 남겨 놓게 마련이다.

우리가 한세상을 살아온 자리에는 반드시 두 가지 흔적이 남는다. 그 하나가 자신이 행한 행실(行實)이고, 나머지 하나는 자손의 흔적이다. 어떤 이는 악하고 추한 흔적을 남긴 사람이 있는 반면, 또 다른 이는 고귀하고 자랑스러운 흔적을 남긴다.

옛말에 "덕(德)을 많이 쌓아둔 사람은 그 후손이 반평생 50년은 덤으로 벌고 들어간다."고 했다. 자식과 나라를 진실로 사랑하는 부모라면, 세상이 아무리 험해도 돈 버는 일보다 인생을 바르게 살아가는 정신인 인성교육을 심어주는 일이다. 그리하여 마지막 이승에서의 삶의 값진 답안지를 하나님 앞에 내놓아야 한다.

에이브러햄 링컨은 땅에 묻고 가는 마지막 날, 잡초를 뽑고 꽃을 심다 떠난 사람이라고 써 달라고 했다. 당신은 과연 무엇을 심어두고 떠날는지? 천국 가고 안 가고는 하나님만이 심판할 권능이기 때문이다.

가장 지혜로운 사람은 남에게 이기려 하지 않고, 언제나 겸손하게 양보하는 사람이다.

필자가 1980년 당시 무역업으로 일본을 자주 오가던 때 신문 사회면 기사에 그해의 '저축 왕'으로 뽑힌 80세가량의 할머니가 추운 겨울 어느 집 처마 밑에서 얼어 죽은 커다란 얼굴사진이 실려 있는 내용을 읽고 깊은 감동을 받은 적이 있다(필자가 2007년 10월에 출간한 저서 '흔적을 남긴 유산' 259쪽).

이 할머니의 몸속에서 차고 있던 주머니 하나가 나왔다. 그 주머니 속에는 몇 십만 엔의 저금통장과 별도로 현금이 한 장 한 장 접어 동전까지 몇 만 엔이 나왔다. 또 작은 쪽지가 있었는데 그 내용에 "나보다 더 가난한 사람을 위해 이 돈을 써 주시오"라고 씌어 있었다. 보다 놀랐던 사실은 이 할머니의 시신을 검시해 본 결과 얼어 죽은 것이 아니라 못 먹고 헐벗어 영양실조였다는 사실이 밝혀져 일본 사회에 큰 충격을 안겨주었다. 이 장한 할머니에게는 그해 일본이 뽑은 '저축 왕' 칭호가 주어졌고, 금융계에서 합동으로 장례까지 치러 줬다는 신문 기사

내용이었다.

필자는 이 기사를 읽고 신문을 오려 뒀다가 수첩 속에 넣고 다녔는데 어느 날 지갑째 잃어버렸다. 그러나 쓸쓸하게 죽어 간 노숙자 그 할머니의 사진 모습이 눈에 아롱거리고 꿈에까지 나타나 한동안 가슴이 울컥하고 눈시울을 적시며 큰 충격을 받았던 것 같다. 참으로 이 삭막한 세상에 국적이야 다르지만, 경종을 울리는 기사 내용이었다.

그래서 필자는 이 할머니를 비교해 보며 그 이후 지금껏 세상에 나와 온통 빚진 것 같아 남은 생애 동안이나마 뭔가를 남겨야겠다는 사명감을 굳혀 가장으로 집마저 도외시하고 어렵게 살아가는 산동네를 찾아다니며 쌀독 채워주는 일이나 병원비 봉투를 표시 없이 내밀고 다녔던 기억이 생각난다. 그런 자신과의 싸움을 계속하는 동안 인생의 참맛을 홀로 느끼며 살아온 흔적이 있다. 영국의 속담에도 부지런한 새는 벌레도 잘 잡아 먹는다고 했다. 그러한 생각이나 마음은 처음 시작이 참 어렵지만, 한번이라도 좋은 일을 남기겠다는 각오로 처음 3일이 문제이나 그다음 30일 3개월을 하고나면 마지막 3년이란 유종의 미를 거뒀을 때 그 환희를 느껴 보지 않은 사람은 모른다.

눈만 뜨면 남 돕는 일이 어디 있는가? 그런 곳을 찾아 나서야 한다. 하루만 돕는 것은 아무 의미가 없다. "한 방울의 낙숫물이 바위를 뚫는다."고 했다. 시작이 반이니 말보다 실천을 해 보시라. 한 예로 병동이나 불우한 이웃들을 찾아 나서 보라. 그 실천이 중요하다. 필자가 평소에 존경했던 안병욱(安秉昱) 교수님이 살아생전 제게 격려의 엽서를 보내줘 아직도 기억한다. 有志者事意成, 一切唯心造(뜻이 강하고 부지런 사람은 어떤 어려움에 봉착하여도 결단코 마음먹었던 일을 성취하고야 만다. 모든 것은 마음먹기에 달렸다)

　일확천금을 노리는 것은 모래성을 쌓는 거나 진배없다. 정직하게 열심히 땀 흘려 번 돈을 그런 어려운 곳에 많이 심어 두면 먼 훗날 그 값진 씨앗이 무럭무럭 자라나 후손에게 큰 복으로 반드시 돌아오는 게 세상사 이치다. 필자가 제일 어려웠던 일 하나는 서울 한남동 한강폐수처리펌프장 지하 탱크에 들어가 서울 사람들이 눈 똥 찌꺼기를 치우는 일로 오래도록 기억에서 지울 수 없다. 그런 일들을 조용히 성취하였을 때 그보다 더 값진 일은 없다. 정의가 메말라 가는 오늘의 세상인심이지만, 세상 속에도 말없이 자신의 장기마저 기증하고 떠나는 사람도, 어려운 박봉을 쪼개서 불우한 이웃을 위해 봉사하거나, 나라를 위해 자기 목숨을 초개같이 바쳐 버리는 거룩한 이들이나, 이권을 마다하고 진정한 인술(仁術)을 펼치는 장한 의사나, 참된 법관, 그리고 정의로운 성직자분 등 이 험한 세상 속에는 표 내지 않고 살아가는 사람들이 의외로 많다. 요 최근엔 국가유공자이신 95세 최대홍 평생봉사자분과 강진에 함께 거주하며 언제나 만나는곳 「커피타임」에서 '의형제'를 맺기도 했다.

　사람의 몸에는 아홉 개의 구멍이 있다. 그중 하나가 앞에서 봐도 뒤돌아봐도 보이지 않는 곳에서 제일 고생하는 곳 항문(肛門)이다. 항문은 자신이 먹은 음식찌꺼기를 언제나 깨끗하게 처리해 주는 곳이다. 치질은 대장운동이 불규칙하거나 변을 본 뒤에 많은 세균을 물로 깨끗이 씻지 않거나, 정신적 장애 때문에도 발생한다.

　짧은 인생길, 참되게 마음을 베풀어야 한다. 잠깐 쉬었다 가는 세상에 남을 속이고, 남의 가슴에 대못을 치며 피눈물 나게 할 때 그 벌이 엄청난 업보(業報)로 자기에게로 되돌아온다. 집안에 사흘만 청소하지 않으면 먼지가 쌓이는 이치와 같다.

　인간이 살아가는 질서 속에는 반드시 윤리도덕이 있다. 도덕은 선(善)이요, 윤리는 인(仁)과 예(禮)다. 기독교에서는 사랑의 십계명이요. 불교에서는 자비정신(慈悲精神)이다. 덕(德)은 아무런 대가를 바라지 않고 남을 돕는 데서만 생겨난다. 그것이 복(福)으로 남긴 유산의 흔적이다.

　필자는 일본의 저축 왕 할머니의 기사를 읽고 너무 충격을 받은 이후 나의 인생관이 180도 바뀌어 다시 눈을 떠 살아온 것 같다. 열심히 가정을 꾸려가야 할 나이에 엉뚱한 짓들로 가정을 잃어버린 빵점의 가장이었으나 90줄에 서서 지난날을 돌이켜 보니 오만 어려움에서 하나님이 건져 주셨다. 배를 다섯 번이나 째고도 살아남게 하여 주셨고, 내 집 하나 없는 고난의 길이어도 주님이 지켜주신 감사로 건강한 나날이다.

남편이라고 나 하나 의지하며 불평 없이 따라준 내 아내 자식들에게 눈물겹도록 고마움을 감출 수 없다. 남들이 마누라 자랑 반 푼수요, 자식자랑 팔불출이라 하지만, 자랑스러운 마누라요, 내 자식들이다. 이젠 슬하에 1남 2녀로 증손자까지 봤으니 참 복 받은 가장이라고 여긴다.

24. 돈 많이 번다 해도 죽을 때 못 가져간다

대구사회복지공동모금회로 2012년부터 매년 겨울만 되면 경상도 사투리를 쓰는 남성이 사무실로 전화를 걸어왔다. 그가 "주말에 시간 됩니까?"라고 물으면 모금회 직원들은 밖에서 그를 만났다.

그때마다 이 남성은 어려운 아웃을 위해 써 달라는 메모와 1억 원이 넘는 수표를 건네고 떠났다. 직원들이 이름과 직업을 물을 때마다 그는 "묻지 말아 달라."고 손사래를 쳤다. 대구 키다리 아저씨(이름을 모르는 후원자)라는 별명이 붙은 이 남성은 익명으로 2020년 12월까지 총 10억 3500여만 원을 기부했다.

10년 동안 신분을 숨겼던 대구 키다리아저씨가 7일 조선일보 기자와 만났다. 그는 대구에서 전기 관련 중소기업체를 운영하는 박무근 씨(73)다.

박 씨는 이날 인터뷰에서 "죽으면서 돈 가져가는 거 아니더라."며 돈이 많고 적음이 문제가 아니라 남과 함께 나누고자 하는 마음이 중요하다고 말했다. 그는 "내 기부가 기부문화 확산에 조금이라도 도움이 됐으면 한다."고 했다.

2020년 12월 박 씨는 기부 당시 이번으로 익명 기부는 그만두기로 했다는 메모를 남겼다. 10년간 10억 원을 기부하겠다는 스스로와의 약속을 지켰다는 이유에서였다.

익명 기부를 끝낸 지 약 1년이 지난 올해 2월 22일 박 씨는 아내 김수금 씨(70)와 함께 2억 22만 2220원을 기부하면서 각각 대구지역 200호, 202호 '아너 소사이어티' 회원이 됐다. 이 사회복지공동모금회가 운영하는 1억 원 이상 고액을 기부한 아너 소사이어티의 기부 금액은 모두 합쳐 20억 원이 넘는다.

2012년 박 씨는 첫 기부 당시부터 모금회 측에선 아너 소사이어티 가입을 권유했으나 박 씨는 거절했다. 기부의 의도가 왜곡될까 걱정했다면서 나보다 더 귀한 나눔을 하는 분들도 많은데 과시하고 싶지 않아서였다는 거였다. 하지만 박 씨는 은퇴를 앞두고 기부문화를 좀 확산시키고 싶다는 생각에 자신을 드러내기로 했다.

그는 자기처럼 부족한 사람도 기부를 해 왔다는 걸 알게 되면 더 많은 이들이 동참해 줄 것 같았다면서 키다리아저씨는 사라졌지만, 기부는 이어진다는 걸 알려주고 싶었다고 말했다.

박 씨는 1949년 경북 군위의 한 농가에서 태어났다. 집안이 가난해 초등학교를 간신히 졸업하고 중학교를 잠시 다니다 중단했다. 초등학교 4학년 시절 박 씨는 돈이 없어 학교를 나오지 못하고 굶고 있다는 친구의 소식을 듣자, 급우들과 십시일반으로 쌀을 모아 보냈다. 더 어려운 이웃을 돌보라는 부친의 가르침 때문이었다고 한다.

박 씨는 중학교 중퇴 후 대구에서 전기기계회사에 취업했다. 숙식을 회사 사장의 집에서 했다. 얼마 되지 않은 월급을 꼬박꼬박 집에 부치고 일부는 모았다. 박 씨는 가끔 사장님 자녀들의 도시락을 배달하러 학교에 갈 때마다 배우지 못한 설움을 느꼈다면서 더는 나와 같은 이들이 없어야 한다고 생각했다고 말했다.

박 씨는 전기 관련 분야에서만 10년을 종사했다.

1976년 아내 김 씨와 결혼한 뒤 부부가 3평이 되지 않는 단칸방에서 시작해 알뜰살뜰 돈을 모았다고 한다. 결혼 후 3년이 지난 뒤 박 씨는 비로소 본인 명의의 회사를 차려 지금까지 운영 중이다. 박 씨는 사업이 어느 정도 자리를 잡자 고향인 군위에서 처음으로 기부를 시작했다.

그는 2000년부터 올해까지 매달 300만 원으로 어려운 어린이들을 후원했다. 지금까지 후원한 아이가 100여 명에 달한다. 2015년에는 정신질환을 앓는 것으로 알려진 한 남성이 대구 도심 횡단보도에 800만 원을 뿌려 그중 500만 원을 못 찾게 되자 박 씨가 그 남성의 가족에게 500만 원을 익명으로 기부하기도 했다. 그는 당시 "돌아오지 못한 돈도 사정이 있었겠지요."라는 메모를 남겼다.

박 씨는 "사업이 번창하면서 고급승용차를 구매한 적이 있었는데 이런 차를 살 돈으로 남을 도와주자"라는 생각이 어느 순간 들었다며 이게 2012년 대구사회복지공동모금회에 익명 기부를 시작한 계기가 됐다고 말했다. 그는 앞으로도 여건이 되는 대로 기부를 계속해 나갈 것이라고 했다.

박 씨는 기부문화를 좀 더 확장시키고 싶다는 생각에 10년 만에 자신의 신분을 드러내게 됐다고 말했다. 살아있을 때 좋은 일 많이 하고 떠나야 한다는 마지막 짤막한 이분의 말 한마디였다. 이렇게 덕(德)이란 남몰래 쌓아두면 후대 자손들에게 큰 복이 돌아간다는 값진 교훈을 남겼다.

25. 생각이 바뀌면 人生이 달라진다
마음 밭에 덕(德)의 씨앗을 심어라

우리 인간은 하루의 일과를 위해 누구나 열심히 살다 보면 뜻하지도 않게 기획이 변경되거나, 그에 따른 해결책을 고심하느라 스트레스가 쌓이게 마련이다.

그같이 인간의 마음이란 천차만별이어서 한순간의 방향 설정이 마음먹기에 따라 바뀌어 행동에 옮겨질 수 있다. 생각이 바뀌면 인생이 달라지고, 습관 하나를 고치면 운명이 바뀌고, 의식 하나를 바꾸면 팔자가 고쳐진다는 말같이, 자신이 생각하는 지금의 자기 마음이 내일의 운명을 만들기 때문이다.

그런 인생사의 일들이 바르고, 나쁘게 갖는 방향 설정이야말로 자신의 운명을 좌우해 버리는 엄청난 이정표가 되기에 지금 어떤 조건이나 환경을 만드느냐 하는 해결책이 중요하다. 인간의 두뇌란 자신이 현재 처한 통로를 만들고, 바꾸려는 능력을 지니고 있어 선택하는 좋은 생각이 좋은 마음을 낳고, 나쁜 사람을 만든다. 좋은 생각과 나쁜 생각은 사람에 따라 습관적일 수도, 관습적으로도 이어질 수가 있다.

여기에서 중요한 사실은 자신의 마음 밭에 무슨 씨앗을 어떻게 심느냐에 따라 인생관이 달라진다는 사실이다. 좋은 덕을 심겠다는 마음이 확고할 때 매사가 넉넉한 인품의 소유자가 되나 그와 정반대인 경우 엄청난 나락으로 추락하기 때문이다.

인간이란 누구에게나 선과 악이 공존하기에 때로는 나쁜 길인 줄 알면서도 가게 되는 행위에 따라 문제가 생겨난다. 덕을 쌓는 사람은 남에게 표 내지 않고 차곡차곡 먼 훗날을 위해 살아간다. 덕이란 심은 대로 거둔다 하여 그게 업보(業報)로 남는다. 법화경 법문에서도 "육도 윤회하는 중생"을 가리켜 누구나 악업의 인연으로 말미암아 괴로움의 세상에 태어나 고통을 받는 중생의 굴레를 벗어던지고, 참으로 해탈코자 하는 구도자가 되고자 한다면, 참 열반을 얻고, 영생토록 즐거움이 가득 찬 극락 세계로 들어가는 법화경의 이치를 깨달아야 한다고 했다.

#참고로 법화경의 대가 혜경 큰스님(박봉기)은 여수 출생으로 필자와 어린 시절 죽마고우로 출가 이후 많은 저서와 제자를 두었고 2021년 5월 9일 서울 도봉사에서 출직 안장 이후 필자가 도봉사에 찾아갔다.

자기 전생 과거의 뿌리인 조상이 남겨 놓은 부산물, 즉 얽히고설킨 갖가지 것들이 인(因)이 되고, 지금 당신이 살아가면서 심어 두고 있는 갖가지 것들이 연(緣)이 돼 미래에 생겨날 자손에까지 이어져 그 원인과 결과가 곧 인연으로 나타난다. 업(業)이란 전생에서 남겨진 선악의 모습에서 후대에 이어져 지금의 자신에게 나타나는 결과의 모습이다. 그 이유의 답은 지금 내가 아주 선하게 살아가는데도 날마다 어려운 고통에서 벗어나지 못하는 까닭은 전생에서 뿌려 놓은 악의 원천인 업들이 씨앗으로 자라나 고통을 안겨주기 때문이라고 했다. 어떤 사람은 지금 남의 가슴에 대못을 박고도 부유하게 떵떵거리며 살아가는 사람의 경우는 전생에서 심어둔 선의 씨앗이 아직 남아 있다는 증거이나 그 값진 씨앗을 계속하여 더 심어두지 않고 다 까먹어 버린 다음부터는 그 기(氣)가 다 빠져나가 버리면서 고단한 인생길이 시작된다는 것이다.

19세기 말엽 영국의 시인이자 소설가인 토머스 하이디

(1840~1929년) 소설 '테스'에 보면, "조상이 지은 죗값을 그 자손이 받는다는 것은 신에게는 지극히 당연할지 모르나 세상의 모든 인간들은 이를 경멸한다. 그것은 공평치 못하기 때문이며, 전혀 개선할 수도 없는 비애(悲哀)이기 때문이다."라고 썼다.

그러므로 지금 당신이 생각을 바꾸면 인생도 달라질 수 있다는 의미는 나쁜 습관 하나를 바꾸면 당신의 운명도 바꿀 수 있다. 결국 생각과 습관은 살아가며 자신이 만들기에 달렸다.

이상의 예들에서 일체의 인연들인 전생에 뿌려 놓았던 업보들이 현상계에서 싹이 트는 모습이기에 그 나쁜 인연들을 '티끌'인 먼지로 비유하며 매일매일 털어내고 회개하면서 살아가야 한다. "죄란 참으로 무서운 거"라고 티베트 달라이 라마가 말했으며, 성경말씀 마태복음 5장 13절에도 "너희는 세상의 소금이니 소금이 만일 그 맛을 잃으면 무엇으로 짜게 하리오. 후에는 아무 쓸 데 없어 다만 밖에 버려져 사람에게 밟힐 뿐이니라."라고 함과 같이, 짠 소금의 형태가 녹아 사라져 버리듯 예수님은 소금이 되어 스스로 녹아 없어지라고 말씀하셨다.

그러나 오늘날의 현실 사회는 이기적이고, 고집불통이고 탐욕과 교만이 가득한 세상으로 변해 버리지 않았는가? 일찍이 세기의 철학자요, 예술가이며 종교지도자인 솔로몬 왕이 말하기를 "헛되고 헛되니 모든 것이 헛되도다."라고 말했듯 우리 인생이 빈손으로 왔으니 빈손으로 간다 하여 인생이 허무(虛

無)하다고 했다.

　프랑스 철학자 파스칼은 '팡세'에서 "나는 어디서 왔는지 모르는 것처럼 또 어디로 갈지도 모른다. 다만, 알고 있는 것은 이 세상을 떠나면 영원한 어둠 속에 아니면 성난 신의 손에 떨어지리라는 것뿐이며 우리 하나님을 향해 마음을 열고 가까이 갈 수 있을 때 거기서 하나님을 만날 수 있다."고 했다.

26. 어차피 빈손으로 돌아갈 우리네 인생인데

　갓 태어난 아이는 주먹을 꽈 쥐고 태어나지만, 죽을 땐 빈손이 되어 간다.

　이 세상 태어났으니 그 모두를 움켜잡으려 했지만, 죽을 땐 결국 빈손이 되어 떠나는 게지. 다시 말해 빈손 들고 태어났으니 빈손으로 돌아가야 한다는 그 이치라면, '차라리 사는 동안 많이 베푸는 삶이었으면 얼마나 좋을까?' 라는 생각이지만, 그러나 우리 인간은 그러지 못하는 게 한평생인가 보다.

　시간의 아침은 오늘을 밝히지만, 저마다의 아침은 내일을 비춰 준다. 열광하는 삶보다 한결같은 삶이 더 아름다워 보이듯, 평범한 일상에서 서로가 돕는다는 것은 우산을 들어 주는 것이 아니라 함께 비를 맞는 동반의 길이 더 값진 것이 아닐까?

　중국의 송나라, 원나라 명나라 사서삼경(四書三經) 유교의 가르침을 읽다 보니 장자가 여행을 가는데 날이 저물어 동굴 속에서 노숙하게 되었다. 그런데 동굴 속에는 베고 잘 만한 것이 없어 찾다 보니 해골이 하나 있었다.

장자는 해골을 툭툭 털면서 너는 어쩌다 이곳에서 죽었느냐? 하면서 해골을 베고 잠이 들었다. 잠결에 해골 주인이 나타나 "너는 죽음의 세계가 얼마나 편한지 모르면서 네 기준만으로 함부로 떠드는구나!"하고 꾸짖으니 장자가 "내가 염라대왕을 만나 청을 해서 너를 다시 살게 해 준다면 어떻겠느냐?"하고 떠보았다.

해골 임자는 "내가 무엇 때문에 다시 그 시끄럽고 고통스러운 삶의 세계로 돌아가겠느냐?"라고 거절하였다. 죽은 뒤의 사후 세계에 대하여 우리는 전혀 모르면서도 겁을 내는 것은 우선은 전혀 알 수 없는 사후가 두렵기도 하고, 또 살아있는 지금에 대한 강한 아쉬움의 애착 때문이 아닐까?

실상 우리 인생이 개똥밭에 뒹굴어도 지금 내가 사는 이승이 저승보다는 좋다는 생각들을 갖고 있지만, 종교계는 사후 세계의 청사진을 보여주며 그것을 바르게 알고, 인식하고 따르라고 한다. 불교계의 사후 세계인 선악의 차이에서는 죄를 많이 지은 인간에게 지옥의 불구덩이에서 고통 받는 그림이 소름이 끼칠 정도다. 그러나 일찍이 하나님 말씀인 성경의 요한계시록(1~22장)에서는 사후 세계를 명확히 밝혀두고 있다. 22장 18

절에 "내가 이 두루마리의 예언의 말씀을 듣는 모든 사람에게 증언하노니, 만일 누구든지 이것들 외에 더하면 하나님이 이 두루마리에 기록된 재앙들을 그에게 더하실 것이오." 또 21절에 "주 예수의 은혜가 모든 자들에게 있을지어다." 하셨다.

한세상 인생살이에 무슨 정답이야 있겠냐만, 그래도 인간이 살아가는 것이 아니라 살아내는 것임을 말해준다. 자기를 낳아주신 부모에 효심이 지극하며 가족화합을 첫째로 하고 살아가는 사람이다. 오늘에 감사하면 어느 한순간 역전의 날이 올 것이다. 인생길에는 연장전이 없는 실전의 현장이라 마지막 결실이 가장 중요한 바로미터다.

어느 한 미상의 작가분이 쓴 글이 좋아 옮겨 본다.

이 세상에 인연 따라 잠시 왔다가 고독한 인생살이 마치고 나면, 그 누구 할 것 없이 다 그렇게 떠나야 하는 삶이 아니던가? 냇가에 물이 흐르고 흘러 강으로 가듯이 우리네 인생도 물 흐르듯 돌고 돌다 어느 순간 멈추어지면 빈손으로 베옷 한 벌 입고 떠나야 하는 삶이 아니던가? 여보시오! 나그네님들!!

부모님의 초대를 받고 이 세상에 왔지만, 마지막 갈 때는 아무도 삶을 허락하지 않았어도, 이생에 인연이 다하면 돌아가야 하는 법이거늘, 길어야 몇 십년 잠시 살다 가는 인생, 서로 미워하지 말고 사랑하며 살아갑시다. 백년 사는 인생이라면 이별도 해 보고, 미워도 해 보고 살아보겠지만, 이 땅에서 한번 떠나면 언제 다시 올 인연들일지 모르는 거 아니던가요. 가는 시간이 안타깝지도 않으시던가요.

세월이 흘러간 뒤에 그리워해 본들 무슨 소용이 있겠습니까? 삶의 숟가락 놓는 그 순간까지 미워하는 인연 많았다면 용서하고, 또 사랑하는 인연 있다면 더 많이 사랑해주고, 비로소 꿈을 깨닫는 날, 숨이 막히듯 저려 왔던 외로움조차 모두 버리고 가야 할 우리네 인생 어차피 빈손으로 돌아갈 테니까요.

27. 행복한 세상 이별은 참 아픔이다

사람 살아가는 세상이라 찻길은 넘쳐나고 살기도 무척이나 어려워지는 세상이다.

어느 날 좁다란 골목에서 차가 서로 마주쳐 누가 뭐랄 것도 없이 서로 후진을 하다가 마주보며 웃었다. 오랜만에 필자가 서울 나들이 때 경험했던 일인데 그날따라 정원초과로 엘리베이터가 몇 차례 그냥 통과했다. 그다음도 겨우 한두 사람 태울 정도의 엘리베이터가 왔기에 아내와 겨우 짐을 끌고 들어갔는데 앞줄에 서 있던 두 젊은이가 우리에게 자리를 서로 양보해 준다. 감사하다고 인사드렸다.

과거 필자가 무역업 당시 일본에 갔을 때 기억이 난다. 오사카 간사이공항이 바다를 메우기 전 육지에 연결돼 있을 때라 공항 인근에 사는 사람들이 플래카드를 들고 나와 데모하던 때다. 택시를 타고 난바라는 번화한 지하철에서 아침 복잡한 출근 시간 쓰루하시라는 곳을 가기 위해 차례가 돼 짐들을 들고 들어선 순간 차가 움직이자 내 옆 분의 발을 밟고 말았다. 일본어로 스미마센(미안하다)이라고 말했더니 오히려 나보고 더 미안하다며 두세 번 고개를 숙여 웃으며 말해, "왜 내가 발을 밟았는데 당신이 내게 미안하다고 하는가?"라고 물으니 "내가 여기 없었으면 당신이 내 발을 안 밟았을 것이 아닌가?"라는 엉뚱한 대답에 정말 서로 웃고 말았는데 한국 같았으면 아침부터 재수 없다고 눈살을 찌푸릴 것이 빤했다. 그만치 일본인들의 양보심과 공중 도덕심이 대단함을 알게 됐다.

마침 용인 막내여식 집에서 한 이틀 쉰 후 평택에 가려고 나서는데 차로 태워다 준다기에 마다하고 일부러 경전철을 타 보자는 아내의 말에 처인 구역에서 지상 경전철(에버렌드행)을 타고 분당을 거쳐 수원에서 평택을 가려고 용인에서 에스컬레이터에 오르던 중 나와 아내가 다 올라갈 즈음 경사진 아래로 넘어져 마침 제일 아래 한 젊은이가 작동기를 중단시켜 경상을 입었다. 그 젊은이가 아니었다면 큰 사고에 처할 뻔했다. 그 젊은이에게 고마워 전화번호라도 알아둬야 했는데 당시 응급조치 관계로 경황이 없었다. 참 고마운 젊은이인데 아쉬움이 남는다.

길거리 좌판에 광주리를 든 할머니와, 젊은 새댁이 실랑이를 하고 있었다. "덤으로 주는 거니까 이거 더 가져 가슈." "할머니 괜찮아요. 제가 조금 덜 먹으면 되니까 놔두고 파세요." 하는 젊은이의 따뜻한 온정의 말에 지나가던 행인들의 입가에 밝은 미소가 번져 나왔다. 우리나라에서도 그런 젊은이들이 많아져서 장래가 무척 마음이 놓인다.

꽃이 더 아름다워 보일 수 있는 건, 꽃을 받쳐주고 있는 푸른 잎이 있기 때문이고, 밤하늘의 별이 더 아름답게 빛날 수 있는 건, 하늘이 어둠을 마다하지 않고, 까맣게 물러서 있기 때문이다. 그같이 평범한 우리가 일상을 살아가는 주위에는 이런 아름다운 사람들이나 일들이 아직도 많이 남아있기 때문에 조용히 세상 밑바탕에 깔려 그 위에서 우리 인간이 평안하게 살아갈 수 있는 것이 아닐까?

행복은 그처럼 비우고 낮아질 때 상대가 다가오며 아름답게 번져갈 것이다.

살다 보면 내 생각과 같은 사람은 없다. 살아가는 방식이 저마다 다르고, 성격 또한 다르기 때문이다. 그러나 친숙한 나날들을 계속 이어가려고 서로를 맞춰가며 살아가는 게 우리들 인생사다. 칭찬과 격려는 상대에게 힘을 실어 주지만, 상대에게 상처를 주는 말은 아무런 도움이 되질 않는다. 언제나 자신의 감정을 절제하고 사는 거야말로 교양 있고 수양된 사람의 기본이다. 자신이 남보다 더 노력한 만큼 공존하게 되고 우리가 사는 세상은 우리에게 더더욱 그 무엇인가를 남겨 줄 것이다.

그처럼 우리들의 아름다운 관계를 위해선 상대를 자신의 뜻대로 변화시키려는 노력 대신 서로의 다른 점을 먼저 인정하고 받아들이는 이해가 앞서야 하지 않을까? 그 간격이 맞춰지며 서로가 공유하며 성장할 때 더 많은 사랑으로 이어질 것이다.

어찌 보면 세상 살아가는 것들이 그리 자랑할 것도, 혼자의 욕심대로 살 수도 없기에 내 나름대로 최선을 다해 살아가며 사랑하고 감사하는 정신이어야 하지 않을까?

이별은 참 아픔이다. 필자가 지울 수 없는 아픔 하나는 고국을 떠나던 이민의 날이었다. 또한, 우리 인생의 마지막 풍경이란 남은 날들의 쓸쓸한 노년기다. 요양병원에 가 돈 많다고, 박사 됐다고 껍적거려 봐도, 왕년에 직함이 무슨 소용이 있는가? 다 부질없는 짓이라 외려 정신병자 취급당하기 십상이다. 외려 망령들었다고 개망신당한다. 요양병원이란 죽음을 맞는 전초기지란 사실을 알아야 한다. 그런 말이 있다. 나이 들어 똥오줌 내손으로 가릴 줄 아는 노인이 제일가는 모범노인이다, 그 찬란하던 노을빛도 한순간에 꺼지듯 그게 마지막 가는 노인들 인생이기 때문이다.

28. 꿈꾸다 가는 우리네 人生
이보시게, 우리네 늙은이를 자네들은 어떻게 생각하시는가?

이보시게 젊은이들? 우리네 인생을 왜 사느냐고, 또 어떻게 살아가느냐고 굳이 묻지도 따지지도 마시게! 사람 사는 게 무슨 법칙이 따로 있고, 공식이 따로 있다던가? 한마디로 산전수전 다 겪고 늙어왔다는 것이 축복이란 말일세.

하나님의 섭리로 자네들이나 나나 이 좋은 세상에 독벌레나 짐승으로 태어나지 않고 인간으로 태어난 것만으로도 감사하고 살아가야 할 일이라네. 그러니 그냥 세상이 좋아 순응하며 마냥 살아간다고 생각하면 그게 맞는 답이라네. 이 얼마나 여유롭고 감사하고 사랑하며 뜻있게 살아가는 살기 좋은 세상인가 말일세.

진정 여유 있는 삶이란 나이가 들 만큼 지긋하다 보면 참 인생이 무언가를 조금은 알게 된다네. 그래서 누구 눈치를 살펴야 한다거나 거드름 피울 필요도 없고, 그저 격에 맞게 느슨하게 차려입고 길을 나서도 누가 욕지거리 할 사람도 없어 나 자신만큼으로 자족하고 남의 것 탐내는 일 없이 나 자신만을 사랑하며 구름이 흘러가듯 그냥 그대로 여유롭게 살아가면 되는 거라네. 그러니 얼마나 멋들어진 노년인가!!

그런 멋들어진 세상을 모르고 그저 아등바등 물어뜯고 실랑이하며 살다가 지쳐 일찍 떠나는 많은 이들을 생각하면, 가슴이 미어지고 아프기만 하다네. 그러니 젊었을 때 몸 관리 좀 잘하고 꾀부리며 술자리 피하고 건강해 놓고 봐야 할 일일세.

내가 늙었다는 것은 그만큼 오래 살았다는 사실이고, 사랑과 기쁨과 슬픔 같은 파란만장했던 날들 그 모두를 이겨내고 살아왔다는 증거라는 말일세. 알겠는가?

늙음이야말로 참 인생을 알게 됐기에 진정 축복이란 말일세. 먼저 가신 분들에겐 할 말이 없지만, 건강을 지키며 곱게 늙기란 여간 어렵고 힘든 게 아니기 때문일세. 늙어서도 서로 사랑과 정(情)을 나누며 즐겁고 행복할 수 있는 시간과 기회가 있다는 여유야말로 조급함도 없고, 그만치 바르게 열심히 살아온 당신은 천복(天福)을 받을 만한 자격이 있다는 말일세. 그러니 젊은이들아! 제발 노인들이 때때로 넋두리한다거나 잔소리라고 비꼬지 말게나. 자네들도 언젠가 머잖아 이 길 따라 하게 될 걸세. 인생이 별거 아니라 생각 마소? 진정 인생이야말로 수수께끼 같아서 내가 나도 모르게 속는 경우가 많기 때문일세.

젊은이들 자네들도 나이 들어가면서 젊을 때처럼 우리도 늙어 저렇게 살고 싶다면 몸가짐과 몸놀림을 조심해야 한다네. 변화에 잘 적응하며 체력을 잘 관리하라는 말일세. 예전처럼 살고 싶다면 이제부터라도 몸을 함부로 부려 먹지 말라는 말일세. 다시 말해 멋지게 늙어가는 노년을 구가할 수 없게 된다는 말이지. 실지로 필자가 몸놀림을 함부로 하다가 죽을 고비를 넘겨 혼쭐이 났다네. 그리고 역지사지(易地思之)로 자신의 처지를 남과 바꿔서 생각해 보라는 말일세. 자신이 실패하고 밑바닥에 내팽개쳐져 있을 때를 생각해 보란 말일세. 젊었을 땐 인생이 모든 게 미숙(未熟)하지만, 나이 들면 경험이 많아져서 원숙(圓熟)해진다네. 술도 익어야 제맛이 나고, 된장도 숙성해야 맛이 나듯 우리네 인생도 늙어봐야 제맛, 제멋이 생겨난다네.

순결한 한 할머니가 죽기 전에 장의사에게 비석에 써 달라는 글귀가 있었다네. 내가 죽으면 "처녀로 태어나 처녀로 살다 처녀로 죽다"라고 묘비에 써 달라고 했다는데 비석쟁이가 말이 너무 길다고 쓴 글이 "미 개봉 반납"이라네.

그러니 젊은이들 자네들은 이 멋진 세상! 즐거운 인생 좋은 인연 만나 완숙한 경지의 노년 인생들같이 매순간 아깝지 않은 마음으로 실속 있게 살아가라는 말일세.

그런 인생을 살고 싶다면 첫째 부정적인 생각을 버리고 항상 정직하고 긍정적이어야 하고, 둘째 남을 비난하거나 불평불만을 삼가고 칭찬과 감사를 입버릇처럼 하고, 셋째 찌푸린 얼굴보다 활짝 편 얼굴로 상대를 대하란 말일세. 찡그린 얼굴보다 언제나 웃고 살 때 복이 저절로 따라온다네. 먹는 것은 절반으로 줄이고, 걷는 것은 두 배로 올리고, 웃는 것은 세 배로 올리게. 그리고 여행을 동행자와 많아 다니시게.

마지막으로 인간은 언젠가는 죽는데 나 혼자 죽고, 어디서 어떻게 죽을지도 모르고 아무것도 가지고 갈 수 없다는 것임을 명심해 두시게. 그러니 사는 동안 표 내지 말고 남에게 좋은 일, 덕(德) 쌓아두면 그때 하나님이 천당지옥을 선별해 줄 것이니 자기 분복대로 분수껏 취미생활하며 복된 날 보내시라는 말일세.

필자가 젊을 적 무역한답시고 외국 10개국 이상을 다녀봤지만 그래도 우리나라같이 4계절 3한4온인 기후 조건의 나라가 없다는 것을 알았다네. 물론 외국에 나가 보면 느끼고 배울 것도 많아 생각도 달라지겠지만, 그래도 내가 태어난 고국이 제일이라는 걸세. 제일 중요한 것은 "내가 태어난 나라 내 조국을 사랑하는 국가관이 뚜렷하게 서 있어야 한다는 말일세. 필자가 지상낙원이라는 남태평양 FIJI라는 곳에 이민 가 13년을 살아보니 그래도 내가 태어난 고국 대한민국이 최고였다네.

때로는 가족과 함께 젊음을 만끽하고 엔조이(enjoy)하며 살라는 말일세. 우리나라 전국 곳곳을 돌아다니다 보면 먹거리 재미도 쏠쏠한 곳들이 너무 넘친다네.

강원도 강릉 주문진 홍게살 맛과 대구머리 찜, 태백 연탄불한우불고기, 경주 쌈밥과 한정식, 청송 달기 약백숙, 남원 추어탕, 전주 비빔밥과 욕쟁이 할머니 콩나물국밥, 부산 자갈치 어시장 쏭 마구로 횟감에 쐬주 한잔, 한려수도 통영 도다리 봄 쑥국과 할매 김밥 생멸치 무침. 대구 아가미젓(장지젓) 맛, 여수 군풍쉥이 구이와 서대 회, 목포 민어회와 갈치조림, 무안 세발기절낙지와 짚불 돼지구이, 서산태안 군산 꽃게 맛, 충주 꿩 요리, 순창 순댓국, 송탄 부대찌개, 영덕 물가자미회, 마산 아구찜, 창녕 서가네 잔치국수와 부곡 온천욕, 가평 잣 국수, 강진

남도답사 1번지 한정식과 해물3합 탕을 어찌 못 먹어 보고 죽겠는가 말일세. 그리고 포근한 서해안 민박집들에서나 지리산 민박에 몇 밤과 충주 수안보온천물에 몸을 폭 풀고, 동해안 강릉에서 주문진을 거쳐 기찻길 여행이야말로 환상이라 금수강산 우리나라 곳곳이 4계절 정말 좋은 곳이라는 사실에 흠뻑 빠질 걸세. 가진 것 없는 사람이나 가진 것 많은 사람이나 옷 입고, 잠자고 깨고, 술 마시고, 하루 세 끼 먹는 것도 다 마찬가지고, 늙고 병들어 북망산 갈 때 빈손 쥐고 가는 것도 젊으나 늙으나 매한가지란 사실을 알아 두시게!!

이 세상에 인연 따라 잠시 왔다가 고단한 인생살이 다 마치고 나면 그 누구 할 것 없이 다 그렇게 떠나야 하는 것이 우리네 한세상 삶이 아니던가!!

강물이 흐르고 흘러 바다로 가듯이 우리네 인생도 어느 한순간 멈춰지면 빈손으로 떠나야 하는 삶이라네. 이 책을 마감하던 정월 18일에도 용인 처남(김태기, 87)이 지병으로 세상을 떠나 일산 화장장을 거쳐 납골당에 안치하고 돌아 왔다. 우리 인생이 100년을 살겠나, 천년을 살겠나? 한 푼이라도 더 가져 본들, 더 높이 오르려 안간힘 써 본들, 사는 것 거기서 거기, 다람쥐 쳇바퀴 도는 인생길! 들이마신 술잔 뱉어내 보지도 못하고 가는 길이 아니던가!!

마지막 입고 갈 수의에는 진짜 주머니도 없다네. 잠시 왔다 가는 우리네 인생, 가는 시간이 아깝지도 않으신가? 혹여나 삶의 숟가락 놓는 그 순간까지라도 미워하는 이 있거들랑 다 털어 버리시고 허허 하며 얼굴 펴고 떠나가세나!!

　삶이 어쩌고 저쩌고 따지지 마시게. 모두가 부질없는 것 마지막엔 다 두고 당신이나 나나 그냥 간다네. 내 이름을 곱게 남기진 못하더라도 절대 남 울리는 짓 말고. 간 뒤편 길에서 손가락질하는 사람 없도록 마음 비우고, 양보하고 덕 쌓으며 조용히 떠나가세나. 이 얼마나 살기 좋은 세상이었던가!!! 말일세.

제 3 부
나라가 있어야 내가 있다

1. 미국 트루먼과 이승만 대통령
이승만은 선지자인 줄 알았는데 그 날강도에게 당했어

이승만은 1945년 광복 시까지 33년간 미국에 체류했는데, 미국 시민권이나 영주권을 취득한 일이 없다. 미국 정부에서 준다는데도 거부하고 끝까지 불법체류자로 남은 것이다. 그 결과 취업이나 재산 취득이 불가했고, 출국시마다 특별여권을 발급받아야 했다. 보통 사람이라면 이런 고집이 가능했을까 생각해 본다.

이런데도 자녀들 중 미국 시민권자가 많은 민주당에서 유독 이승만을 비난한다.

이 고집스러운 지도자 이승만은 누란의 위기에서 나라를 굳건히 세우고, 한미동맹으로 이 땅에서 그 이후 전쟁을 없게 했다. 그런데도 우리나라 조국의 운명은 지금도 바람 앞의 등불이니 하늘에서 통곡하신다.

이승만은 미국에 건너가서 수십 년 동안 미국의 학자 정치인 외교관 언론인 군인들을 만나 한결같은 주장을 늘어놓았다. 그 내용으로 강연회에서 연설하고 책을 썼다. 그 책 제목은 'JAPAN INSIDE OUT'으로 일본의 속내를 폭로했다.

일본이 조선반도를 집어 삼켰으니 그다음은 만주를 먹고, 중국을 침략하고 여러 나라를 침략하고 난 뒤 태평양을 건너 미국까지 쳐들어올 것이다.

미국은 태평양을 사이에 두고 일본과 한판 승부를 벌여야 할 것이다. 일본의 팽창을 막고 일본을 다시 일본 본토로 돌아가게 하려면 조선을 독립시켜라! 그러자 미국 학자들과 정치인들은 아무도 귀 기울여 주지 않았다.

당시 일본과 미국은 좋은 관계였고 그 넓은 태평양을 넘어 일본이 공격하리라고는 꿈도 꿀 수 없었기 때문이었다. 그러나 'JAPAN INSIDE OUT'은 단숨에 베스트셀러가 되었고, 미국의 학자들은 스스로를 부끄러워했다.

"수십 년에 걸쳐 일본의 침략을 예언한 인물을 못 알아보았구나." 그러면서 이승만을 하나님이 그 시대에 세운 선지자로 알고 존경했다.

그 후 태평양전쟁에서 이승만의 절친 더글러스 맥아더가 지휘하는 미국은 일본군을 몰아냈고 일본은 패망했다. 우리나라는 큰 피 흘리는 전쟁 없이 독립을 얻었고, 이승만은 건국 대통령이 되었을까?

그러나 1950년 6월 25일 중국 조선족부대를 앞세운 북한 인민군의 남침으로 발발한 민족의 비극 6·25! 3년간의 혈전 끝에 휴전협정이 맺어지려 할 때 이승만은 분명히 휴전을 반대했고, 북진통일을 외쳤다. 당시 미군도 소모전에 지쳐 갔고 미국 내 여론도 휴전 쪽으로 방향이 정해졌을 때 유독 이승만은 휴전을 반대했다. 그리고 우여곡절 끝에 결국 이승만이 내놓은 휴전의 조건은 한미상호방위조약 체결로 1953년 10월 1일 조인하고 1954년 11월 18일 발효됐다. 당시 미국 앞에 이승만은 거의 날강도였다. 거제도 반공포로를 맥아더와 한마디 상의도 없이 석방시킨 사건을 듣고 맥아더는 친구 이승만을 "오~나의 십자가!"라고 불렀다.

#이승만이 내놓은 휴전 조건으로

1)경제지원 해 달라! 그래서 결국 당시 한국의 1년 수출액의 34배 되는 돈을 받았다. 그래서 전쟁 후 잿더미 위에서 굶어 죽지 않고 다시 나라를 일으킬 수 있게 되었다.

2)in and around Korea에 미군을 주둔 시킨다고 약속해라!! 그래서 오늘날까지 미군이 이 나라를 지켜 주고 있다. 한반도의 미군 주둔은 북한 인민군 복무기간이 10년인 데 비해 우리 아들 군 복무기간 1년 6개월이 가능케 했고, 한국 경제발전의 기본 바탕이 되었다. 만약 한국군대 의무복무기간이 5년이라면 이 나라 경제는 결코 오늘과 같지 않을 것이다. 게다가 이승만은 고약한 코미디언이었다.

3) "너희 미국이 침략을 받으면 그때는 우리가 가서 싸워주겠다."(태평양 건너갈 때 배 한 척도 없는 지구상에서 가장 가난한 우리나라에서 어떻게 태평양을 헤엄쳐 건너가서?…하하하)

"이렇게 미국과 한국 사이에 상호방위조약을 맺자. 상호조약

이니까 평등조약이 맞지? 여기에 사인 하시오!" 이것이 한미상
호방위조약의 핵심이다. 미국이 외국에 당한 세계 최초이자 마
지막 불평등조약이었다.

"이 약속을 해주면 휴전할 때 내가 큰 인심 써서 입 다물고 있
어줄게!1!"

우리나라 건국대통령 이승만은 그렇게도 못된 사람이었다.
평생의 친구 맥아더 뒤통수를 친 그런 사람이었다. 이 한미상
호방위조약 때문에 미국이 우리나라에 참전해서 3만 6000여
명이 죽었다. 그 미국에 이승만은 더 내놓으라고 말하는 뻔뻔
스러운 우리나라의 아버지였다.

 #1953년 한미상호방위조약 체결 후 당시 미국 트루먼 대통령
왈 "이승만 그 날강도에게 또 당했어!! 도대체 한국이 무슨 힘
이 있다고 미국이 전쟁 나면 한국이 도와줄 테니 한반도에 전
쟁 나면 한국 병력의 9배 이상을 의무적으로 보내야 하는 거
야? 또 인계철선은 뭐야! 우리 청년들을 북한군이 내려오는 길
목에 박아놓고 공격받으면 미국이 자동 참전해야 된다니!! 그
리고 한국이 제자리 잡을 때까지 한국국방비를 미국이 전액 대
라는데 아무리 스탈린 때문이라고는 하지만, 무슨 이런 조약에
사인을 하고 온 거야?!! 날강도도 아주 지독하고 위대한 최고의
날강도임을 인정하지 않을 수 없다!! 위대한 이승만 대통령 만
세 만만세!!!

2. 이승만이 깐 레일 위를 달리는 한국경제

다음 달 20일 미국 국회의사당 상영까지 확정된 다큐멘터리 '건국전쟁'은 소문대로였다.

영화가 끝날 무렵 관객들은 조용히 눈물을 흠치고 있었다. 현대사의 나열이 아닐까 예상했지만 성급한 예단이었다. 3억 원을 들여 어떻게 이런 영화를 만들었을까 싶었다. 김덕영 감독이 자료를 찾느라 얼마나 많은 발품을 팔았을지도 가늠하기 어려웠다.

영화는 제목처럼 대한민국의 탄생(The Birth of Korea)을 오롯이 보여줬다.

기적에 가까운 대한민국판 오디세이라고 할 수 있다. 101분에 그 과정을 입체적 맥락으로 담아 영화의 완성도를 높였다. 다큐인데도 지루할 새도 없이 관객을 끝까지 몰입시킨 힘은 생생한 자료의 뒷받침이 있어서 가능했을 듯싶다.

아쉬웠던 건 시간적 제약 때문에 이승만의 경세제민(經世濟民)의 리더십을 충분히 담아내지 못했다는 점이다. 그는 한국 자본주의 시장경제의 설계자였다. 영화에선 그의 경제정책으로 교육확대, 농지개혁, 원자력도입 정도를 꼽았다. 이 정도로는 그의 경제적 업적을 다 설명할 수 없다. 대통령기록관에 오른 그의 199개 정책 중 과반이 경제발전 관련이다. 이승만은 가는 곳마다 경제발전을 외쳤다. 그는 경제대통령이었다.

이승만은 재임 중 한국 곳곳에 경제발전의 씨앗을 뿌렸다. 초가집투성이인 주거환경을 바꾸는 일에서부터 국가재정 정비와 외국인 투자자 유치, 공업화 추진을 위한 생필품 공장 건설에 이르기까지 경제발전에 필요한 모든 정책을 제시했다.

농민을 위한 양곡매수와 노동자를 위한 근로기준법도 그의 작품이다. 특히 공업화를 촉진해 많은 회사와 일자리를 만들어 내야 한다고 했다. 회사와 일자리가 있어야 국민이 세금을 납부할 수 있고, 국가재정이 건전하게 돌아갈 수 있다는 경제 원리를 거듭 설파했다.

건국전쟁에서 화폐개혁이 아예 언급 안 된 것은 특히 아쉽다. 언어와 문자가 없으면 국가를 이루기 어렵듯 화폐 독립 없이는 자립경제 구축이 불가능하다. 한국은 해방 이후에도 일제가 만들어 놓은 조선은행을 사용했다. 일제의 한반도 경제침탈 도구였다. 자체 제작한 화폐가 필요했지만, 해방 후 그럴 형편이 되지 못했다.

이승만은 경제 체제의 근본 인프라가 화폐라는 걸 꿰뚫고 한국은행 설립을 강력하게 추진했다. 1950년 6월 12일 한은이 설립됐지만, 업무개시 13일 만에 북한의 남침으로 물거품이 될 위기에 몰렸다. 이승만은 포기하지 않았다. 오히려 전시금융, 통화, 외환 체계를 신속하게 구축해 한국은행권 발행에 박차를 가했다.

최초의 한국은행권은 1950년 6월 29일 일본내각 인쇄국에서 제조했다. 1000원권 100원권 두 가지 권종으로 모두 154억 3000만 원 규모를 찍어 미 군용기 편으로 김해공항으로 들여와 7월 22일 피란지인 대구에서 유통했다.

이 덕분에 북한군의 위조지폐 살포에 맞서 전시 경제체제 안정을 도모할 수 있었다.

이 과정을 거치면서 조선은행권이 금지되고 한국은행권이 자리를 잡았다. 전시물가 폭등으로 화폐단위 평가절하(리디노미네이션)까지 거치면서 두 차례 화폐개혁이 이뤄졌다. 이런 진통을 거친 덕분에 훗날 박정희 정부에서 3차 화폐개혁에 이를 수 있었다. 세금을 걷고 재정을 투입하고 지하경제를 흡수할 수 있는 핵심 인프라가 바로 화폐다. 그 틀을 이승만이 만들었다.

이승만이 만든 레일 위를 박정희가 달릴 수 있었다는 김덕영 감독의 해석이 바로 이런 거다. 외국인 투자자를 적대시하지 말라는 것도 이승만은 누누이 강조했다.

일제 수탈 때문에 외세에 대해 거부감을 갖게 됐지만 우리가 외국 물건을 사지 않고 시장을 폐쇄하면 외국도 우리 물건을 사지 않는다고 역설했다.

중화학산업의 기본설계 역시 그의 업적이다. 이승만의 독려로 건국 이후 첫 비료공장 건설계획이 세워진 것은 1955년부터였다. 당초 1958년 충주비료공장을 준공할 예정이었으나 자금

부족으로 지연돼 1961년 4월에야 준공했다. 박정희에겐 큰 살림밑천이었다.

경제 리더십의 결정판은 한미상호방위조약이었다. 해방 후 미국은 얻은 게 없는 한반도에서 떠나고 싶었지만, 이승만은 공산화에 대처해야 한다면서 한국전쟁 전부터 미국을 설득했다. 북한의 남침은 이승만의 혜안을 증명했다.

이 같은 안보, 경제발전의 우산 아래 오늘날 한국은 선진국 문턱에 올라섰다. 영화 전반부에 나오는 동북아 지도에서 북한은 컴컴하고 한국은 환한 빛을 발한다. 이승만은 그 차이를 만든 주춧돌을 놓았다. 한국 경제는 이렇게 만들어진 이승만의 레일 위를 달리고 있다.　　　　　# 김동호 경제에디터

3. 역사상 가장 위대한 박정희의 공(功)과 과(過)

 # 좌파들이 박정희 대통령을 독재자, 친일파로 비하하고, 더 나아가 아예 역사에서 지우려고 할 정도로 매도하는 현 시점에서, 그분의 공로와 과오를 알아보고 잘못된 인식을 바로 세워야 한다

사람들은 박정희 대통령의 공은 무시하고 과(過)만 따지며 독재자라고 악평을 한다. 영웅이란 그 시대에 필요하여 현실을 직시하고 이를 실천하는 인물이다. 이 과정에서 독선의 길로

다수의 사람들이 다치거나 목숨을 잃기도 한다.

우리나라가 이승만 대통령 당시 이기붕의 정치적 야욕이던 부정선거의 원흉으로 인해 4·19혁명이 마산의 이주열의 시신이 칼에 꽂힌 채 바다에서 떠올라와 나라가 혼돈됐던 당시 서대문에 거주하던 이기붕 집에서 육사를 졸업, 소위로 임관 중이던 아들 이강석이 일가족을 사살하고 자신도 자살해 버린 일을 기억한다. 이후 이승만 대통령이 하야케 되면서 5·16혁명이 발발한 이후 박정희가 무혈 쿠데타로 대통령에 당선되었으나 야당의 득세로 정국이 혼미 상태에 빠져들고 말았다. 사랑하는 나의 조국, 자유대한민국이 이런 혼란의 소용돌이에 이르도록 당파 싸움질과 적폐로 정치가 사사건건 발목을 잡는 진영 싸움으로 왜, 어떻게, 이렇게까지 그 버릇을 고치지 못하고, 오늘날까지도 남 잘되는 걸 죽어도 못 보는 민족으로 전락해 버렸단 말인가?

그때 당시 박정희 대통령은 나라가 가난에서 벗어나기 위해 그의 야심적 목표의 발상에서 부득이한 독선으로 과단성적 목표 달성을 위한 일념 하나로 매진했다.

이런 분에게 과연 박정희 무덤에 누가 침을 뱉을 자 있다면 떳떳이 앞에 나와 보라!!

고깃국에 흰쌀밥 먹일 거라던 김일성의 북한은 백성을 오늘까지도 굶겨 죽여 가면서도 오직 독선으로 남침의 야욕을 버리지 못하고 3대 세습까지 이어오며 핵까지 만들어 놓고 공갈협

박하는 북한의 실상은 과연 어떤가?

그러나 박정희는 절대 빈곤에서 벗어나기 위해 한국적 민주주의를 내세우며 단결하여 우리도 잘살아 보자면서 강압적인 과(過)가 있을 수 있음을 왜 우리는 이해하지 못하는가? 당시로서는 있을 수 있었던 현실적인 선(善)의 과(過)였다. 과연 우리가 그 보릿고개 바닥을 어떻게 견뎌 오며 위기에서 살아온 번영된 오늘의 민족인가?

필자는 그 시대 중심에서 직접 겪으며 살아온 90줄 산증인의 한 사람으로 당시 교직생활 때이다. 만일 그때 당시 박정희 이분이 없었다면 이 나라도 없을 뻔했던 투철한 군인정신의 지도자였다. 그는 군인이면서도 선비요, 선지자셨다. 나라의 5000년 빈곤의 가난에서 번영으로 개조시킨 위대한 영웅이기도 하다. 필자는 당시 중고교직생활을 그만두고 무역업으로 전환하며 국가 건설에 참여해야 되겠다는 일념으로 공단 기자재 납품을 시작해 일본을 오가며 건설업에 필요한 기자재를 구입 납품하는 사업에 뛰어들었다. 그런 기적의 역사를 만든 위대한 분을 선거 때만 되면 적대 감정과 분열로 마치 박정희가 나라의 역적으로 변신돼 버린다. 왜 그래야 하는가?

당시 대표적인 야당 김대중과 김영삼 이분들은 그 뒷자리를 차지하려고 오만 유언비어나 독설적 발언들로 정치 갈등과 분열을 일삼으며 포퓰리즘을 서슴없이 자행했다. 실상 나중에 이들이 대통령에 당선됐던 분들이다. 김대중은 북한에 수십억 불을 국민들도 모르게 박지원 이자를 앞세워 돈 심부름을 시켰으나 그 돈으로 핵 만드는 뒷받침을 해 놓고도 외국 정상들 앞에서 핵을 만들었다면 내가 책임지겠다고까지 거짓말을 했다. 박지원이 나중엔 돈 심부름이 밝혀져 감옥살이까지 갔었다. 김영삼은 무능한 경제파탄자로 나중에 IMF까지 발생시킨 머저리 대통령으로 낙인찍힌 원흉들이다.

이보다 더한 이재명이란 야당 대표는 대통령을 꿈꾸며 부정으로 재판중인 전과 4범의 자로 다수당을 이용, 온갖 권모술수로 나라를 소용돌이로 몰아넣었다. 아무것도 모르던 20, 30대까지와 6·25 쓰라린 전쟁을 체험한 70대 이상들이 들고일어나 2025년 3·1절을 기해 윤석열 대통령 탄핵 반대를 지지하며 국민 51% 이상의 지지를 받았으며, 외국의 교민들까지 분개하고, 미국의 트럼프 대통령도 이재명 일당 축출을 서두르고 있다.

애당초 문재인은 북한 도보다리에서 USB까지 건네줬고, 원자력발전소까지 폐쇄시켜 전기요금 폭탄으로 국민이 살기가 어려워지고, 이런 빨갱이 대통령의 무능한 나라 운명이 백척간두에 놓여 버린 오늘의 나라 현실을 견디다 못한 윤 대통령이 계엄선포를 하게 됐다.

한편, 이승만 대통령은 당시 국민 70%가 까막눈일 때 이분은 미국 조지아 워싱턴 대학, 하버드대학, 프린스턴대 등에서 공부를 하고, 정치학 박사학위를 받아 미국 조야에 많은 인맥을 가진 유명한 인사였다. 이승만 박사가 상해 임시정부 초대 대통령으로서 항일투쟁을 지휘하였고, 미국에서 독립선언문을 미국 조야에 전달하는 등 독립운동을 하다가 귀국하셨다(필자의 공저인 저서 '벼랑길 굴러가는 대한민국' 21, 29쪽 참조) 선각자 이승만은 미래를 예측하는 혜안을 가졌으며, 세계가 놀랄 3대 예언을 하셨다.

첫째 공산주의는 실패한다. 둘째 일본이 미국을 침략한다. 셋째 한미상호방위조약의 혜택을 한국이 엄청나게 받을 것이다. 이 조약으로 인해 현재까지도 적중하고 있다.

또한, 박정희 대통령의 5·16혁명은 총알 한 방, 피 한 방울도 흘리지 않은 혁명이었다. 그것은 그 당시 국민 대다수가 바랐던 마음이었다. 아! 5·16!! 하나님의 은총이 이 땅에 내려주신 은총의 날이며 박정희를 보내 주신 은총이기도 하다. 위대한 박정희 대통령의 명복을 진심으로 빈다.

대한민국의 재벌을 탄생시킨 배경에는 1973년 오일쇼크로 전 세계의 경제가 멈춰 섰을 당시 박정희 대통령은 1972년 8월 3일 '사채동결'을 시켜 버렸다. 이로 인해 대한민국이 살아났고 재벌 그룹이 형성되었다. 그 누구도 손댈 수 없었던 기업 활성화를 위해 사채동결조치로 해방시켜 버리면서 그 돈이 은행으로 몰리기 시작했다.

당시 야당과 일부 언론은 독재자 박정희 대통령이라고 비난했고, 정치인, 조직폭력배도 같이 합세하여 대한민국은 표현할수 없을 만큼 혼란에 빠졌으며, 이 혼란을 극복하기 위해 탄생한 것이 1972년 '유신'이다.

그때 구성된 것이 대한민국의 성장을 이끈 30대 그룹이다. 대한민국의 재벌은 이렇게 비정상적인 방법으로 탄생하게 되었고, 이후부터 정상적인 성장을 이루게 되며 대한민국의 꽃은 이토록 어려움 속에서 활짝 피어나게 됐다.

사람들은 박정희 대통령을 "경제는 발전시켰지만, 독재는 잘 못됐다."고 말하지만 이는 그 시대 상황을 잘 몰라서 하는 얘기다. 그저 야당들의 말에 불과하다. '사채동결과 유신독재'는 막을 수 없는 당시의 시대적 운명이었다. 박정희 대통령은 나라의 백년대계를 감수하고 독단적으로 나라의 정책을 추진했다. 미국 대통령 앞에서 박정희는 '한국적 민주주의'를 한다고 당당히 말했다. 그와 반대로 우리 민족은 눈물이 많았고 정이 넘치도록 많은 나라다. 일본은 복수를 하는 원(怨)의 민족이라 한다면, 우린 못살아 한(恨)에 맺힌 정이 넘치는 민족이다. 그러나 너무 가난했기에 남보다 잘 가르쳐 훌륭하게 성공시켜 잘 살아 보려는 목적으로 너나없이 논 팔고 밭 팔아 자식을 선진국에 보냈는데 배우고 돌아온 자식들이 서구의 못된 본을 배워 높은 자리에 앉자마자 돈부터 챙기는 도둑놈 사기꾼 일색인 나라로 변질돼 버렸다.

정치판은 한마디로 부정이 판치는 나라로 전락하고, 부모 공경이란 물 건너가 버렸다. 100세 시대 노인들이 잘 가르쳐 보자고 저질러 놓은 안타깝고 처량한 부모들은 거리의 노숙자로 전락하는 그런 실상을 양로원에 가보면 잘 증명해 주고 있다.

이젠 우리나라가 세계 10대 강국에 들어설 정도로 당당한 국가로 자리 잡았다. 그러나 정치가 정직하지 못해 추락해, 심지어는 윤석열 대통령마저 감옥소로 보냈다. 그러나 2025년 1월 21일 미국 트럼프 대통령이 집권하며 한미동맹을 다시 굳건하게 세우기 시작해 나라가 안정을 되찾을 우리나라는 이승만 대통령이 자유대한민국의 그 바탕 위에 이룩한 박정희 대통령의 업적이 이어져야 한다.

4. 왜 우리는 지난날의 어려움을 잊고 사는가
이 시대 중심의 40, 50대 여러분들 눈을 똑바로 뜨시라

5000년 가난을 물리친 민족중흥의 70대 이상 어른들의 피땀 흘린 자국을 아는가 모르는가? 그 부모님들에 한번쯤 고마움을 표하며 고개 숙여 본 적이 있는가?

우리 엄마 멀쩡하던 머리카락 자르고, 쥐 잡고, 밍크 털옷 만들고, 곰 인형 만들어 난생처음 외국에 팔았던 그 못살던 때 외화벌이 한(恨)의 눈물을 아는가? 모르는가?

　산골에서 들판에서 풍랑 휘몰아치던 파도와 싸웠고, 구로동과 구미공단 마산, 울산 부산 창원공단들에서 불철주야 허리가 휘도록 구슬땀 흘리며 보릿고개를 넘자던 여러분의 할아버지 할머니, 아빠 엄마 누나들이 외국 탄광에서, 병원의 간호사에 이르기까지 외화를 벌어 "잘살아 보자"며 밤낮없이 서러운 눈물 속에 입술 깨물며 일해 왔던 당신들의 부모님을 아시는가? 모르시는가? 이 땅에 아직 살아남은 분들이 당신들의 하는 모습들을 보면서 탄식하며 피를 토하고 있다는 사실을 한번쯤 데모하는 속에서라도 양심선언을 해 본 적이 있는가? 그런 속에서 과거 경기지사를 지냈던 현 노동부장관 김문수 씨는 양심선언으로 완전히 돌아서지 않았던가? 그리고 왜 우리는 지난날의 어려움을 다 잊고 사는가? 우리 늙은이들은 진심 어린 마음으로 묻고 싶다네.

　나라의 주체인 40, 50대 여러분은 왜 이 모양 이 꼴로 나라를 만들어 가고 있는가? 공산주의가 그 얼마나 악독한 것이란 사실을 체험해 본 적이 있는가? 도대체 자유주의 세상 그 무엇이 그렇게 불만이고 싫어 공산주의 세상을 만들려고, 심지어는 거지 나라 북한과 중국의 합세로 오늘도 우리나라 정치판이 요동치고 있지 않은가? 공산주의는 이미 소련 고로바초프 대통령 때 완전히 붕괴돼 위성국들을 해체시켜 버렸다는 사실을 아직도 모르는가? 유일하게 지구상에 북한과 쿠바뿐이고, 중국은 자유주의를 거짓으로 겉만 포장한 시진핑 독재 공산주의 나라 라는 사실을 아는가? 모르는가?

이역만리 독일에서 광부로 간호사로, 총알이 빗발치던 월남 전쟁에서, 열사의 나라 중동에서까지 피와 땀 눈물로 "싸우면 서 건설하며 잘살아 보자."고 외치며 한강의 기적을 이룩한 이들에 한강 모래사장 위에 감사의 기념 팻말 하나라도 세워 놔 보았는가?

할머니 할아버지 아버지 어머니 형님 누나들에 40, 50대 여러분들은 감사하며 한번쯤 진실하게 고개 숙여 본 적이 있는 가? 없는가? 40, 50대 여러분은 자유주의를 지금도 만끽하고 누리고 있으면서도 부모의 정성으로 높은 자리에 올라가 나라 를 위해 정의감으로 그게 나쁜 길이라 생각되면 양심선언이라 도 해 봤는가? 586세대란 50대, 80년대 학번, 60년대 출생자 를 말하는데 이제 20, 30대 세대가 왜 586세대들에게 가래침 을 뱉는 그 이유를 아는가? 모르는가?

6 · 25 북한의 남침으로 하루아침에 부모자식 잃고 방황하고 헐벗었을 때, 멀고먼 나라 미국에서 보내준 밀가루와 우유로 끼니를 때우게 하고, 폐허가 된 땅에 씨앗 종자와 소 돼지 짐승 들까지 공수해 와 살아가도록 인간애를 심어준 그 미국인들에 게 한번쯤 고마움을 표해 본 적이 있는가? 자기 목숨을 잃어가

며 남의 나라를 지켜준 세계16개국 이들에게 고마움은 커녕 "미국 놈들 물러가라."니 이게 인간들로서 할 수 있는 최소한의 양심을 가진 자들인가? 정말 노인들의 허파가 뒤집혀질 일일세.

이런 혼란을 자행하는 정신 나간 일부정치인들의 낯짝 한번 보고 싶으니 떳떳이 한번 나와 보소. 고속도로 만들 때 논밭 갈아 엎는다고 농민들 부추겨 날만 새면 길바닥에 드러누워 깽판 치던 야당 정치 패거리들은 다 어디 가 버렸는가? 그 쓰레기 똘만이들 낯짝 좀 내밀어 보소!!

우량농지 훼손 웬 말이냐? 쌀도 모자라는데 웬 고속도로냐? 독재정권 타도와 부유층의 전유물인 결사반대로 공사현장에 드러누워 진보, 민주화운동을 몸으로 실천한다는 "움직이는 양심"(김대중, 김영삼) 그들은 어느 나라 당대표들인가? 온갖 중상모략과 비난을 견디며 찬란한 산업화 기틀을 일구어낸 이 땅의 위대한 산업화 역군들70, 80, 90대들이여!! 지금도 그때와 똑같이 40, 50대 여러분은 그 못된 본을 그대로보고 배워 어깃장으로 행동하고 있지 않는가?

심하게는 주한미군을 점령군이라며 중국 북한을 폄훼하지 말라는 사람들은 어느 부모 밑에서 자란 아이들인가?

"중국을 집적거리지 말고 그저 셰셰만 하면 된다."고 지껄이고 이에 동조하는 자들은 간이나 쓸개나 허파가 제대로 붙어 있는인간들인가? 좀 심한 표현이긴 하지만 다수당을 앞세워 온 이용해 온갖 거짓말 네거티브로 나라를 공산화하려는 이런 현 시국을 보면서 늙은이들은 피를 토하는 심정이다.

라디오도 만들지 못하던 우리가 TV, 냉장고, 자동차, 조선 산업으로 수출할 때 정치인과 학생들은 길거리에서 노동현장에서 민주화 외치며 국가발전에 뒷발을 잡았다. 건설, 원자력, 반도체, 통신, 휴대전화 등 세계 1등 제품을 만들어 수출할 때 지난 청와대에 있었던 문재인과 임종석 빨갱이 일당들은 무엇을 했던가?

이 나라 단군께서 물려주신 이래 세계 10위 수출 강국과 12위 경제대국으로 만들어낸 자랑스러운 이 땅의 기업인과 수출 산업 역군 여러분!! 우리 할아버지, 할머니, 아버지, 어머니, 누나, 형님들 이 땅의 주인분들은 이들 40, 50대들에게 말 한번 당당히 못하고 찍소리도 못하고 빨갱이 세상이 되려는데 말이다.

문재인 이재명 이자들이 민주라는 이름으로 포장한 북한비호 세력들에 머리를 숙이는 이유가 뭔가? 이 땅의 주인은 문재인 이재명도 김정은도 아닌 자유대한민국의 국민인 바로 우리 모두를 잘살도록 반석 위에 올려놓았는데도 우리나라를 전체주의 체제로 만들려 하고 있다. 이게 될 일인가?

20, 30대가 알아 버렸다는 사실로, 자유가 무엇이고, 좌경 우리법연구회 출신 판사들까지 판치는 세상이 돼 버렸다. 심하게는 부정투표지까지 수원에 공장을 차려 수년간 아프리카 콩고

등지로까지 보냈음이 발각돼 모든 나라들이 놀라고 있다. 이승만의 외침같이 "뭉치면 살고 흩어지면 죽는다."는 일사각오로 대한민국을 지켜야 한다.

50, 60대 586 지식인들이여!! 예비역 장성들이여!! 산업 경제를 일으킨 산업의 역군들이여!! 나라가 풍전등화로 위급한 때다. 이 나라의 주인은 바로 우리 국민이다. 조국건설과 자유대한민국을 위하여 모두가 일어서야 할 절실한 때다.

5. 박정희 대통령 서거와 아버지의 눈물
나는 태어나서 딱 한 번 아버지의 눈물을 보았습니다
1979년 10월 26일 박정희 대통령님의 서거 때입니다
제가 초등학교 5학년 때입니다

평상시같이 학교에 갔다 돌아와서 "학교 다녀왔습니다."라고 하려는데 툇마루 끝에서 아버지와 아버지 친구가 서럽게 울며 눈물을 흘리시는 겁니다.

과묵하시면서도 엄격하셨던 아버지의 눈물을 처음 본 터라 놀라고 당황되어 뒷걸음쳐서 엄마에게 달려갔습니다. 엄마 또한 부엌 아궁이 앞에서 울고 계신 겁니다.

"엄마 왜 울어? 무슨 일이에요?"라고 물으니, "박정희 대통령 각하께서 돌아가셨다."라면서 곡소리 가까운 소리로 우시던 모습이 지금도 기억이 납니다.

그때 내가 어려서 우리 부모님께서 왜 저토록 서럽게 우셨는지를 잘 몰랐습니다. 지금에 와서 생각해 보니 박정희 대통령 덕에 '보릿고개'를 넘기게 된 우리 부모님 세대와 우리 큰오빠 세대는 모두들 가슴깊이 감사했던 겁니다.

오죽 배가 고프면, '진저리나는 보릿고개'라고 했을까요.

박정희 대통령은 국민들의 배고픔을 면하게 하려고 필리핀에 있는 세계 미작 연구소로 서울대 교수를 급파해서 우리나라 기온과 형질에 어울리는 '통일 볍씨'를 들여와서 전국에 배포하여 보릿고개를 넘기게 하셨다고 합니다.

저는 '보릿고개'를 경험하진 않았으나 금식은 해봤습니다. 금식보다 더 힘든 게 굶식입니다. 온 국민이 목 놓아 울게 했던, 1979년 10월 26일.

한편 이재명은 박정희 대통령을 "매국노"라고 욕을 했다니, 이놈 대가리에는 무엇이 들어 있고 어떤 생각으로 사는지? 정말 모를 일이다.

 # 작은 거인 박정희 대통령의 업적 30가지

 1. 최초로 주민등록제도 실시

 2. 최초로 의료보험제도 실시

 3. 최초로 국세청 설립으로 재정자립/ 거시경제 안정

 4. 국가가 국가유공자 보상 실시

 5. 문화재보호법 제정

6. 산림보호로 세계 4대 '조림성공 국가 반열'에 오름

7. 전국 일일생활권이 가능해진 사회, 경제발전의 획기적인 계기가 된 '고속도로 건설 프로젝트'

8. 1979년 '88올림픽 유치' 계획수립 및 구성

9. 홍수/가뭄, 환경대비 '4대강 다목적댐' 준공

10. 제주도 명물 감귤사업 조성, 도로, 항만 등 '국제적인 관광지'로서의 입지를 구축

11. 농촌진흥과 국민의 근면, 자조, 협동정신 일깨운 농촌혁명인 '새마을운동' 실시

12. '자동차산업육성'하여 우리나라 대표적인 효자산업으로 성장

13, 식량자급으로 가난을 해결하고자 다수확품종인 통일벼 재배하여 '녹색혁명' 성공

14, '한일협정' 체결을 통해 얻어낸 막대한 청구 비용으로 1960년대 경제발전 토대 닦음

15, '철강산업 육성'시켜 세계적 규모의 철강업체 기반을 구축

16. 2001~2012년까지 세계 1위를 놓치지 않았던 대표적인 '조선 산업 기반'을 다짐

17. 공업입국 신호탄인 공업단지조성 '경공업, 중화학공업'을 통한 경제개발 기틀 다짐

18. 서민들의 원활한 도로교통을 위해 '서울지하철 1호선' 개통

19. 세계에서 1위를 지키고 있는 대한민국 효자산업인

'반도체 전자공업기반'을 다짐

　20. 외세에 의존하지 않고 '자주국방'을 통한 철통같은 국가안보를 계획하여 실현시킴

　21. 독립 140여 개 국가 중 유일하게 과학진흥계획 수립, 세계적인 '과학국가' 기반을 조성

　22. 대한민국을 위해 헌신한 역사적 인물들에 대한 숭고한 '기념사업'을 정부주도로 추진

　23. 국민에게 "우리도 할 수 있다"라는 '긍정 리더십'을 통해 자립감을 심어줌,

　24. 전국호국유산 등 중요한 '문화재 발굴 정비'

　25. 야간중학 개설, 중학입시시험 폐지, 고교평준화 같은 '현대식 교육체계 기반' 조성

　26. 통일대비 '국회의사당 건립' 지시

　27. 오일쇼크 피해 타개책으로 토건공사, 항만축조, 플랜트 건설 분야로 '중동진출'

　28. 건전한 생활윤리와 가치관 확립을 위해 '국민교육헌장 기반' 조성

　29. 식량, 자동차, 무기 등의 수입 대체로 '국산화 추진 및 장려'

　30. '적극적인 외교'를 통해 한국의 존재를 세계에 각인시켜 동반자로서 입지를 구축

　그냥 한마디로 박정희가 '대, 한, 민, 국'임. 너무 많아서 여

기까지만 한다.

우리가 이거 다 누리면서 박정희 대통령을 "매국노"라고 박정
희를 욕하는 놈들 모두 평양으로 보내 뿌라!!

6. 박정희 대통령을 세계인이 평하는 말들

1) 미국 대통령 아이젠하워; 박정희가 없었다면 대한민국은
공산주의의 마지노선이 무너졌다.

2) 싱가포르의 리콴유: 눈앞의 이익만 쫓았다면 지금의 대한
민국은 없다.

3) 러시아 푸틴 대통령: 박정희에 대한 책은 어떤 책이라도
다 가져와라. 그는 나의 모델이다.

4) 폴 케네디: 세계 최빈 국가를 불과 20년 만에 세계 정상급
국가로 만든 인물이다.

5) 앨빈 토플러: 민주화는 산업화가 끝난 후에 가능하다. 이런
인물을 독재자라고 말하는 것은 언어도단이다. 박정희라는 모델
은 누가 뭐라고 말해도 세계가 본받고 싶어 하는 참 모델이다.

6) 키신저 미 국무장관: 19~20세기 세계적 혁명가들 5인 중
경제발전의 기적을 이룩한 사람은 오직 박정희 한 사람이었다.
그는 산업화 후에 민주화를 이룩한, 소위 민주화의 토대를 다
진 인물이라서 나는 그를 존경한다.

7) 북한 김정일: 정주영과 대화 중

예전에 유신에 대하여 말들이 많지만, 박정희는 새마을운동을 통해서 경제를 성장시키지 않았는가? 서울을 보라. 서울은 일본 도쿄보다도 나은 민족적 자산이다.

8) 중국 후진타오 주석: 나는 새마을운동을 많이 연구했다. 상당수의 중국 인민들이 박정희를 존경한다.

9) 중국 등소평: 나의 멘토다.

10) 말레이시아 마하티르 총리, 캄보디아 훈센 총리: 나는 박정희 대통령을 최고로 존경한다.

11) 중국 원자바오 총리: 박정희의 경제개발정책은 중국 경제개발의 훌륭한 모델이었다. 덩샤오핑 역시 개혁은 박정희의 모델을 모방했다.(시사주간지 타임 발표)

12) 파키스탄 페르베즈 무샤라프 대통령: 어렵던 시절, 한국을 이끌어 고도로 공업화한 자유민주주의 국가로 변화시킨 역사적 역할을 담당한 박정희 전 대통령에 깊은 존경심을 가지고 있다.

13) 일본 다나카 가쿠에이 총리: 박정희의 죽음은 한국에서 일어난 일 중 가장 비극적인 일이다. 이를테면 날개를 달고 승천하려는 호랑이의 날개가 잘린 것 같은 일이다.

14) 제임스 캘러헌 영국 총리:

박정희로 인하여 소련의 남한 공산통일의 기틀은 좌절되었다.

15) 브루스 커밍스(미국 시카고대학, 워싱턴대학 사회학 석좌

교수 및 정치학교수)

그는 진정으로 국력을 키웠다. 다른 후진국 지도자와 달리 부패하지 않았다. 1970~80년 중화학공업정책으로 국가산업을 성공적으로 일으켰다.

16) 에즈라 보겔 미국 하버드대학 사회학과 명예교수(노무현 대통령과의 만남에서)

박정희가 없었다면 오늘의 한국은 없었다. 박정희는 헌신적이었고, 개인적으로 착복하지 않았으며 열심히 일했다. 그는 일신을 바친 리더였다.

17) 독일 국정교과서 고교상급반 지리 92쪽과 중학교 109쪽에 실린 내용

고등학교: 1960년까지도 남한은 성인 1인당 총생산(GDP)이 79달러로 아프리카 가나나 수단 같은 지구상 가장 가난한 나라였다. 그 당시 세계은행보고서는 버마와 필리핀의 앞날을 더 장밋빛으로 보았다. 그러나 남한은 오늘날 세계 11대 무역국이며 1996년부터 OECD회원국이다. (중략) 불리한 자원, 공간적 전제에도 불구하고 남한은 경제기적을 이룩했다.

중학교: 남한은 세계경제로 통합되었다. 대통령 박정희(1961~79)의 강력한 손으로 남한을 농업국가에서 산업능력을 가진 국가로 탈바꿈시켰다. 수도 서울은 비약적으로 발전 성장했다.

7. 김대중을 이승만 박정희보다 더 떠받드는 이상한 나라
미국 돈 달러에 새겨진 문구를 보며

이승만 기념관건립을 '괴물'이라며 반대하는 자들이 1월 6일 경기도 고양시에서 김대중 출생 100주년기념식을 대단하게 치렀다고 한다. 행사 제목은 "하나로 미래로"다.

작년 11월 출범한 김대중 탄생 100주년 기념사업 추진위원회에는 이승만 대통령을 헐뜯던 이종찬, 정대철 헌정회장, 김덕룡 김영삼 센터 이사장, 전 국회의장 및 전 국무총리 등이 상임고문으로 위촉됐다. 이 밖에 7대 종단대표, 현역 국회의원, 경제 5단체장 등 제계대표, 한국노총과 민노총 등 노동계 대표, 현역 광역단체장이 특별자문위원, 특별고문으로 위촉됐으며 후원의 밤에는 여야 정계 인사가 대거 참석했다.

결론은 이 나라 정부와 정계가 모두 같은 반역의 무리라는 뜻이다. 이들은 윤 정부 들어 건립추진 중인 이승만 기념관을 '괴물 기념관'으로 깎아내리고 이승만 건국론을 부정하면서도 김대중 기념사업만은 범국민적 규모로 키운다는 사실이다.

이날 행사장에는 이 나라에서 방귀깨나 뀐다는 자들이 아무 양심의 가책도 없이 모두 낯짝을 내밀었다. 결국 지금 이 나라는 윤석열 정부가 허수아비이고, 오직 북한과 중국이 쥐고 마음대로 흔든다는 것을 증명한 셈이다. 지금 김대중 기념물은

온 나라 안에 널려 있을 정도다.

그런 반면에 건국의 아버지 이승만 대통령은 기념관 하나도 없고 심지어 박정희 대통령의 무덤에 쇠말뚝 수백 개 박은 자를 색출이나 잡으려 하지도 않고 있다. 또한 박정희 대통령의 기념공원은 서울에 만들려다가 반동자들의 절대 반대로 무산되고 방치된 지 10년이 넘는다. 전두환 대통령은 서거한 지 2~3년이 되도록 아직 땅에 묻히지도 못한 채 원흉으로 남았다. 더 말을 말자. 외국에서까지 이상한 눈으로 쳐다보고 있다.

이런 나라에 무슨 애국자가 있고, 올바른 지도자가 있고 미래가 있겠는가?

자기 나라가 썩은 것은 안 보고 탱크 몇 대, 비행기 몇 대 만들어서 판다고 대단한 것처럼 우쭐하고 흥분해서 떠들어대는 이 나라의 인간들은 참으로 이해할 수 없는 어리석은 아메바들이다. 한국을 무너뜨릴 자는 거지 나라인 북한이 아니라 대한민국의 몸뚱어리 속에서 활개 치는 간첩과 반역자라는 암 덩어리들임을 명심해야 한다.

미국 돈 문구에 새겨진 글을 보며

"IN GOD WE TRUST." '우리는 하나님이 계신 것을 믿습니다.'라는 의미이다.

이 글이 달러에 새겨진 것은 미국이 영국으로부터 독립을 한 후 독립국가로서 화폐를 발행하면서부터 오늘까지 단 한 번도 바뀌지 않은 규정 중 하나이다.

영국에서 신앙의 자유와 참다운 신앙을 찾아서 청교도인들이 아메리카 대륙에 이주를 하였다. 모진 고생과 난관을 뚫고 정착을 시작한 청교도인들은 첫해 농사를 지어 추수를 하고 난 후에 제일 처음으로 한 것은 감사 예배와 함께 교회를 지었다.

이것은 하나님의 보호하심과 사랑으로 여기까지 오게 된 것에 대한 감사의 제사인 것이다. 2년째 수확을 한 후 그들은 학교를 지었다. 이것은 장래의 미국을 짊어지고 갈 2세들의 올바르고 바른 교육을 위해서이다.

3년째 수확을 하고 나서 비로소 그들은 자기네들이 살 집을 지었다. 즉, 이들의 우선순위가 나타나 있는데 삶의 첫째 목적이 올바른 신앙을 바탕으로 제대로 된 교육을 하여야만 장래가 보장된다고 믿었기 때문에 우선순위가 이렇게 매겨진 것이다.

그 후 영국과의 독립전쟁을 치르고 독립이 되어서 영국화폐가 아닌 독자적인 화폐를 만들 때 그들은 지금까지 지켜주고 도와주신 이는 하나님(GOD)이라는 신념에 차 있었으며 하나님은 살아계신다는 것을 후손에게 전하기 위하여 항상 몸에 지니고 다니는 지폐에 이글을 넣게 되었으며 이 문자는 단 한 장의 지폐에도 들어가지 않은 돈은 없다. 하나님의 도움으로 세워진 나라. 신의 도움 없이는 건재하지 않은 나라, 이것이 청교도인들의 삶의 기본이었다. 그러므로 삶의 우선순위도, 지폐에 들어가는 문자의 우선순위도 살아계신 하나님이 되어 있다.

8. 6 · 25전쟁 후의 참혹한 폐허를 딛고 일어선 대한민국

한강의 기적을 이룩한 박정희 대통령 왜 모르는가
깨어나라, 우리 젊은이들아! 자유대한민국을 지켜야 한다

3년 1개월의 6 · 25전쟁으로 인한 폐허의 후유증으로 인명 피해는 물론 암울했던 전쟁 후 50~60년간의 오늘날 우리 국민들의 피나는 눈물의 노력은 (지금의 70대 이상) 한마디로 76불의 굶주림에서 3만 5000불의 세계 10대 경제 대국을 만든 한강의 기적이었다.

그러나 지난 우리들 역사였던 조선시대 4색 당파 싸움질로 날을 새웠었다면 지금은 좌파 공산주의자들이 날뛰며 나라를 어지럽히는 일로 인한 혼돈 속에서 나라 앞날의 길조차 잃어가는 풍전등화 같은 현실에서 2025년 새날이 밝았지만 비록 정치판이 소용돌이치며 암울한 현실 속에 국민이 뽑은 윤 대통령까지 파면시켜 버렸지만, 자유주의 정부는 반드시 좌파 이재명 일당을 이 땅에서 물리칠 것이 확실하다.

다수당인 야당들이 부정선거로 대통령을 탄핵으로 몰아 영어의 몸으로 감옥소에서 신년을 맞아야 했던 고초를 겪었으나 20, 30대까지 들고일어나며 절대적인 지지가 55%를 넘으면서 국가 침탈 세력을 침몰시키기 위해 자유주의 온 국민은 뭉쳐 일어서고 있다.

박정희 대통령 시절 독재자라고 하는 것이 나 혼자 잘 먹고 살자는 것이 아닌 암울했던 빈곤에서 탈출하려는 몸부림의 고생 기간이 지난 뒤 전두환 시절에는 세계에서 유례없는 중화학공업으로 성장을 이룩한 나라로 앞날이 환하게 됐다.

　경제성장의 동력은 1980년대에 들면서 북한을 크게 앞서 그 격차가 무려 100대 1 정도로 천국과 지옥으로 갈라지며 세계 10대 경제대국으로 우뚝 서게 됐다.

　그런 건설 와중에도 김대중과 김영삼은 서울과 부산 경부고속도로 건설현장에 드러누워 반대시위까지 했던 모습들이 TV에서나 신문에까지 실렸던 부끄러운 야당 대통령들의 작태를 보며 국민들은 이들 뻔뻔한 인간들을 잊을 수 없다(2019년 2월 19일 필자와 공저 '벼랑길 굴러가는 대한민국' 53쪽 참조).

　당시 박정희 대통령이야말로 먼 장래를 내다볼 줄 아는 뛰어난 지도자다. 이후 일본의 철강기술을 이전시켜 포항제철 건설까지(박태준) 중화학건설에 더욱 박차를 가했다.

　그런 가운데 새마을운동과 중농정책을 시행, 농촌을 완전히 개량 개선시키던 당시 필자는 무역업으로 일본을 출입하며 공단 건설 기자재 납품업으로 여수 남해화학을 비롯하여 다우케미칼, 호남화력, 럭키화학, 삼천포화력발전소, 울산현대중공업, 포항제철 등지를 오가며 기자재를 공급, 산업건설에 일조했던 경력이 있다.

1980년대 새마을운동은 특히 86아시아경기대회와 88서울올림픽대회를 앞두고, 올림픽새마을운동 캠페인으로 도시민 건전생활화운동과 소비절약운동을 펼쳤다.

이렇게 전개된 새마을운동은 전국 지역 새마을운동으로 부녀새마을운동, 직장새마을운동, 공장새마을운동, 청년새마을운동, 새마을체육대회, 학교새마을운동에 이르기까지 확산되면서 그런 모습들이 전 세계 후진국들에까지 전파되었다.

박정희 대통령은 1961년 군사혁명으로 정권을 잡은 이후, 자원이나 내수시장 등 어느 것 하나 없는 한국을 1962에서 1979년까지 불과 17년 사이에 국내총생산(GDP)은 23억 달러에서 640억 달러로 28배, 국민소득은 20배가량 증가하여 비약적인 경제성장과 발전을 일궈낸 말 그대로 '한강의 기적'은 강력한 리더십을 바탕으로 국가 중심의 산업정책과 실패를 모르는 기업가 정신, 근면한 국민성이 결합해 만들어낸 결과라 하겠다.

이런 기적에 앞장선 대표적인 영웅분들을 밝혀보면 삼성의 이병철 회장(1910년생), 현대 정주영 회장(1915년생), 박정희 대통령(1917년생), 포철 박태준 회장(1927년생), 청와대 오원철 경제수석(1928년생)분들이다.

한국의 전자, 반도체왕국을 이때 만들어 어마어마한 국부(國富)를 창출한 이병철 회장과 조선(造船) 대국과 현대자동차 대국을 이룩한 신화의 주인공 정주영 회장과 나라를 부국강병의 길로 이끈 위대한 박정희 대통령, 이 세 영웅이 주연이라면 포철의 신화를 만든 박태준 회장과 오원철 경제수석은 훌륭한 조연 역할을 한 분들이다.

이렇게도 위대한 박정희 대통령은 지금까지도 독재자란 누명의 수모를 당해야 했다. 박정희 대통령 동상 하나 제대로 없는 한심한 현실에서 우리들은 지금의 좌파 김대중, 노무현, 문재인 거기다 이재명이란 자까지 나서서 빨갱이 나라를 만들겠다며 온 국민을 현혹해 나라의 주권을 찬탈하려 윤 대통령까지 탄핵으로 몰아 파면시킨 이 나라가 자유를 잃은 나라가 되어서는 절대로 안 되도록 막아야 한다

9. 대한민국 역사상 가장 슬펐던 연설

여러분 난 지금 여러분들과 마주 서 있으면서 몹시 부끄럽고 가슴 아픕니다.

대한민국 대통령으로서 과연 내가 무엇을 했나 하고 가슴에 손을 얹고 깊이 반성합니다. 내가 바로 여러분들을 이곳(독일 광부, 간호사)으로 오게 한 죄인입니다.

우리 땅엔 먹고살 것이 없어서 여러분들이 이 머나먼 타향에 오셔서 달러를 벌고 있습니다. 이 외로운 시골 끝도 없는 갱 속에 들어가 석탄을 캐고 있습니다. 간호사분들은 자기의 체구보다 두 배나 큰 독일 환자들의 시중을 들다가 2년도 못 되어서

허리 디스크에 걸린다는 말도 들었습니다. 여러분들이 왜 이래 야 합니까? 이게 다 나라가 못사는 탓입니다.

그러나 나에게 시간과 기회를 주십시오. 우리 후손만큼은 여 러분들과 같이 다른 나라에 팔려오지 않도록 최선을 다하겠습 니다. 꼭 그렇게 반드시 하겠습니다.

돈 좀 빌려주세요. 한국에 돈 좀 빌려주세요. 여러분들 나라 처럼 한국은 공산주의와 싸우고 있습니다. 한국이 공산주의자 들과 대결하여 이기려면 분명 경제를 일으켜야 합니다. 그 돈 은 꼭 갚겠습니다. 저는 거짓말을 모릅니다.

우리 대한민국 국민들은 절대로 거짓말 하지 않습니다. 공산 주의를 이길 수 있도록 돈 좀 빌려주세요. 박정희 대통령은 서 독 대통령과의 면담에서 말했다. 독일 광산에서 노역하던 한국 인 아버지들, 가족을 뒤로하고 서독으로 떠나온 간호사 어머니 여러분! 만리타향에서 이렇게 상봉하게 되니 감개무량합니다. 조국을 떠나 이역만리 남의 땅 밑에서 얼마나 노고가 많습니 까?

서독 정부의 초청으로 여러 나라 사람들이 제일 일 잘하고 있 다는 칭찬을 받고 있음을 기쁘게 생각합니다. (여기저기서 흐 느끼는 소리가 들려왔다. 박 대통령은 원고를 보지 않고 즉흥 연설을 하기 시작했다) 광원 여러분 그리고 간호사 여러분!! 가족이나 고향땅 생각에 괴로움이 많은 줄로 생각되지만, 개개인은 무엇 때문에 이 먼 이국땅에 찾아왔는가를 명심하여 조국의 명예를 걸고 열심히 일합시다.

비록 우리가 생전에 이루지 못하더라도 남들과 같은 번영의 터전만이라도 닦아 놓읍시다. (박정희의 연설은 계속되지 못했다.) 울음소리가 점점 커지기 시작했기 때문이다. 박정희 대통령은 대통령이란 신분도 잊은 채 소리 내어 울고 말았다. 육영수 여사도, 수행원도, 심지어 옆에 있던 서독 대통령까지도 눈물을 흘렸다. 결국 연설은 어느 대목에선가 완전히 중단되었고, 눈물바다가 되고 말았다.

연설이 끝나고 강당에서 나오자 미처 그곳에 들어가지 못한 광부들이 박 대통령과 육영수 여사를 붙들고 놓아주지 않았다. "우릴 두고 어딜 가세요." 고향에 가고 싶어요. 엄마가 보고 싶어요. 호텔로 돌아가는 차에 올라탄 박 대통령이 계속 눈물을 흘리자 옆에 있던 서독 뤼브케 대통령이 손수건을 건네주며 말했다.

"우리가 도와주겠습니다. 서독 국민들이 도와주겠습니다!! 파독 광부와 간호사가 보낸 외환은 당시 대한민국 GNP 2%에 달했다. 피와 땀으로 만든 경제성장의 종잣돈이었다.

1964년 12월 10일 당시 탄광회사 강당에서 파독 광부와 간호사 250여 명이 모였다. 처음 간호사들이 흐느끼기 시작, 애국가가 울려 퍼지며 대통령 내외도 손수건을 꺼내 눈가를 닦았다. 당시 우리나라는 UN에 등록된 120개국 중에서 지하자원도 돈도 없는 세계에서 가장 못사는 최빈국이었다. 아프리카 가나보다도, 아시아 필리핀 170불, 태국 220불이었지만, 대한민국의 국민소득은 겨우 76불이었다.

누가 그렇게 만들어 놨는가? 북한 김일성이란 공산주의 빨갱이란 자가 1950 6월 25일 일요일 새벽 4시를 기해 전차를 앞세워 남침해 동족상잔의 피비린내 나는 전쟁을 일으켰다. 이 전쟁으로 인해 민간인을 포함해 약 450만 명의 사상자가 발생했다. 군인 전사자만 한국군이 22만 7748명, 미군이 3만 3029명, 유엔군이 3194명이며 참전 UN 16개국과 북한 및 중공군도 사상자가 엄청나다(필자의 저서 '벼랑길 굴러가는 대한민국' 38~49쪽 참조).

그런 이후 폐허가 된 대한민국을 박정희 대통령이 한강의 기적으로 오늘날 세계 10대 경제 대국으로 진입해 잘살고 있는 나라에 또다시 공산당 빨갱이 잔당들이 남아 지하조직들이 급성장하며 김대중에서부터 노무현 문재인으로 이어오다 보니 이젠 이재명이란 자가 나타나며 윤석열 정부를 무너뜨리겠다고 온 나라를 좌파 일색으로 빨갱이 세상이 돼 나라가 풍전등화 속에 있다.

70대 이하 젊은이들은 그 무서운 전쟁이란 것을 겪어 보지 않고 무조건 국가관을 잃고 나라를 공산주의 세상으로 만들려 하고 있다. 참으로 개탄스러워 어디다 호소할 길조차 없다. 나라가 있어야 내가 있는 법인데 왜 우리 젊은이들은 그 사실을 깨우치지 못하고 빨갱이 세상을 만들겠다고 이 야단들인가? 이 늙은이는 이제 오늘 죽어도 한이 없지만, 장차 우리나라가 자유대한민국으로 잘살아 갔으면 편히 눈을 감을 수 있을 것 같다. 젊은이들아, 제발 깨우쳐 일어나라. 월남이란 나라가 왜 망했는지를 기억하는가?

10. 역사를 잊은 민족에겐 미래가 없다

　과거 박정희 대통령은 "역사를 잊은 민족에겐 미래가 없다." 라고 했다.

　우리나라가 잘난 역사든 못난 역사든 우리 역사인데 우린 불과 반세기 전을 잊고 살아간다. 왜 그래야 하는가? 전쟁을 겪어 보지 않은 70대 이하 젊은 세대들은 우리나라가 지금 잘살고 있으니 그런 걱정 왜 해야 하느냐? 반문하겠지만 참으로 그런 어리석은 꿈에서 이제라도 제발 깨어나야만 한다. 이 지구상에서 우리나라보다도 더 잘살던 '월남' 이란 나라가 영원히 북쪽 월맹에 빼앗겨 사라져 버렸다. 그리고 우리나라 역사에 이씨 조선 500년의 나라를 왜 일본에 빼앗겼나를 생각해야 한다.

　왜 그랬던가? 우리나라 젊은이들이 진지하게 한번 생각해 본 적이 있는가 묻고 싶다.

지금의 우리나라 현실이 그때보다 더했으면 더했지 덜하지 않다. 그건 아직도 북한의 3대 세습 공산주의 빨갱이들이 핵미사일을 갖고 호시탐탐 남쪽 잘사는 우리나라를 남침하려고 기회만을 노리고 있기 때문이다. 지구상에 유일하게 남아 있는 공산국가는 북한과 쿠바뿐이다. 왜 쿠바가 못살까 한번쯤 생각해봤는가? 그리고 북한 3대 세습인 나라가 우리나라 경제에 비해 50년도 더 뒤떨어져 굶어 죽어가고 못살아 사선을 뚫고 잘사는 한국으로 귀순해온 북한 동포들이 5만 명이 넘었다는 소식에 필자도 놀라지만 오죽하면 이들이 사선을 뚫고 한국에 내려와 첫마디가 지옥에서 천국으로 왔다고 말할까? 그런 까닭을 우리 남한 젊은이들이 한번쯤 진지하게 생각해 봤는가 묻고 싶다. 그리고 공산주의 종주국 소련(지금의 러시아)의 위성국 18개 나라를 모조리 자유주의 나라로 고르바초프 대통령이 해체시켜 버린 사실의 이유가 무엇일까 생각해 봤는가 묻고 싶다.

이런 위험의 와중에 우리나라의 현 위치인 젊은 세대들은 빨갱이 세상 공산주의가 더 좋다고 아무것도 모르고 깨춤들을 추고 있으니 참으로 개탄스러운 일이다.

우리나라 산업화의 영웅 박정희 대통령이 1969년 10월 10일 대국민담화에 실린 글을 여기에 옮겨 본다. 55년 전에 박정희 대통령의 연설이 현재 우리나라 상황과 어쩌면 이렇게도 딱 들어맞을까?

내가 해온 모든 일에 대해서 지금까지 야당은 반대만 해 왔다. 나는 진정 오늘날까지 야당으로부터 한마디의 지지나 격려도 받아보지 못한 채 오로지 극한적 반대 속에서 막중한 국정을 이끌어 왔다.

　한일국교정상화를 추진한다고 하며, 나는 야당으로부터 매국노라는 욕을 들었고, 월남에 국군을 파병한다고 하여 "젊은이 피를 판다."고 악담을 하였다. 없는 나라에서 남의 돈이라도 빌려와서 경제건설을 서둘러 보겠다는 나의 노력에 대해서 그들은 "차관망국"이라고까지 비난했으며, 향토예비군을 창설한다고 하여 그들은 국토방위를 "정치적 이용을 꾀한다."고 모함하고, 국토의 동맥을 뚫는 고속도로건설을 그들은 "국토의 해체"라고 말하며 김대중 김영삼이 건설공사현장에 드러누워 반대시위하던 일(필자의 저서 '벼랑길 굴러가는 대한민국' 53쪽 참조) 등등 반대하여 온 대소사를 막론하고 내가 하는 모든 일들마다 비방, 중상모략 악담 등을 퍼부어 결사반대만 해 왔던 것이다.

　만일 우리가 그때 야당의 반대에 못 이겨 이를 중단했거나 포기하였더라면, 과연 오늘날의 대한민국이 설 땅이 어디 있었겠는가? 내가 해온 모든 일들에 대해서 지금 이 시간에도 야당은 유세에서 나에 대한 온갖 인신공격인 언필칭 나를 독재자라고 비방한다. 내가 만일 야당의 반대에 굴복하여 "물에 물탄 듯" 소신 없는 일만 해 왔더라면 나를 가리켜 독재자라고 말하지 않았을 것이다.

　야당의 반대를 무릅쓰고도 국가와 민족을 위해 도움이 되는 일이라면, 내 소신을 굽히지 않고 일해 온 나의 태도를 가리켜 그들은 독재자라고 말하고 있다.

　야당이 나를 아무리 독재자라고 비난하든, 나는 이 소신과 태도를 고치지 않았을 것이다. 또 앞으로 누가 대통령이 되든 오늘날 우리 야당과 같은 "반대를 위한 반대"의 고집이 고쳐지지 않는 한 야당으로부터 오히려 독재자라고 불리는 대통령이 진짜 국민을 위한 대통령이라고 나는 생각한다.

11. 북에서 온 한 분의 글
살아있는 지옥에서 살아있는 천국으로 왔다

　나는 지옥에서 천국으로 들어왔다. 북한에서 꿈꾸던 사회주의, 공산주의 천국은 대한민국에 있었다. 대한민국은 정말 말 그대로 천국이다. 진실이 하나도 없던 곳에서 거짓을 읽으며 살아온 것으로 해서 세상을 내 눈으로 직접 느껴보기 전에는 절대로 감정표시를 잘하지 않는 나는, 그때 이곳이 우리를 받아주는 조국이라는 감동 속에 가슴이 울렁거렸다.

　비행기에서 내려 버스를 타고 국정원으로 가는 길에서 저절로 탄성이 흘러나왔다. 북한에 대비한 중국의 거리들을 보고 감동에 젖었던 그것은 봄눈같이 사그라지고, 중국에 대비할 수 없는 대한민국의 황홀한 광경에 내 입이 딱 벌어지며 탄성이 아! 아! 하는 신음 소리가 나왔다. 말문이 막혔다. 백 년이 떨어진 곳에서 백 년을 앞선 곳으로 단숨에 다다랐으니 내 외침이 막힐 수밖에 없었다. 국정원으로 들어가기 전 우리를 실은 버스가 곧장 병원으로 가 우리들의 건강상태를 검진하기 시작했다.

세심한 검진에서 한 번도 본 적이 없는 어마어마한 설비 앞에서 눈물이 왈칵 쏟아졌다. 약이 없는 병원, 설비 없는 병원에서 치료받을 생각도 못하고 중국에서 밀수해 들어오는 정통편(正痛片 중국산 두통약)으로 아픔을 달래다 돌아가신 아버지가 생각나서 눈물이 흘러내렸다.

국정원은 엄숙한 곳이기도 하지만, 수천 리 길을 헤쳐온 우리들의 옷들은 속옷부터 시작 겉옷, 신발, 머리띠까지도 낱낱이 바꾸어졌다. 나는 그때 내가 입은 속옷부터 겉옷, 신발 생활필수품까지 개수를 세어보니 40여 가지나 되었다. 그 모든 것들을 배려해 주셨다. 500g 간식 한 봉지를 받고도 김일성, 김정일의 초상화 앞에서 먼저 90도로 허리를 굽혀 감격해야 했던 어제의 그날이다.

국정원에서의 조사를 마치고 선생님들의 따뜻한 바래움 속에서 이제 우리가 살아갈 삶의 하나원으로 자리를 옮겨 내가 기다리는 시간은 한국사(韓國史)이었다.

나는 대한민국의 한국사교과서를 꼼꼼히 체크해 가면서 역사적인 연대들과 시기들을 수첩에 적어놓기도 했다. 이렇게 석 달이라는 시간을 보내고 하나원을 수료하였다.

2013년 8월, 나는 꿈속에서도 그리던 대한민국의 국민이 되었다. 우리에게 배려해 준 임대아파트와 주민등록증을 받았다. 얼굴과 이름 주민번호, 집주소가 적혀 있었다.

주민등록증을 품에 안았을 때, 나는 대한민국 국민이라는 감격 앞에서 목이 메어 눈물이 두 뺨에서 흘러내리며 나도 모르게 흑흑 흐느꼈다. 이 자유민주주의 국민이 되기 위하여 탈출을 꿈꾸며 살아왔던 지난 시간들, 죽음과 같은 탈출의 길에서 헤쳐 온 가시덤불 길들, 그 모든 것들이 이제는 추억으로 고스란히 간직되었다.

드디어 국가가 정해준 나의 집으로 들어섰다.

규모가 반듯하고, 쓸모 있게 꾸려진 집, 바닥과 천장, 기술적으로 잘 정돈되어 있는 집을 보면서 북한의 창고 같았던 집이 떠올랐다. 이제 그 집을 떠올리기도 싫다.

푸근함이 확 밀려왔다. 전기 밥 가마에 쌀알을 넣고 스위치를 누르니 "쿠쿠가 맛있는 밥이 다됐다는 말에 내 귀를 의심했다. 가스레인지를 켜고 국도 끓이고 반찬도 하며 일부러 전자레인지도 켜 본다. 신비하여 어쩔 줄을 몰랐다. 샤워 실에서 실컷 몸을 담그고 나와 머리를 말리며 상쾌함을 만끽한다. 설거지대의 온수에 손을 담그기도 했다. 전기가 없고 수도가 막혀 찬물도 없어 바케츠를 들고 우물가에 길게 늘어섰던 일, 수돗물에서 지렁이와 거머리를 건져내던 때가 기억난다.

그 모든 악몽을 말끔하게 쓸어버린 대한민국에서의 나의 집. 하루 종일토록 전기를 켜고 TV 앞에서 나는 천국을 보고 있다. 확 트인 대통로를 따라 끝없이 걷고 싶다. 대한민국의 도로들은 신화적인 도로이다. 공중에서 달리는 고가도로들, 이것이 내가 지금 살고 있는 대한민국이 아니던가!! 아 난 천국에 와 있구나!!

시간이 흐를수록 대한민국의 진면모가 하나둘 나를 향해 다가온다.

먹을 것이 넘쳐 나 그 음식들 앞에서 대성통곡하기도 했다. 내 고향의 어린이들과 노인네들, 밥 가마 앞에서 눈물을 짜던 나의 동생, 그 모든 것에 통곡을 터뜨린다.

대한민국에선 먹을 것이 넘쳐 나고, 장애인들을 위한 복지관, 그들을 위한 복지시설의 혜택, 아이들을 위한 놀이터, 노인들이 쉬는 긴 벤치들이 거리 곳곳에 있다.

대한민국이야말로 말 그대로 천국이다. 나는 지옥에서 천국으로 들어왔다. 천국에서도 노력하지 않으면 안 된다. 이젠 모든 것이 내 몫이다.

나를 아끼고 사랑하는 것으로부터 내 삶을 시작하려고 했고, 북한에서 이루지 못했던 것을 꼭 이루기 위해 각오하고 노력도

기울일 것이다. # 내용 일부교정

탈북자 김수진의 글

12. 나라가 있어야 내가 있다
이스라엘 국민에게 배워야 할 교훈
삶은 소대가리가 되지 말자

하마스의 기습으로 촉발된 중동전쟁은 위험에 맞서는 국가 의지의 강렬함에서 이스라엘을 따라갈 나라가 없음을 새삼 확인시켜 주었다.

이스라엘 정부가 선전포고와 동시에 예비군 소집령을 내리자 36만 명이 모여 부대배치를 마쳤다. 걸린 시간은 단 48시간이었다. 불과 이틀 만에 이스라엘 인구 936만 명의 4%가 군복으로 갈아입고 집과 일터를 떠나 전선에 집결했다.

소집에 응한 36만 명 중 6만 명은 해외에서 달려온 이들이었다. 베를린, 마이애미, 리마 등 텔아비브행 항공편이 운항하는 세계의 공항들은 귀국 비행기를 타려는 이스라엘 젊은이들로 붐볐다. 미국 유학 중 전쟁이 터지자 소집령이 떨어지기도 전에 짐을 쌌다는 20대 여대생, 징집 연령이 지났지만 두 아들과 함께 자원입대하고 개인 제트기까지 띄워 예비군을 실어 나른

56세 기업인 등의 이야기가 꼬리를 물고 외신을 탔다. 하도 입대자가 많아 일부 부대는 수용이 어려울 정도였다는 소식도 전해졌다.

오직 이스라엘만이 가능한 국민적 에너지였다.

한국 민주당이 보기에 이스라엘은 바보 같은 나라일 것이다. 민주당은 더러운 평화론을 신봉하는 정당이다. 민주당을 이끄는 당대표는 "이기는 전쟁보다 더러운 평화가 낫다."는 말을 반복해 왔고, 그 당이 배출한 전직 대통령은 "가장 좋은 전쟁보다 가장 나쁜 평화에 가치를 더 부여한다."고 했다.

이들은 이스라엘의 '피 흘리는 전쟁'을 이해하지 못할 것이다. 테러 세력과 적당히 협상하며 더러운 평화를 유지할 수 있는데도 전쟁을 하겠다며 젊은이들을 전장(戰場)으로 내몰고 있으니 말이다.

하마스 공격 이후 2주일 사이 5000여 명이 숨졌다. 이스라엘군이 지상전에 돌입하면 사상자는 급증할 것이다. 가자지구는 하마스 전투원이 민간인과 뒤섞여 있고, 수백km 땅굴이 미로처럼 펼쳐진 정규군의 지옥이다. 이란이 개입하거나 아랍권과의 전쟁으로 확대되면 인명피해는 걷잡을 수 없이 커질 수 있다. 이스라엘 대변인 발표처럼 '괴물과 이웃하고 살 수는 없다.'는 것이다.

이스라엘과 다른 길을 가는 나라가 대만이다. 지난주 대만에서 나온 여론조사 결과가 충격적이었다. 전쟁발발 때 '싸우는 것을 꺼릴 것'이라는 대만인이 54%를 넘었고, 20대 연령층에선 무려 69%가 총을 드는 데 거부감을 표명했다. 지난해 대만 지방선거 때는 시민단체가 출마자에게 '중국이 침공 시 항복하지 않겠다.'고 서약 받는 캠페인을 벌였지만, 서명한 후보는 30%뿐이었다. 10명 중 7명이 '불 항복서약'을 거부했다. 이런 나라를 겁낼 적은 없을 것이다.

대만해협은 세계의 지정학 요충지 중 가장 전쟁에 근접한 곳으로 지목받는다.

중국이 공공연히 무력 침공 의사를 밝히고 있고, 미 공군 기동 사령관이 '2025년'을 시점으로 못 박아 "대만전쟁에 대비하라."고 지시한 사실까지 공개됐다. 그런 나라에서 군 복무기간은 4개월에 불과하다. 20여 년 전까지 2년 복무였던 것을 포퓰리즘 정치권이 계속 선심 써 이렇게 줄여 놓았다. 중국 위협이 고조되자 내년부터 1년으로 늘리기로 했지만, 야당은 집권 시 4개월 환원을 공약으로 내걸었다. 분열된 대만 정치는 국가안보를 진영화하고 있다. 전쟁위기 앞에서도 민진당의 반중, 독립과 국민당의 친중, 통일 노선이 대립하며 국론을 양분시키고 있다. 결론은 대만이 전쟁할 준비가 되어 있지 않다는 사실이다.

모든 전쟁이란 비극이다. 이스라엘 국민이라고 피 흘리는 전쟁이 두렵지 않을 리 없다. 그래서 싸워야 하는 그들의 절박한 생존 논리를 이해하지 못하면 평화도, 안보도 말할 자격이 없다. 김정은이 계룡대 타격 훈련을 지휘하며 '남반부 영토 점령'을 지시했다는 북 발표를 보고도 '더러운 평화' 운운한다면 양심이 없거나 뇌가 없거나 둘 중 하나일 것이다. 우리는 김일성의 남침으로 과거 6 · 25라는 쓰라린 전쟁을 겪으며 피비린내 나는 전쟁 속에서 못 먹고 헐벗으며 폐허가 된 나라를 다시 일으켜 세운 위대한 민족이다. 공산주의자가 그 얼마나 악독한 자들인지 절실히 깨달아야 할 때다.

13. 마지막 가는 우리네 인생길

필자가 90평생을 살아온 인생길을 냉정하게 더듬어 보니 결국 나와의 싸움이었다. 그 이유를 찬찬히 되뇌어 보니 내가 진정으로 싸워야 할 사람은 바로 '나 자신'이었다.

1953년 인류 최초로 에베레스트 산 등정에 성공한 에드먼드 힐러리는 등정 성공 소감을 묻는 기자에게 "내가 정복한 것은 산이 아니라 나 자신이었다."는 유명한 말을 남겼다. 그렇다. 내가 한세상을 살다 가는 동안 우리 모두가 찬찬히 생각해 보면 자기일생 모두가 결국 자기와의 싸움이란 사실을 깨달았다.

내가 나 자신을 이기는 것 그것이 세상과의 싸움에서도 이길 수 있다. 한세상을 살아오다 보면 누구나 자신이 목표했던 일들에 부딪혀 그 무거운 짐을 감당치 못해 좌절하거나 시련을 견디며 인내했던 과정들이 바로 나 자신으로 그 모든 것은 자기로부터 시작, 자기로 끝난다. 결국, 그 무거운 짐을 감당치 못해 불안해하고, 짜증 내던 그 모두가 자신이 저질러 놓고 자신이 고통 받으며 자신 앞에 무릎 꿇는 결과였다.

그러다 보니 한세상 동안 제대로 나를 이해하게 되고 컨트롤하는 요령도 알게 됐다. 그건 나의 견실한 정신력을 따라 준 육체가 있었기 때문이다. 오늘 하루를 위해 내 자신이 인간답게 살았는지? 아니면 개망나니같이 살았는지 나 자신을 점검하는 숙제이다. 그런 말이 있다. "곰은 쓸개 때문에 죽고, 사람은 세치 혀 때문에 죽는다."

젊은 시절은 그렇다 쳐도 나이가 들어서도 철이 들지 않는 사람들이 많다. 그것은 자기 자신을 너무 안일하게 여기며 살아왔다는 증거다. 자신이 누군지를 모르고 살아온 그런 사람은 이제부터라도 가슴에 손을 얹고 자신에 대해 냉정히 물음표를 가져볼 일이다. 자신을 점검해 보는 일은 인간만이 가능한 일이다. 사는 동안 중요한 것은 남에게 피눈물 흘리게 하고 살아가지 말아야 한다는 정신이 제일 중요하다.

인간에겐 누구에게나 하루 24시간이 주어진다. 어제란 이미당신의 손바닥에서 다 빠져나가 버린 모래알일 뿐이다. 춘한노

건(春寒老健)이란 봄날 꽃샘추위같이 다 흘러가버린 노년이라고 방랑시인 김삿갓 글에도 써져 있다.

인생길에 최고의 살아가는 비결은 "나를 알라"다. 자신이 살아가는 나의 인생을 내가 똑바로 아는 것이 중요하다. 내가 살 수 있는 시간은 오직 지금뿐이다. 내가 잃어버릴 수 있는 것도 바로 현재다. 이 현재의 나를 놓치면 인생 전체를 놓치는 거다. 인생 끝에는 죽음이 기다리고 있기에 무엇이든 지금 다 해치워라. 그게 멋진 인생 마지막을 잘 장식하는 비결이다.

늙음은 편히 쉬는 길이기에 늙음의 삶이 우선 여유로워야 한다. 인간이란 양면성을 지닌다. 생과 사도 그렇다. 어떤 사람은 살기 위해 발버둥치고, 또 어떤 사람은 쉽게 죽어버리려고 한다. 그러나 우리는 생명이 있는 한 최후까지 열심히 살아야 한다.

사과나무도 사과가 영글게 될 무렵이면 그 이파리는 누렇게 시들고 볼품이 없듯 우리 인간도 그 이파리같이 볼품없는 모습으로 변해가는 것이지만, 추해지지 말아야 하고 자살행위는 자식들을 배신하는 행위다. 죽는다는 것은 없어지는 것이 아니라 영혼과 육체가 분리돼 영원히 쉬는 것뿐이다. 인생이란 배를 타고 강을 건너가는 길이며 그 나그네가 언제 다시 올지 기약 없는 곳이다. 당신도 그곳이 하늘나라가 되길 축원 드린다. 마음 비우고 편하게 사시다 가실 날까지 자식들은 나를 낳아주신 감사의 은혜보답으로 끝까지 보살피며 온 정성을 다하여 죄짓지 말아야 한다.

맺는 말

소풍 같은 인생길!!!

잠시잠깐 머물다 가는 여정(旅程)에 난 그 빈 그릇에 뭘 그리도 채우려고 한평생을 아등바등 안달하며 살아왔단 말인가? 이제 되돌릴 수 없는 지난날 앞에 무릎 꿇으며 인생무상허무(人生無常虛無)를 느낀다. 영웅호걸 절세가인도 세월 따라 다 가버렸는데 낸들 무슨 뾰족한 수가 있단 말인가? 출렁이는 강물에 비친 내 얼굴 흔적뿐 더도 덜도 없다.

어느 날은 달콤하던 때도, 또 어떤 땐 슬펐던 일들이 양분되어 채워지지 않는 때도 많았다. 하지만 그 달고 쓰고 매웠던 것들을 다 아우르지 못한 그런저런 한평생 긴 여정인 나의 쉼터 종점이 바로 여기에 머물고 있구나!!

한창 철없던 젊은 시절 몇 고비를 넘고 넘다 보니 이젠 낙목한천(落木寒天)에 홀로 서서 고독을 삼키며 살아온 삶의 애환들이 늘 성숙되지 못한 찌든 세월의 흔적들로 허드레같이 너덜

너덜해진 내 인생사 참모습을 찬찬히 들여다본다!!

  하나님이 주신 몸값을 하고 떠나야 그게 잘 사는 건데 덤으로 사는 내 주제에 이만큼이라도 천복(天福)을 주신 하나님께 그저 감사할 뿐이다. 하나 조금 바람이 더 있다면 부족하게 느껴지는 게 "못다 배우고 가는 세상"이다. 배울 게 끝이 어딘지 아무리 찾으려 해도 찾을 길이 없다. 내 깐엔 제법 세상을 안다거나 공부했다고 껍죽거리지만, 나 자신을 잘 들여다보니, "이제 겨우 걸음마 단계"임을 알게 됐다. 결국 손오공 부처님 손바닥 안에서 노닥거렸던 한평생이다.

  참으로 이 세상은 배울 게 너무 많이 널려 있고, 공부를 해도 해도 끝이 보이질 않는다. 갈 날은 코앞인데 천금같이 귀하고 귀한 이 시간, 배울 건 넘치고 넘쳐 산더미 같다. 외국어 공부(일본어, 영어, 독일어)에서부터 우리 역사, 세계사, 일반상식, 인간사처신관계와 여행 등등 끝이 없다. 마치 개 발에 땀난 듯하다. 여행 하나만 해도 그렇다. 겨우 10여 개국을 다녀 보고 안다니 노릇을 했는데 내가 잘 아는 영암에 사는 손재필 아우는 78개국을 다녔다 하니 그 아우 앞에선 명함도 못 내놓는다. 세상살이가 제 깐엔 제법 다 안다고 껍죽거리지만, 남들이 속으론 비웃는다.

  날고 긴다는 사람 위에 또 인간이 수없이 도사리고 있으니까. 그래서 이 세상이 적자생존(the survival of the fittest)으로 뛰는 놈 위에 나는 놈이 있다 하지 않던가?

그런 속에 살아가면서도 가끔은 내 곁에 있는 사람이 그 얼마나 소중한 사람인지 잘 모르다가 어느 날 그 사람을 잃고 나서야 뒤늦게 후회하는 일이 다반사다. 그런 사람을 놓치지 마시라. 정말 소중한 사람은 한결같은 사람이다. 내가 먼저 고개 숙이고 잘하면 상대도 날 버리지 않는다. 참으로 인연이란 모질고 질기다. 잡으려 하면 떠나고 떠나려 하면 아쉬운 그런 사람이다. 소중한 사람을 언제나 아끼며 사랑하라.

필자는 가진 것도 없는 가난뱅이지만, 매사를 긍정적으로 바라보는 생각 때문인지, 마음만은 부자다. 넉넉한 마음이면 언제나 세상이 포근히 안기는 느낌이니까!! 내 깐엔 남이 자는 한밤에 공부했고, 남 노는 시간에 세상을 열심히 땀 흘리며 남자 구실을 해봤으나 종착점에 다다르니 내 집 하나 없는 빈털터리라 자식들에게 면목이 없다. 내 복이 그것뿐인 거라 여기니 평안하다. 짜증 내고 괴롭게 사는 것보다 즐기면서 주고받는 매 순간을 감사하게 살아가다 어느 날 조용히 눈을 감아 버리고 싶다.

내 나이 90줄에 들어서서도 아직은 돋보기안경이 필요 없고, 몸이 성성하게 잘 걸어 다니니 글 쓰는 일이 팔자라 여기지만, 나이가 나이이니만치 그것도 장담할 수는 없네요.

멋진 세상, 멋진 인생!! 저를 응원해 주시는 전국의 애독자님들 하루하루 원 없이 살다 가십시오. 부디부디 가내만복과 행운이 언제나 함께하길 기원 드립니다.

2025년 5월 8일 어버이 날

저자. 栗原 이 형 문(李 馨 汶) 이형문

혼자 왔다 혼자 가는 홀로 人生길

지 은 이   이형문
초판인쇄   2025년 05월 29일
초판발행   2025년 06월 05일

펴 낸 이   최두삼
펴 낸 곳   도서출판 유나미디어
주   소   (04550) 서울특별시 중구 을지로 14길 8
          (을지로3가 315-4) 을지빌딩 본관 602호
전   화   (02)2276-0592
F A X   (02)2276-0598
E-mail   younamedia@hanmail.net
출판등록   1999년 4월 6일 제2-27902

I S B N   978-89-90146-27-4 /03330

값 16,000원